KB230805

벤처캐피탈과 법

벤처캐피탈과 법

尹聖升 著

KSi 한국학술정보(주)

🔲 서 문

이 책은 대학 학부과정의 학생들에게 벤처캐피탈에 관한 법적 문제점에 대한 기본적인 이해를 갖도록 하기 위한 교과서로 사용하기 위한 목적으로 집필하게 되었다. 본서는 대부분의 내용이 저자의 박사학위 논문에 기반을 두고 있으며, 벤처캐피탈에 대한 법적 이해를 위한 개설서로서 역할을 할 수 있도록 그 내용을 수정 또는 보완한 것이다.

몇 년 전 벤처열기가 온 나라를 휩쓸고 있을 때, 저자는 시애틀에 있는 워싱턴주립대학(University of Washington)의 MBA과정에서, 신생기업의 자금조달에 관한 과목을 수강하고 있었다. 그 강좌는 단순히 이론적인 것만이 아니라 시애틀에서 성공한 Real Player 등 벤처기업가로부터 회사설립과 운영 및 자금조달에 관한 경험을 직접 듣기도 하고, 학생들이 벤처캐피탈로부터 가상적인 회사에 대한 투자유치를 위한 프리젠테이션을 하기도 하며, 벤처캐피탈 전문 Law Firm의 변호사로부터 법적인 측면에서 벤처캐피탈과 관련된 주요 쟁점에 대한 설명을 듣기도 하는 등 벤처캐피탈에 대한 입체적인 이해를 할 수 있도록 하는 매우 현실감 넘치는 강의였다. 실제로 일부 학생들은 MBA를 졸업하기 전에 사업계획서를 작성하여, 강의를 담당하던 교수님의 주선으로 시애틀의 유명한 벤처캐피탈리스트로부터 자금을 조달받아 졸업과 함께 사업을 시작하기 위하여 준비하고 있었다. 이를 통하여 벤처캐피탈을 통한 자금조달은 막연히 고위험 사업에 투자하여 고수익만을 추구하는 일확천금을 얻기 위한 수단과 같은 것이 아니라, 관련 당사자의 이해를 조절하고 도덕적 해이로 인한 기회주의적인 행동을 방지하기 위한 제도적 장치로서 벤처기업가에게 자금공급이 가능하게 하는 투자수단을 제공하는 것임을 이해하게 되었다. 지금은 유명한 회사인 Amazon. com,

Home Depot, Federal Express, Mcdonald's 등도 초창기에는 벤처캐피탈로부터 자금지원을 받아 성공한 회사이다. 벤처캐피탈이 발달되면, 설립 초기에는 성공가능성을 일반인은 잘 알 수 없었던 새로운 개념의 사업을 가능하게 하여 훌륭한 사업으로서 성공할 수 있게 할 수 있는 수단이 된다.

벤처캐피탈과 벤처기업이 성공하기 위해서는 단순한 환상이나 구호로 되는 것이 아니라, 냉정할 만큼 치열한 경쟁과 법적 장치에 의해서 자생력이 없거나 경쟁력이 없는 사업이 살아날 수 없도록 하는 것이 필요하다. 이런 측면에서 벤처캐피탈은 투자자금의 조성, 투자, 투자자금의 회수 각 단계별로 정치한 법적장치를 이용하여 경쟁력이 없는 기업에 대한 자금지원을 무모하게 계속하는 것을 구조적으로 통제하게 된다. 앞으로 우리나라의 벤처캐피탈과 벤처기업이 성공하기 위해서는 벤처기업과 벤처캐피탈에 대한 기본적 이해를 바로 하고, 그 기능을 최대로 발휘할 수 있도록 하는 것이 필요하다. 미흡하지만 본서가 이러한 사실을 인식하는 데 일조하기를 바라는 마음이 간절하다.

2007.8.20

아주대학교 성호관 연구실에서

尹聖升 씀

▦ 목 차

第1章

서 론

제1절 벤처캐피탈에 대한 기본 이해

경제가 지속적으로 발전하려면 새로운 유망한 企業이 기술력 등을 바탕으로 계속적으로 생성되어 성공적인 사업으로 발전하는 것이 필요하다. 신설기업 중 벤처기업은 첨단기술 등을 바탕으로 새로운 사업을 발굴하여 이를 기업화하는 것이므로 벤처기업의 성공은 技術開發의 促進과 産業의 革新 등을 유발하여 국가경제의 경쟁력 강화를 이룰 수 있는 한 요소가 된다. 미국에서는 벤처산업이 발달되어 있을 뿐 아니라 첨단기술이나 새로운 事業槪念(business concept)을 이용한 벤처기업이 원활한 자금조달을 받아 단기간에 성장하는 특징을 가지고 있다. 미국과 비교할 때, 우리나라와 일본에서는 벤처기업의 수 및 자금조달 규모에서 볼 때 벤처산업이 발달되어 있지 않다.[1] 각국의 벤처산업의 발달 정도의 차이로 인해 이러한 차이를 가져오는 根本的인 理由와 벤처기업이 成功하기 위한 要素가 무엇인가에 대하여 의문이 제기되기도 한다.

벤처기업의 성공요소를 규명하는 과정에서 미국 벤처기업의 성공의 중요한 요소로서 벤처캐피탈[2]의 役割이 理論的인 側面과 實證的인 側面에서 지적되고 있다. 理論的인 側面에서 볼 때 미국은 다른 나라와 달리 벤처캐피탈 산업이 매우 발달되어 있어서 벤처기업이 벤처캐피탈로부터 필요한 자금을 조달함으로써 미국의 벤처기업이 성공할 수 있다고 한다.[3] 實證的인 硏究結果에서도 미국에서 벤처캐피탈에 의한 자금조달은 혁신에 강한 긍정적인 영향을 미치며 벤처기업의 연구개발의 효율성은 일반 기업보다 매우 높은 것으로 나타나고 있다.[4] 또한 각국 정부는 급속히 성장하

---

[1] 우리나라와 日本 및 美國의 創業會社數를 비교하면 다음과 같다.

구 분	한국(' 99)	일본(' 93)	미국(' 92)
창업회사수 (number of startups)	29,976	90,000	670,000

　　출전: Curtis J. Milhaupt, *The Market for Innovation in the United States and Japan: Venture Capital and the Comparative Corporate Governance Debate*, 91 Nw. U. L. Rev. 875 (1997) 및 주간중소기업동향, 제30호(2000.7.24), 중소기업청, 2면의 자료로부터 편집.

[2] 본서에서 벤처캐피탈은 창업한 지 얼마 안 되는 閉鎖會社에 株式(equity) 또는 株式連繫投資 (equity-linked investments) 형태로 투자되는 자금을 말한다. 이 경우 벤처캐피탈리스트는 벤처캐피탈 자금의 조성 및 투자된 벤처기업의 이사, 자문, 또는 회사의 경영자로서 적극적으로 활동하는 금융중개자의 역할을 한다.

[3] Bernard S. Black and Ronald J. Gilson, *Venture Capital and the Structure of Capital Markets: Banks Versus Stock Markets*, 47 J. Fin. Econ. 243 (1998)에서 벤처기업의 성공을 위해서는 벤처캐피탈 시장의 발달이 중요함과 벤처캐피탈시장의 발달은 주식시장의 발달과 연관되어 있음을 설명하고 있다.

[4] 미국의 20개 산업분야에 대한 약 30년간(1965-1992년)의 자료를 분석한 결과 벤처캐피탈의 1달러는 전통적인 회사의 R&D의 1달러 보다 10배까지 특허출원 건수를 증가시키는데 있어서 효율적이고, 벤처캐피탈

는 미국의 벤처캐피탈 산업의 성공을 보고, 벤처캐피탈 제도를 자국에 도입하기 위하여 노력하고 있는데, 그러한 노력의 공통적인 논리적 근거는 벤처캐피탈이 미국에서 혁신을 촉진시켰으므로 다른 나라에서도 그렇게 할 수 있을 것이라는 생각이다.[5]

벤처캐피탈이 벤처기업의 성공에 미치는 이러한 중요성을 고려해 볼 때, 미국에서 벤처기업의 성공을 가져온 制度로서 벤처캐피탈을 통한 資金調達 方式이 우리나라에서도 제대로 기능을 하려면 갖추어야 할 요소가 무엇인지를 究明하는 것이 필요하다. 벤처캐피탈의 法的基盤에 대한 분석을 하려면, 먼저 벤처기업의 資金調達은 一般的인 企業의 資金調達과는 資金需要者의 입장이나 資金供給者의 입장에서 무엇이 다른지와 다른 원리에 의해서 규율되어야 할 필요성이 있는지 검토가 필요하다. 또한 벤처캐피탈은 벤처기업에 자금을 조달함에 있어서 여러 段階를 거치게 되는데, 投資資金 造成段階, 투자對象 選定段階 및 投資後 벤처기업의 運營段階, 投資資金 回收段階 등 각 단계별로 벤처기업의 자금조달이 이루어지는 원리가 무엇인지와 각 단계별로 자금공급이 원활하게 이루어지기 위하여 資金需要者와 資金供給者間에 충족되어야 할 수요는 무엇인지 규명되어야 한다. 이러한 벤처기업의 자금조달의 특성과 資金 需要供給者間의 利害關係에 대한 分析을 기초로 할 때, 각 단계별 이해관계자의 法的關係에 정확한 이해가 가능하다.

제2절 개념의 정의

벤처기업이나 벤처캐피탈에 관련된 用語는 많이 사용되고 있지만 그 의미가 사용자에 따라서 차이가 날 수 있으므로, 본서에서는 개념상의 혼동을 피하기 위하여 벤처기업, 벤처캐피탈리스트, 벤처캐피탈, 벤처캐피탈 펀드, 벤처투자자, 일반투자자, 벤처기업가, 有限責任組合, 法的基盤 등의 用語를 다음과 같이 사용하고자 한다.

먼저 벤처기업은 고도의 기술이나 새로운 事業槪念(new business concept)을 이용하여 창업한 지 얼마 안 되는 초기단계의 閉鎖的인 企業으로서, 潛在的 競爭力은 있으나 향후 사업의 성공 여부에 대한 고도의 不確實性이 존재하는 企業을 말한다. 이러한 벤처기업의 정의는 潛在的 競爭力을 벤처기업의 핵심

은 회사 R&D의 3% 미만을 차지하고 있지만 미국 산업의 혁신의 약 15%를 차지하고 있다는 것을 보여주고 있다 (Samuel Kortum and Josh Lerner, *Does Venture Capital Spur Innovation?*, http://papers. ssrn.com (1998), p.3).

[5] Samuel Kortum and Josh Lerner, *supra* note 4, at 1.

적인 요소로 보는 것이다. 일반적으로 벤처기업을 신기술 또는 고도의 기술력을 바탕으로 한 소규모 기업이라고 보고 벤처기업을 高度技術企業 또는 新技術企業과 동일시하는 경우가 많으나, 기술은 기업의 경쟁력을 결정하는 하나의 요소일 뿐 기술만이 경쟁력이나 사업의 성공을 결정하는 유일한 요소로 볼 수 없다. 미국에서도 벤처캐피탈의 투자대상이 高度技術(high tech)에 한정되는 것이 아니라 고도기술이나 고도기술이 아닌 기술(high tech or low tech)에 관계 없이 경쟁력이 있다고 생각하면 투자대상으로 하고 있는 점에서[6] 벤처기업을 高技術 新生企業(high-tech start-ups)과 동일시하는 데 대한 批判이 제기되고 있다.[7] 우리나라에서는 벤처기업育成에관한特別措置法 제2조에서 벤처기업을 定義하고 있는데, 동 규정에 따른 정의는 기본적으로 벤처기업은 고도기술 또는 신기술을 바탕으로 한 고도 기술중심의 기업이라는 전제하에 규정된 것으로 볼 수 있다.[8] 본서에서의 벤처기업의 槪念은 벤처기업育成에관한特別措置法上 벤처기업의 形式的 槪念과 달리 형식적인 요소보다 실질적인 회사의 특질에 중점을 둔 槪念이며, 이런 의미에서 동법상의 槪念보다 광범위하게 벤처기업의 槪念을 사용하고자 한다.

벤처캐피탈리스트는 자기의 자본 또는 펀드를 형성하여 벤처기업에 株式(equity) 또는 株式連繫投資(equity-linked investments)를 하기 위한 주도적 역할을 하는 자로서, 벤처캐피탈 펀드운영과 투자의사 결정의 주체가 되는 자를 말한다. 벤처캐피탈 또는 벤처캐피탈 펀드는 벤처기업에 株式 또는 株式連繫 投資를 하여 벤처기업의 위험을 공유하는 동시에 자본이득을 얻을 목적으로 조성되어 관리되는 資金을 말한다.[9]

---

[6] Joseph W. Bartlett, *Fundamentals of Venture Capital*, Madison Books (1999), p.5.

[7] 벤처캐피탈의 지원을 받은 대표적인 회사로서, Federal Express나 Mcdonald's 등은 상상력을 바탕으로 한 새로운 사업개념등으로 성공한 것으로 볼 수 있으며, 고도의 기술을 바탕으로 한 것은 아니다(Joseph W. Bartlett, *supra* note 6, at 5-6).

[8] 벤처기업육성에관한특별조치법 제2조 제1항 2호, 3호, 4호의 기준은 벤처기업을 기술의 고도성 및 기술중심의 기업이라는 전제하에서 정의한 조항이며, 1호의 기준도 직접적으로는 중소기업창업투자회사등 벤처캐피탈로부터 일정비율이상의 투자를 받은 회사를 벤처기업의 기준으로 규정하고 있지만, 벤처캐피탈리스트가 기술집약적인 기업에 투자한다는 전제로 된 규정이라고 볼 수 있다. 그러나 제1호의 기준은 본래의 의도와 달리 벤처기업을 매우 형식적으로 정의하는 기준이어서 벤처기업으로 인정받기 위하여 무조건 벤처캐피탈리스트의 투자를 유치하려고 하는 경향으로 이어질 때 벤처기업이 벤처캐피탈리스트에 대하여 협상력이 저하될 수 있다. 특히 벤처캐피탈리스트, 벤처기업, 증권회사가 투기를 목적으로 결합하는 道德的 解弛도 나타날 우려도 있다. 또한 벤처기업확인요령에 따른 벤처기업 확인제도는 다른 나라에는 없는 제도로서 벤처기업인지 여부가 시장에서 결정되는 것이 아니라 국가가 벤처기업을 공인하는 제도가 바람직한지 여부에 대하여 의문이 제기된다.

[9] 벤처캐피탈이란 용어는 투자재원인 資金, 투자와 관련된 金融活動, 투자주체인 投資家나 投資會社 등 다의적인 의미로 사용되고 있으나(나경식·김석용, 벤처기업육성을 위한 벤처캐피탈정책에 관한 연구, 産業經營, 제24집 (1999), 298면 참조), 본서에서는 벤처캐피탈리스트와 구별되는 投資財源인 資金의 의미로 한정하여 사용하고자 한다. 미국에서는 벤처기업에 투자할 목적으로 조성되는 자금이 집결되는 법적주체를 지칭하는 명칭으로 펀드(fund), 벤처회사(venture companies), 벤처조합(venture partnership) 등을 사용하기도 한다(Joseph W. Bartlett, *supra* note 6, at 6).

벤처투자자는 일정한 수익을 목적으로 직접 또는 간접적으로 벤처기업에 株式 또는 株式連繫投資에 필요한 자금을 공급한 자를 말한다. 벤처투자자는 벤처캐피탈 펀드에 대한 投資者와 벤처기업에 대한 投資者로 구분할 수 있다. 前者는 벤처기업에 대한 간접적인 투자로서 주로 조합관계에 의하여 규율되며, 後者는 벤처기업에 대한 직접적인 투자로서 주식투자에 관한 계약에 의하여 규율되는 점에서 차이가 있지만, 투자대상 벤처기업의 성공 여부에 투자금액에 대한 자금회수 및 수익이 결정된다는 공통점이 있다.

一般投資者는 벤처기업이 上場法人 또는 協會登錄法人이 되거나 될 예정인 경우에 公募 등으로 당해회사의 주식을 취득한 投資者를 말하며, 벤처기업이 公開되기 전에 투자하는 벤처투자자와 區別된다. 벤처기업가는 벤처기업을 설립하고 이를 운영하는 벤처기업의 창업자를 의미한다.

有限責任組合(limited partnership)은 당사자들의 계약에 의하여 조합원 중 일부를 有限責任組合員(limited partner)로 하고 일부를 無限責任組合員(general partner)로 하는 組合契約에 의하여 설립되는 단체로서 법인격이 없는 것을 말한다. 미국의 경우 有限責任組合은 우리나라의 民法上 組合보다 商法上 合資會社의 구조와 유사하며 법인격이 없는 것을 제외하고는 商法上 合資會社와 다름이 없다. 이러한 점에서 有限責任組合은 "法人格이 없는 合資會社"라고 할 수 있으나 우리나라에서는 통상적으로 有限責任組合이라는 명칭을 사용하고 있으므로 본서에서도 편의상 有限責任組合이라는 명칭을 사용하기로 한다.

벤처기업이 벤처캐피탈로부터 자금을 조달하여 기업으로서 성공하기 위한 法的基盤(Legal Infrastructure)으로 볼 수 있는 범위는 매우 넓을 수 있다. 金融關聯法, 證券去來關聯法, 租稅關聯法, 각종 인허가 관련 법규 등 法的基盤을 보는 각도에 따라 그 범위가 상이할 수 있으나, 본서에서는 법적기반의 범위를 벤처기업의 자금조달과 관련하여 資金供給者 및 資金需要者間의 관계에서 발생할 수 있는 이해대립 및 분쟁을 事前 또는 事後的으로 해결할 수 있는 法的인 土臺로 한정하고자 한다. 法的基盤을 이러한 범위로 한정하게 되면 法的基盤은 契約에 의한 方法과 法規定에 의한 方法으로 크게 구분할 수 있게 된다. 따라서 資金供給者 및 資金需要者間의 契約內容 및 그 解釋의 明確性, 벤처기업과 관련된 각종 利害當事者間의 法律關係, 企業支配構造와 관련된 會社法上의 爭點, 資金의 回收와 관련된 株式去來關聯 法規定, 각종 거래와 관련된 稅法上 問題點[10] 등이 法的基盤의 중요한 檢討對象이 될 수 있다.

---

[10] 세금문제는 실제 거래에서 중요한 의사결정의 요소로 작용하므로 당사자 간의 법적관계를 검토할 경우 반드시 과세시기 및 세율 등의 고려가 동시에 이루어져야 한다. 그러나 세금문제에 대해서는 별도의 자세한 고찰이 필요하다는 점에서 본서에서는 관련당사자의 의사결정과 관련된 범위내에서 세금문제를 살펴보고자 한다. 벤처캐피탈 관련 우리나라의 조세지원에 대해서는 김진수·김재진, 벤처캐피탈 지원제도의 국제비교와 정책방향, 한국조세연구원 (2000), 256-267면 참조.

第2章

벤처기업의 資金調達과 벤처캐피탈

제1절 벤처기업의 一生

벤처기업은 창업자의 아이디어 단계에서 구체적인 사업계획 단계로 이행한 후 사업을 위한 資金調達 段階, 事業準備 段階, 事業形成 段階를 거쳐 事業成長 段階에 이르게 된다. 사업이 성장하여 투자자금을 회수할 수 있는 단계에 이르면 증권시장에 상장 또는 등록을 하거나 회사의 지분을 제3자에게 매각하는 것이 미국에서 벤처기업이 거치게 되는 일반적인 발전과정이다. 이러한 벤처기업의 단계는 資金需要者인 벤처기업가의 입장에서 벤처기업의 발전단계를 구분한 것이라고 할 수 있다. 미국에서 벤처기업가의 궁극적인 목표는 상장 또는 등록을 하거나 회사의 지분을 제3자에게 매각하여 사업성공의 수익을 거두는 것이라고 할 수 있다. 우리나라의 벤처기업가는 상장 또는 등록을 통한 주식가치 상승으로 인한 이익을 얻은 후에 안정적으로 회사를 계속 경영하는 것도 중요한 목표로 삼고 있다. 벤처기업의 단계는 벤처기업가의 성공이라는 최종목표를 달성하기 위한 일련의 과정으로 이루어져 있다. 따라서 최종단계 이전의 단계들은 최종단계인 상장 또는 매각단계와 手段과 目標의 關係에 있다고 볼 수 있으며, 중간의 어느 한 단계에서 실패하면 다음 단계로 더 이상 진행할 수 없게 되는 連鎖關係에 있는 것이 특징이다.

벤처기업가와는 달리 벤처캐피탈리스트는 투자자인 資金供給者의 입장에서 벤처기업의 단계를 보게 되는데, 미국에서는 벤처기업에 대한 투자 시 투자대상인 벤처기업이 어떠한 단계에 있는지 여부가 투자위험 평가와 투자조건을 결정하는 데 매우 중요한 요소로 고려한다. 미국에서 벤처캐피탈리스트들이 투자대상 벤처기업의 단계를 분류하는 방법은 여러가지가 있으나, 전형적인 단계분류 방법은 투자대상 기업의 단계를 種子投資段階(seed investments), 新生企業段階(start-up), 제1段階(first stage)-初期 開發(early development), 제2段階(second stage)- 擴張(expansion), 제3段階(third stage)-收益性은 있으나 현금이 부족한 段階(profitable but cash poor), 제4段階(fourth stage)-資金回收를 지향하는 急成長(rapid growth toward liquidity point), 連結段階(bridge stage)-中間的 投資(mezzanine investment), 資金回收段階 (liquidity stage)-現金 回收 및 退出(cash-out or exit) 등으로 구분하는 것이다.[1] 각 段階別로 具體的인 特徵은 다음과 같다.[2]

---

[1] William A. Sahlman, *The Structure and Governance of Venture-Capital Organizations*, 27 J. of Fin. Econ. 479 (1990); 벤처기업의 단계를 연구개발, 창업, 위험동반성장, 안정성장의 4단계를 거친다고 설명하는 견해도 있다. 이에 관해서는 김철교, 조준희, 벤처기업 창업과 경영, 삼영사, (1999) 226면 참조. 또한 미국의 University of Washington의 Steven Loyd 교수는 구상 단계(Concept Stage), 초기단계(Early Stage), 생산시설 확장단계(Product Line Expansion), 중간단계(Mezzanine Stage), 자금회수 단계(Exit Stage)로 구분하기도 한다(Steven Loyd교수의 New Venture Financing 강의 노트 참조).

(1) 種子投資段階 (seed investments)

종자투자단계는 향후 투자가치가 있는 아이디어인지 여부를 결정하기 위하여 발명가나 창업자에게 소규모 자본을 제공하는 단계이다. 아이디어는 기술과 관련된 것일 수도 있고, 새로운 마케팅 방식에 대한 것일 수도 있다. 이 단계에서는 판매를 위한 생산은 이루어지지 않는다.

(2) 新生企業段階 (start-up)

신생기업에 대한 투자는 통상 1년 미만의 회사에 대하여 이루어진다. 회사는 투자자금을 제품개발, 시제품시험, 선정된 고객에 대한 실험적 수량의 시험판매(test marketing) 등에 사용한다. 이 단계에서 시장침투 잠재력의 조사, 경영진의 모집, 사업계획의 정비 등이 이루어진다.

(3) 제1단계-初期 開發(first stage-early development)

시제품의 품질이 기술적인 위험을 최소화할 정도로 좋은 것으로 평가되는 경우에만 제1단계의 투자가 이루어진다. 또한 시장조사의 결과가 적정 생산시설을 설치하여 상업적인 수량을 판매하는 것에 대하여 경영진이 안심할 수 있을 정도여야 한다. 제1단계의 회사는 이익을 실현하기 어렵다.

(4) 제2단계-擴張(second stage-expansion)

제2단계의 회사는 시장으로부터 진정한 평가를 받을 수 있을 정도로 충분한 수량의 제품을 충분한 수의 고객에게 판매한다. 이 단계에서는 시장침투의 속도 또는 궁극적인 시장침투에 대하여 定量的으로 알 수는 없어도, 시장침투의 속도 및 한계에 決定的으로 영향을 미치는 要素는 무엇인지 알 수 있게 된다. 회사는 여전히 이익을 실현하지 못하거나 소규모의 이익만을 실현한다. 장비구매, 재고, 회수예정채권 등에 대한 자금지원을 위하여 추가적인 자금이 필요하게 된다.

(5) 제3단계(third stage)-收益性은 있으나 現金이 부족함(profitable but cash poor)

제3단계의 회사는 판매량 증가가 급속히 이루어지고, 사업실패로 인한 대부분의 위험이 수익의 발생으로 줄어들게 된다. 또한 급속한 확장으로 내부현금흐름에 의하여 공급되는 액수를 초과하는 운영자금이 필요하게 된다. 벤처캐피탈리스트의 자금은 생산시설의 확장, 판매확장, 제품개선

---

[2] James L. Plummer, *QED Report on Venture Capital Financial Analysis*, QED Reserch Inc. (1987), pp. Ⅰ-11 to Ⅰ-13.

을 위하여 사용될 수 있다. 이 단계에서 은행은 자산이나 매출채권에 담보가 설정될 수 있으면 융자하려고 한다.

(6) 제4단계(fourth stage)-資金回收를 지향하는
急成長(rapid growth toward liquidity point)

제4단계의 회사는 성장을 지속하기 위해서 외부자금을 필요로 할 수 있으나, 외부투자자의 투자위험을 상당히 감소시킬 정도로 성공적이고 안정적이 된다. 회사는 지분의 희석화를 제한하기 위하여 차입금을 사용하는 것을 선호하게 되므로, 이 단계에서는 상업은행의 융자가 더욱 중요한 역할을 하게 된다. 벤처캐피탈리스트는 투자자금을 수년 이내에 현금화할 수 있을 것으로 예상할 수 있지만, 구체적인 자금회수 형태(最初公募, 지분매각, LBO 등) 및 時期는 아직 불확정적이다.

(7) 連結段階(bridge stage)-中間的 投資(mezzanine investment)

중간단계에서 회사는 어떠한 투자자금 회수형태가 가장 적합한지에 대하여 어느 정도 확실해지고 대체적인 자금회수 시기도 분명해지지만, 여전히 자금회수가 이루어질 때까지 급속한 성장을 지속하기 위해서 추가적인 자금을 필요로 한다. 전반적인 주식시장의 상태와 회사의 사업분야가 속하는 고도기술 관련 주식의 주식시장에서의 상태에 따라 最初公募 진입이 예측하기 곤란할 정도로 개방되거나 폐쇄될 수 있다. 마찬가지로 이자율과 융자획득의 가능성의 변화에 따라 지분인수나 차입에 의한 회사매수의 시기와 실현가능성도 영향을 받는다. 또한 초기투자자나 경영진의 투자자금 회수가 제한되거나 벤처캐피탈 투자자 간의 지분 재조정이 필요한 경우에, 중간단계의 자금지원으로 이에 대응할 수 있다.

(8) 資金回收段階(liquidity stage)-現金回收 및 退出(cash-out or exit)

이 단계에서 벤처캐피탈리스트는 투자대상회사의 지분 중 상당부분에 대하여 투자자금을 회수할 수 있게 된다. 투자자금의 회수는 最初公募의 형태로 이루어질 수 있다. 그러나 最初公募의 경우에 현금화는 미국 증권거래위원회 규칙 144조에 따른 의무보유기간과 기타 제한 또는 내부자가 인수인에 대하여 最初公募 후 일정기간 동안 보유주식을 매도하지 않을 것을 합의한 매도자제(stand-off) 합의 등에 의하여 제한받는다. 지분양도(Acquisition)의 형태로 투자자금의 회수가 이루어지는 경우에는 현금화는 현금, 공개회사의 주식, 또는 단기채권의 형태가 될 수 있다. 지분양도의 대가가 비공개회사의 주식으로 지급되는 경우에는 그러한 주식은 더 이상 유동성을 가지지 못하게 된다. 마찬가지로 차입에 의한 회사매수(LBO)의 경우에 매도인이 채권을 취득하게 되면 채권의 유동성 여부에 따라 과거보다 유동성이 약화되는 결과가 될 수 있다.

　벤처캐피탈이 투자와 관련하여 벤처기업의 단계를 구분하는 것은 각 단계별 투자의 위험성의 차이로 인해 각 단계에 따른 資金供給者와 資金需要者 간의 이해관계가 다를 수 있기 때문이다. 일반적으로 미국에서는 벤처기업의 투자유치 실적을 나타내는 자료에서는 투자대상기업의 단계가 그 기업의 가치평가, 투자규모, 단계적 투자와 관련된 의사결정 등에 미치는 영향을 인식하여 기업의 段階와 投資金額을 동시에 표시하고 있다.[3]

　현재 우리나라의 경우 벤처기업에 대한 투자의사 결정 시 그 기업의 단계를 분류하여 투자의사를 결정하는 경우는 거의 없고 벤처기업의 단계는 벤처캐피탈리스트가 개별 투자대상 기업의 주가를 평가하는 참고자료로서의 기능 정도에 그치고 있는 것으로 보인다. 따라서 투자단계별로 투자심의 요건이나 투자금액 한도에 대한 차등을 두고 있지 않다. 또한 투자유치실적 자료에서 투자대상기업의 단계를 투자금액과 함께 표시하고 있지 않고 개별 투자대상 기업에 대한 벤처캐피탈리스트의 투자총액만이 주로 표시되고 있어서 벤처캐피탈리스트의 능력을 평가하는 자료로서는 불충분하다. 또한 투자의사 결정 시 벤처기업의 단계에 따라 기술성과 시장성의 고려비중이나 기회주의적인 행동의 내용 및 이에 대한 법적인 대응방법에 차이가 있을 수 있음에도 불구하고 벤처캐피탈 업계에서는 벤처기업의 단계를 고려한 벤처기업에 대한 이해가 부족한 것으로 보인다.

제2절 벤처기업의 資金調達의 特性

　벤처기업가는 상당한 자본투자가 요구되는 아이디어를 개발하지만 대부분의 벤처기업가는 자신의 아이디어를 토대로 한 사업에 자신이 직접 조달할 충분한 자금이 없어서 외부 자금조달(outside financing)을 할 수밖에 없다. 창업 직후의 신설기업은 유형자산이 부족할 뿐 아니라 향후 수년 동안 수익을 기대하기 어렵고 사업성공의 전망이 불확실하기 때문에 은행차입이나 기타 차입에 의한 자금조달을 하기 어렵다. 벤처캐피탈리스트는 이러한 고위험이지만 고수익 가능성이 있는 벤처기업에 대하여 회사가 아직 공개회사가 되기 전에 지분을 매입하는 방식에 의하여 資金

---

[3]　The PricewaterhouseCoopers Money Tree Survey에서는 투자대상기업(Investee Companies)의 단계를 創業/種子段階(start-up/seed), 初期段階(early), 擴張段階(expansion), 後期段階(late) 등으로 구분하여 각종 벤처캐피탈리스트의 투자와 관련된 통계자료를 표시하고 있다 (www.pwcmoneytree.com).

을 供給한다.[4]

　벤처기업의 자금조달은 일반기업과 비교할 때, 사업의 성공 여부에 대한 고도의 불확실성으로 인하여 資金供給者에게 資金供給에 대한 고도의 危險이 수반되며 資金供給者와 資金需要者의 기회주의적인 행동의 가능성이 매우 높다는 特徵을 갖는다. 문제는 전통적인 資金供給者들은 벤처기업이 갖는 위험을 관리할 적절한 수단을 찾을 수 없으므로 벤처기업이 필요로 하는 자금을 충분히 공급하지 못한다는 데 있다. 전통적인 여신기관인 은행은 대출방식에 의하여 벤처기업에 자금을 공급하는데, 은행은 대출에 따른 위험을 관리하는 방식으로 주로 物的擔保를 사용하므로 담보 대상이 될 수 있는 자산이 거의 없는 신설기업인 벤처기업에 대해서는 적절한 담보의 확보가 곤란하므로 여신기관은 벤처기업에 대하여 사업에 필요한 자금을 충분히 공급할 수 없게 된다. 전통적인 여신기관은 담보설정 없이 벤처기업에 자금을 융자할 경우 당해 여신기관의 자산 포트폴리오의 위험을 증가시키게 되는 문제가 발생하게 된다. 전통적인 여신기관과 같은 금융중개자는 자신에게 자금을 공급한 고객에게 확실한 의무이행을 할 수 있다는 신뢰를 유지하는 것이 매우 중요한데, 무담보 대출로 자산의 포트폴리오의 위험을 증가시키는 행위를 할 경우 고객에 대한 신뢰를 유지하기 위해서는 대손충당금을 증가시키거나 추가적인 보험이 필요하게 되어 당해 금융기관의 경쟁력을 저하시키게 될 우려가 있기 때문이다.[5] 따라서 벤처기업에 대하여 자금을 공급하려는 資金供給者는 자금공급 시 담보설정 이외의 방법으로 자금공급에 수반되는 위험을 관리하거나 분산할 수 있는 수단이 필요하다. 또한 資金需要者인 벤처기업은 擔保提供이 요구되지 않는 방법에 의한 資金供給源을 찾아야 한다.

　벤처캐피탈 산업은 벤처기업에 대한 기존 금융기관에 의한 자금공급의 한계를 극복하고, 資金需要者와 資金供給者의 필요를 충족시키면서 초기투자로 인한 고도의 불확실성을 적절하게 관리할 수 있는 제도가 필요하다는 현실적인 이유에서 발달하였다. 벤처캐피탈은 고도의 투자위험이 수반된 벤처기업에 대한 투자에 특화된 투자자로서 투자관련 당사자들의 기회주의적인 행동 및 벤처기업의 운영과 관련한 위험을 최대한 관리할 수 있는 전문적인 절차 및 계약기법을 사용하여 벤처기업에는 필요한 자금을 공급하고, 벤처투자자에게는 고도의 위험에 상응하는 고수익을 얻을 수 있도록 연결시켜주는 媒介者의 역할을 함으로써 資金供給者와 資金需要者의 필요를 충족시킨다. 벤처기업에 대한 투자는 資金供給者가 적절한 위험관리를 통하여 위험에 상응하는 높은 수익

[4]　Paul Gompers and Josh Lerner, *The Use of Covenants: An Empirical Analysis of Venture Partnership Agreements*, 39 J. Law & Econ. 465 (1996).

[5]　위험분산(diveserfication)의 감소로 인한 기관의 추가비용 부담과 경쟁력 감소의 관계에 대해서는 Thomas A. Smith, *Institutions and Entrepreneurs in American Corporate Finance*, 85 Calif. L. Rev. 22–24 (1997) 참조.

을 얻을 수 있도록 하는 것이 매우 중요하므로, 위험에 상응하는 투자자금의 회수의 효율성이 보장되지 않는 한 자금공급이 원활히 이루어질 수 없다는 특징을 가지고 있다. 따라서 벤처기업에 대한 투자는 투자자금의 회수라는 궁극적인 목적을 달성하기 위한 일련의 연속적인 과정으로 이루어지게 된다.

제3절 벤처캐피탈의 機能 및 役割

Ⅰ. 벤처캐피탈의 一般的 機能과 役割

벤처캐피탈의 기능으로서 일반적으로 논의되는 것은 다음의 세 가지다.[6] 첫째, 벤처기업에 대한 자금지원기능으로서 창업 내지 위험동반성장 단계에서 발생하는 자금수급상의 불균형을 보완하여 벤처기업에 자금을 공급한다. 둘째, 벤처기업 경영지원 기능으로서 제품의 판매, 재무, 노무 등에 익숙치 못한 창업자에게 필요한 경영상의 조언 및 알선을 함으로써 벤처기업의 성공의 불확실성을 낮추고자 한다. 셋째, 상장 시의 기업공개지원 기능으로서 상장추진 시 주식분산 요건을 갖추기 위하여 구주주의 지분을 매각할 필요가 있으나 대주주 간의 경영권문제, 공개시기와 주가에 대한 예상 등의 문제로 필요한 주식 분산요건을 갖추지 못하는 경우에, 벤처기업의 요청으로 벤처캐피탈리스트가 그 보유주식을 매각함으로써 벤처기업이 주식분산 요건을 갖추는 것을 지원할 수 있다.[7]

벤처캐피탈의 역할로 일반적으로 논의되는 것은 다음의 다섯 가지다.[8] 첫째, 유망 벤처기업의 선정과 육성으로서 성장성이 큰 초기단계의 벤처기업을 투자대상으로 선정하여 육성하는 역할을 한다. 둘째, 국민경제의 활성화로서 벤처기업의 신기술의 상품화와 신시장의 개척 등을 지원함으로써 사업구조 고도화에 기여하고 생산성 하락과 국제경쟁력 약화문제를 안고 있는 경제를 활성화시킬 수 있다. 셋째, 미상장기업의 자기자본 확충으로서 은행차입만으로 필요한 자금을 확보할 수 없는 기업이 상장 전에 증자를 통한 자금조달을 가능하게 함으로써 미상장 벤처기업이 자기자

---

[6] 김철교 · 조준희, 벤처기업 창업과 경영, 삼영사 (1999), 226-227 면.

[7] 김진수 · 김재진, 벤처캐피탈 지원제도의 국제비교와 정책방향, 한국조세연구원(2000), 187, 189면; 이인찬, "벤처캐피탈 시장의 현황과 정책과제," 벤처캐피탈(1998, 봄), 6면.

[8] 김철교 · 조준희, 전게서, 227-228면.

본을 확충하는 것을 가능하게 한다. 넷째, 지역경제의 활성화로서 벤처캐피탈은 지역 벤처기업을 지원함으로써 지역경제 활성화에 공헌할 수 있다. 다섯째, 산업조직의 활성화로서 벤처기업의 독립적 성향과 독자적인 연구개발로 중소기업과 대기업의 제반거래에 있어서 보다 대등한 입장에서 거래할 수 있도록 하며, 기업 간 경쟁을 촉진하고 인력수급에서도 대기업 독식을 해소할 수 있다.[9]

이러한 벤처캐피탈의 기능과 역할의 핵심은 벤처캐피탈이 투자위험이 높은 벤처기업에 대한 자금공급뿐 아니라 벤처기업의 성공에 필요한 경영상의 지원 등 부가적 기능을 수행한다는 점에서, 단순히 자금공급만을 하는 일반금융기관과 차이가 난다는 것이다. 또한 벤처캐피탈의 벤처기업 지원으로 인한 효과는 투자대상 벤처기업에만 미치는 것이 아니라 국민경제 및 산업조직에 파급 효과를 미치고 있음을 설명하는 것이다.

이상에서 언급한 벤처캐피탈의 기능과 역할은 주로 資金需要者인 벤처기업의 측면에서 관찰한 것이라고 할 수 있다. 벤처캐피탈의 기능을 제대로 파악하기 위해서는 資金供給者인 投資者에 대한 기능도 동시에 이해할 필요가 있다. 벤처캐피탈은 투자자에게 集團的 投資手段[10]을 제공함으로써 집단적 투자가 갖는 전문적인 투자관리자의 조력을 받을 수 있고 분산투자를 가능하게 하는 장점을 활용할 수 있게 한다.[11] 벤처캐피탈리스트는 투자에 필요한 자금을 資金供給者인 투자자로부터 펀드형태로 조성한 후 펀드의 자금을 資金需要者인 벤처기업에 분산투자한다. 이러한 벤처캐피탈의 역할은 투자자와 벤처기업 간의 資金供給과 資金需要를 매개하는 역할을 하는 金融媒介者 (financial intermediaries)로서의 기능이라 할 수 있다.

---

[9] 미국의 경우 1990년대에 Fortune 500 회사들은 400만명의 종업원을 감원하였지만 종업원 100명 미만의 회사들이 1600만명 이상에 대하여 새로운 일자리를 창출하였다고 한다. 이에 관해서는 Paul A. Gompers, *The Rise and Fall of Venture Capital*, 23 Business and Economic History 1 (1992) 참조.

[10] 集團的 投資手段이라 함은 다수의 투자자들이 제공한 자금을 집합(pooling)하여 관리·운용하는 것을 말한다. 집단적 투자수단으로서 벤처회사에 투자하기 위한 사모투자펀드(Private Equity Fund)를 결성하여 투자하는 방법을 생각할 수 있으나, 우리나라의 사모투자펀드는 간접투자자산운용업법(동법 제2조 4의2)에서 합자회사인 사모투자전문회사 형태로만 허용하는 등 미국의 경우와 달리 규제가 많다. 상세한 내용은 윤성승, "사모투자펀드와 관련한 상법상 합자회사와 미국의 Limited Partnership의 비교연구," 한림법학 Forum 제16권 (2005) 참조.

[11] 集團的 投資手段의 기능과 장점에 대해서는 金建植, "증권투자신탁의 구조: 계약형 투신과 회사형 투신을 중심으로," 인권과 정의 (1999.10), 9-10면 참조.

II. 벤처캐피탈리스트와 다른 資金供給者와의 役割 比較

1. 벤처캐피탈리스트의 役割

벤처캐피탈리스트는 벤처기업에 대한 투자에 특화된 전문적인 投資者로 일반적으로 설명되고 있는데, 다음과 같은 점에서 다른 投資者 또는 資金供給者와 구별되는 독특한 역할을 수행한다.

미국에서 벤처캐피탈리스트는 자신이 결성한 투자조합 펀드(partnership fund)를 위해서 전업으로 투자를 하는 전문적인 投資者이다. 벤처캐피탈리스트는 투자기회를 포착하고 정보에 입각한 투자의사 결정을 하기 위해서, 전문분야에 대한 기술 및 시장현황에 대하여 면밀히 파악하려는 경향이 있다. 따라서 벤처캐피탈리스트는 투자하기 전에 創業者 및 創業者의 事業概念에 대해서 면밀히 검토하고, 투자 시에는 금융전문지식을 활용하여 투자의 구조와 적절한 인센티브 및 보수체계를 설정한다. 또한 벤처캐피탈은 최초투자 후 투자대상회사의 추가적인 자금을 모집하기 위하여 적극적으로 활동하며, 이사회 참가를 통한 公式的 方法과 기타 非公式的인 方法을 통하여 투자대상회사를 지속적으로 監視한다. 이러한 감시기능과 내부정보에 접근할 수 있음을 통하여, 벤처캐피탈리스트는 외부 이해관계자들에 대하여 거래의 안전성을 인증하는 데 조력할 수 있다. 또한 벤처캐피탈리스트는 벤처기업가에 대하여 유용한 조언 및 전략적 자문을 제공할 수 있으며, 거래처 소개 및 경영진의 확보를 도울 수 있다. 경우에 따라서는 창업자를 최고경영자의 지위에서 교체시킴으로써 회사의 지배구조에 있어서 중요한 역할을 한다. 벤처캐피탈리스트는 기업공개에 대한 의사결정에 영향력을 행사함으로써 투자자금 회수에 대한 의사결정 시 적극적인 역할을 한다.[12]

벤처캐피탈리스트의 이러한 역할은 신생기업에 대한 투자 시 발생할 수 있는 기회주의적인 행동의 가능성을 최소화하고 사업의 성공을 위한 당사자 간의 이해관계를 연계시켜주는 제도적 구조를 사용하고 있다는 특징 때문에 가능하다. 벤처캐피탈리스트가 사용하는 제도적 구조로는 벤처기업이 성공할 경우 벤처기업가가 확실한 보상을 받을 수 있도록 하는 보수체계, 실패 시 벤처기업가에 대한 가혹한 제재, 자금의 단계적 공급 등이 있다. 벤처기업은 내부 현금이 부족한 고성장 사업이기 때문에 이러한 제도적 수단을 통하여 벤처기업가의 이해관계를 사업의 성공 여부에 직접 연계시킴으로써 벤처기업가의 성공을 위한 노력을 극대화할 수 있게 된다. 벤처캐피탈리스

[12] Thomas Hellmann and Manju Puri, *The Interaction between Product Market and Financing Strategy: The Role of Venture Capital*, Graduate School of Business, Stanford University, http://papers.ssrn.com, (1999), p.26.

트가 사용하는 제도적 구조의 중요성은 기회주의적인 행동을 통제하는 데 사용되는 유사한 다른 제도와 비교하여 보면 좀 더 분명해질 수 있다.[13] 벤처캐피탈리스트와 기능적으로 유사한 제도로는 사내 사업부에서의 신규사업과 借入買受(LBO)[14] 펀드가 있다. 동일한 사업이 기존 회사 내의 한 부서의 사업으로 시행될 때 벤처캐피탈리스트의 제도적 구조에서 사용하는 수단과 구조적인 차이가 있다. 회사 내 사업부서에서 신규제품이나 서비스를 개발하여 사업을 하는 경우에는 성공 시에 사업담당자에게 벤처기업에서와 달리 충분한 보상이 주어지지 않고 실패 시에도 충분한 제재가 이루어지지 않으며, 사업의 초기에 필요한 자금이 전부 확보되는 것이 일반적이다. 이러한 제도적 구조하에서는 사업담당자에 대하여 벤처기업에서와 같은 수준의 최선의 노력을 기대하기는 어렵게 된다. 借入買受(LBO)의 경우도 벤처캐피탈리스트와 유사한 제도적 구조를 사용하여 사업의 성공의 가능성을 높이고 있다. 借入買受(LBO)의 경우 대상기업이 성공할 경우 경영진은 충분한 보상을 받게 되고 실패 시 가혹한 제재를 받게 되며 차입에 의한 자금의 단계적 공급의 효과도 있다. 借入買受(LBO)의 대상회사는 성과가 좋지 않은 경우에 차입조건이 불리하게 되거나 추가지원을 거절당할 수 있다는 점에서 벤처캐피탈의 단계적 자금공급과 유사하게 된다. 다만 借入買受(LBO)의 대상기업은 사용 가능한 현금이 어느 정도 있는 성장율이 보통인 사업이라는 점에서 벤처기업이 사용 가능한 현금이 거의 없는 고성장 사업을 대상으로 하는 것과 차이가 있다. 미국의 경우 벤처캐피탈리스트가 차입매수(LBO)에도 동시에 투자하는 경우가 많은 것은[15] 사용하는 제도적 구조가 유사하다는 점에서 우연이 아닌 것으로 보인다.

2. 다른 資金供給者의 役割[16]

미국에서는 벤처기업이 벤처캐피탈에 대한 대안으로 선택할 수 있는 資金供給源으로는 개인투자자인 엔젤투자자, 회사, 은행, 정부, 자금의 자기조달(self-financing) 등이 있다. 미국에서 벤처캐피탈리스트는 신생기업 또는 매우 제한된 산업분야(industry segments)에 자금자원을 함에

---

[13] William A. Sahlman, *supra* note 1, at 514-517 참조.

[14] 借入買受(leveraged buyout, LBO)는 기업매수합병거래에서 매수자가 취득 대상회사의 자산을 담보로 하여 자금을 차입하고, 이러한 차입금을 주된 매수자금으로 사용하여 대상기업을 매수하는 것을 말한다.(林在淵, 證券規制法, 博英社 (1995), 453면; 宋種俊, 閉鎖企業化去來의 公正要件과 小數派株主의 保護, 商事法研究 第19券 第1號 (2000), 217-218면; Robert W. Hamilton, *The Law of Corporations* (1991), p. 466; Robert C. Clark, *Corporate Law*, Little, Brown and Company (1986), p. 500 참조).

[15] William A. Sahlman, *supra* note 1, at 517.

[16] Thomas Hellmann and Manju Puri, *supra* note 12, at 26-27.

있어서 고도의 인센티브와 전문성을 가지고 있는 점에서 이들 대안적인 자금조달원들과 구별된다.

엔젤투자자는 부유한 개인투자자로서 자신의 재산 중의 일부를 신생기업에 분산투자하고자 하는 사람이다. 이들은 일반적으로 자신의 투자를 감독하기 위한 직원을 사용하고 있지 않으며 신규거래를 찾기 위해서 자신들의 기존의 네트워크를 이용한다. 엔젤투자자들은 상당히 이질적인 집단이지만, 대다수가 자신의 주된 다른 직업이나 활동이 있다. 엔젤투자자는 벤처캐피탈리스트와 달리 개인적 결단만으로 투자를 하기 때문에 유연한 투자가 가능하며, 전혀 실적이 없는 기업에 대하여도 투자할 수 있고, 투자기업당 투자금액도 벤처캐피탈보다 훨씬 적다.[17] 이러한 특징으로 인하여 엔젤투자자는 벤처캐피탈이 주로 투자하는 확장단계보다 이전 단계인 사업착수단계에 투자하는 것이 일반적이다. 우리나라에서도 최근 엔젤투자에 대한 관심과 엔젤투자자들이 투자조합을 결성하여 투자하는 경우가 늘고 있어서 향후 엔젤투자자들도 벤처기업에 대한 자금조달에 중요한 역할을 할 것으로 보인다.[18]

회사(corporations)는 조직화된 벤처캐피탈 펀드를 통해서나 수시로(ad-hoc basis) 벤처기업에 투자하는데, 회사는 투자수익 이외에 전략적인 목적도 추구한다. 따라서 벤처기업가는 이해관계의 상충이 예상되는 회사로부터 자금조달을 하는 것을 꺼리게 된다. 회사는 기본적으로 벤처기업의 가치를 높일 수 있는 좋은 지위에 있지만, 일반적으로 동기유발의 문제(incentive problem)와 관료화로 인해 회사투자의 효율성은 제한받게 된다.

상업은행(commercial banks)이 벤처기업에 투자하는 빈도는 상대적으로 적다. 상업은행은 대부방식을 사용하기도 하지만 100% 자회사를 통해서 벤처캐피탈 투자에 관여하기도 한다. 은행에 대한 규제 때문에 은행은 보수적인 투자자의 경향을 취하게 된다.

投資銀行(investment banks)도 벤처캐피탈에 투자하기도 하는데, 이 경우 이들은 最初公募(IPO)를 인수하는 것과 같은 장래의 거래기회를 기대하고 투자한다. 이러한 투자에서는 인수자가 동시에 투자자가 될 경우에 잠재적인 이익충돌의 문제가 발생할 수 있다.

정부로부터 자금조달(government financing)은 그 성격상 수동적이며 주로 지원금(grants)으

---

[17] 韓 鐵, 咸哲勳, 金元圭, 전게논문, 227면.

[18] 우리나라의 엔젤투자자들의 투자에 대한 제약요인 중에서 1) 재무상황 등 투자정보의 부족과 2) 자금회수에 대한 제한이 가장 중요한 장애요인으로 지적되고 있다. 한국전자통신연구원과 서울엔젤클럽이 실시한 엔젤투자자 6백 명을 대상으로 한 설문조사에서 재무상황 등 투자정보부족 (64.7%), 자금회수 제한 (23.5%) 때문에 투자에 많은 제약을 받고 있다고 응답했다. 또한 우리나라 엔젤투자자의 평균적인 모습은 대졸학력의 평균연령이 42.3세이고, 회사원(37.6%)이 가장 많고, 1년간 개인당 평균 4개의 기업에 7,780만 원을 투자하였다. 또한 우리나라의 엔젤투자자들은 투자를 위해서 장외거래활성화와 엔젤투자에 대한 세제혜택을 늘리는 것이 원하고 있는데, 위의 설문조사에서 장외거래활성화 (60.5%)가 필요하다는 의견이 압도적이었다 (중앙일보 2000.1.11, 46면).

로 구성되어 있다. 자기조달(self-financing)은 창업자, 그의 가족 및 친지로부터 자금조달하는 것이다.

이들 다른 資金供給者와 비교하여 볼 때 벤처캐피탈리스트는 기업가적 회사에 자금을 지원하는 데 특화된 특수한 투자자로 볼 수 있다. 즉 벤처캐피탈리스트는 벤처기업에 대한 투자에 특화되어 이 분야에 고도의 전문성을 가지고 투자한다는 점에서 벤처기업에 대한 투자를 附隨的으로 수행하는 資金供給者나 專門性이 없거나 特化되지 못한 다른 資金供給者와 구별된다.

III. 投資段階別 機能과 役割

벤처캐피탈리스트는 각 투자단계별로 그 기능과 역할이 차이가 있다. 이는 각 단계별로 資金需要者인 벤처기업이 벤처캐피탈리스트에게 기대하는 역할에 차이가 있을 뿐 아니라, 각 단계별로 벤처캐피탈리스트가 벤처기업의 가치를 높이기 위하여 수행하여야 할 기능이 다르기 때문이다. 벤처캐피탈리스트의 최종적인 목적은 벤처기업의 성공 시 투자자금을 회수하여 높은 자본이득을 얻는 것이므로, 투자자금 조성단계와 투자단계는 투자자금 회수단계에서 투자자금이 원활히 회수될 수 있도록 하기 위하여 최종단계인 투자자금 회수단계와 밀접한 연관관계를 갖게 된다. 벤처캐피탈리스트는 원활한 투자자금의 회수라는 궁극적 목적을 달성하기 위한 수단으로서 투자자금 조성단계 및 투자단계에서 투자자금의 회수 가능성을 높일 수 있는 투자구조를 설계하고 필요한 지원을 하게 된다. 또한 벤처캐피탈리스트는 회수된 투자자금을 투자자에게 분배하고 새로운 투자자금을 조성하는 것을 반복하게 된다는 점에서 벤처캐피탈 투자과정은 순환되는 과정으로서 성격을 갖게 된다.[19] 각 투자단계별 벤처캐피탈리스트의 기능의 상호관련성을 이해하기 위해서는 이러한 순환과정을 이해하여야 한다.

1. 投資資金 造成段階

이 단계에서 벤처캐피탈리스트는 벤처투자자와 벤처기업에 대하여 金融媒介者의 役割을 하게 된다. 벤처투자자는 투자할 자금이 있지만 투자대상 기업에 대한 위험성 및 기업가치를 평가할 전문성이 없는 경우가 대부분이므로, 벤처캐피탈리스트가 매개자로서 조성한 펀드에 투자하게 되고

---

[19] Paul Gompers and Josh Lerner, *The Venture Capital Cycle*, MIT Press (1999), pp. 3-4.

벤처캐피탈리스트는 자신의 투자에 대한 전문성을 이용하여 적극적으로 펀드를 관리를 하게 된다. 미국에서 이러한 펀드조성을 위하여 이용하는 일반적인 법적인 형태는 有限責任組合(limited partnership)이다.[20]

[표 1] 펀드조성 시 벤처캐피탈리스트의 媒介者 役割

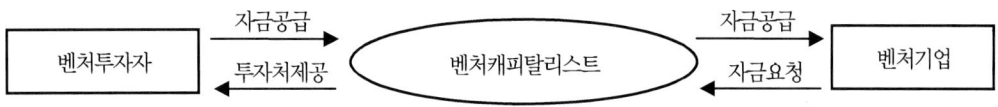

벤처기업에 대하여 벤처캐피탈리스트가 수행하는 資金供給者로서의 媒介者機能은 다음과 같은 원리에 의하여 가능하다. 투자자금을 공급할 벤처투자자를 벤처기업이 직접 찾는 경우, 벤처기업에 대한 투자는 그 위험이 매우 크므로 소수의 투자자가 한 벤처기업에 자신의 투자재원을 집중하여 투자하기를 기대하기는 매우 어렵다.[21] 벤처캐피탈리스트는 다수의 투자자로부터 투자펀드를 조성한 후 여러 벤처기업에 펀드자금을 분산투자함으로써 투자의 위험을 낮출 수 있으므로 투자위험이 높은 벤처기업에 대한 자금투자를 가능하게 한다.

2. 投資段階

투자단계는 벤처캐피탈리스트가 투자자로부터 조성한 투자자금을 투자대상기업에 투자하는 단계이다. 투자단계는 다시 投資對象 選定과 投資後 投資對象 벤처기업運營으로 세분할 수 있다.

첫째, 벤처캐피탈리스트는 조성된 펀드를 투자대상 기업에 투자하기 위하여 투자대상을 선정함에 있어서 대상기업의 사업성, 재무구조, 사업전략 등을 고려하여 투자요청 기업 가운데 부적절한 벤처기업을 투자대상에서 제외시킨다. 그런 다음 벤처캐피탈리스트는 선발된 투자대상기업과는 투자조건 및 사업성공 시 수익분배 방법 등 투자와 관련된 협상을 수행하고 협상된 결과를 반영한 계약서를 작성한다. 이러한 기능은 유망한 투자를 선별하여 자금배분 및 투자의 효율성을 높이는 기능이다.[22]

---

[20] 우리나라에서는 벤처캐피탈리스트가 투자조합을 결성하여 투자자금을 조성하는 것보다 자본금이나 부채로 투자재원을 조달하는 비중이 월등히 크다.
[21] 이 경우 투자 포트폴리오가 분산되지 못하여 투자위험은 매우 높게 된다.
[22] 일반적으로 벤처기업은 벤처캐피탈리스트로부터 자금지원을 받는 것을 벤처기업 성공의 중요한 중간달성

둘째, 투자 후 투자대상 벤처기업의 운영과 관련한 벤처캐피탈리스트의 역할은 투자대상 기업이 성공할 수 있도록 附加的 서비스를 提供하는 機能과 투자대상 기업의 경영이 투자목적과 달리 운영되는 것을 막기 위한 監視 및 統制의 機能으로 구분될 수 있다. 투자대상 기업에 대한 附加的 서비스 機能은 회사의 이사회 구성원으로서의 참여, 인력채용 관련 정보의 제공 등 벤처기업이 필요로 하는 정보 및 경영상의 지원을 제공하는 것을 말한다. 이러한 附加的 서비스 기능은 적극적으로 벤처기업의 성공을 조장하는 기능으로서, 일반적인 금융기관이 제공할 수 없는 벤처캐피탈리스트의 특수한 기능이다. 監視 및 統制의 機能은 투자대상 선정단계에서 이미 체결한 계약을 이행하도록 하는 기능이라는 점에서 투자단계에서의 투자구조를 적절히 설정하는 것과 밀접한 연관관계를 갖는다. 투자 후 벤처기업의 운영 시 벤처기업과 벤처캐피탈리스트의 관계는 이미 체결된 계약의 기본적인 한계 내에서 운영되고, 추가자금의 조달은 이미 설정된 中間目標(milestone)의 달성 여부에 따라 결정되는 경우가 많기 때문이다. 감시 및 통제의 기능을 위하여 벤처캐피탈리스트가 사용하는 중요한 수단은 段階的 資金支援(staged financing)이다. 또한 추가자금 지원과 관련한 벤처기업가와 벤처캐피탈리스트의 이해관계를 조정할 수 있는 투자방법으로 신디케이션에 의한 투자방법이 사용되기도 한다.

3. 投資資金 回收段階

벤처캐피탈리스트가 벤처기업에 투자하는 목적은 벤처기업의 지분을 영구히 보유하려는 것이 아니라 벤처기업이 성공 시에 주가상승에 의한 자본이득을 얻으려는 것에 있다. 벤처캐피탈리스트는 투자자금의 회수함으로써 투자수익을 얻을 뿐 아니라 새로운 벤처기업에 투자할 수 있는 자금을 확보할 수 있게 된다. 따라서 벤처캐피탈리스트는 벤처기업의 성공 시 投資資金 回收에 대한 적극적인 역할을 하며, 이러한 역할은 投資資金 回收方法 및 投資資金의 回收時期의 결정에 있어서 벤처캐피탈리스트가 주도적인 역할을 하는 형태로 나타난다. 투자자금의 회수방법은 最初公募에 의한 방법과 지분의 제3자 매각에 의한 방법이 있으며, 미국에서는 最初公募(initial public offering)의 방법에 의하여 투자자금의 회수가 이루어지는 것이 일반적이다.[23]

목표(milestone)로 본다.

[23] 最初公募 方式의 투자자금 회수가 수익이 가장 높은 자금회수 방법이라는 연구 결과가 있다. 공개되는 회사에 투자한 1달러는 평균 투자보유기간 4.2년에 대하여 1.95달러의 투자수익을 가져오며, 제3자에게 매각되는 회사에 투자한 1달러는 평균 3.7년의 보유기간에 대한 40센트의 투자수익을 가져온다고 한다(Paul Gompers and Josh Lerner, *supra* note 19, at 23).

제4절 벤처캐피탈을 통한 資金調達 現況

Ⅰ. 韓 國

1. 槪 觀

우리나라 벤처캐피탈회사의 효시는 한국과학기술연구소의 연구결과를 기업화하기 위하여 1974년에 설립된 한국기술진흥주식회사(KTAC)이다. 그 후 기술개발자금을 지원하기 위하여 1981년 한국기술개발주식회사가 특별법인 한국기술개발주식회사법에 따라 설립되었고,[24] 1982년 국제금융공사와 아시아개발은행 등이 공동출자하여 한국개발투자주식회사(KDIFC)를 설립하였으며, 1984년 한국산업은행이 자회사로 한국기술금융주식회사(KTFC)를 설립하였다. 이들 4개 회사가 1987년에 신기술사업금융회사로서 정부의 인가를 받으면서 벤처캐피탈이 어느 정도 활성화되었다. 그러나 벤처캐피탈의 활동이 본격화된 것은 1986년 5월에 제정된 中小企業創業支援法에 의하여 설립된 中小企業創業投資會社들이 영업을 개시한 이후라고 할 수 있다. 또한 1996년에 장외증권시장인 코스닥시장(KOSDAQ)이 개설되어 벤처캐피탈의 자금회수를 제도적으로 가능하게 하였으며, 1997년에는 벤처企業育成에관한特別措置法[25]이 제정되어 벤처캐피탈이 보다 중요한 역할을 하게 되었다. 한국의 벤처캐피탈에 관한 법률은 1999년 이전까지는 중소기업창업지원법, 신기술사업금융지원에 관한 법률, 한국종합기술금융회사에 관한 법률 등 3개였으며, 관련 소관부서도 산업자원부, 재정경제부, 과학기술부로 나누어진 제도적 특징을 가지고 있었으나,[26] 1999년도에는 정부가 보유하던 지분의 매각으로 인한 벤처캐피탈의 민영화 및 상호 변경으로 기존의 한국기술진흥주식회사(KTAC), 한국기술금융주식회사(KTFC), 한국개발투자주식회사(KDIFC)가 각각 (주)기보캐피탈, 산은캐피탈, (주)TG벤처로 변경되었으며, 한국종합기술금융주식회사에 관한 法律은 폐지되었다. 또한 신기술사업금융지원에관한법률에서 신기술사업금융회사에 관한 규정이 삭제되고 여신전문금융업법의 규정에 따라 신기술사업금융업자가 규제받게 되었다.

---

[24] 한국기술개발주식회사는 1991년 12월에 제정된 한국종합기술금융주식회사에 관한 法律에 따라 1992년 7월 한국종합기술금융주식회사(KTB)로 상호를 변경하였다. 동 회사는 2000년 3월에 KTB네트워크주식회사로 다시 상호를 변경하였다.

[25] 동법은 有效期間이 2007년 12월 31까지인 限時法이다.

[26] 김철교·조준희, 전게서, 228-229 면 참조.

2. 資金調達 現況

2000년 2월 29일의 우리나라의 코스닥시장의 거래대금은 證券去來所의 거래대금을 초과하였으나,[27] 그 후 경기하락으로 2000년 12월 8일의 코스닥시장의 거래대금은 증권시장의 거래대금에 미치지 못하였다.[28] 그러나 이제 코스닥시장은 거래대금 면에서 증권거래소 시장과 비슷한 규모로 성장하였다.[29] 2000년 9월 말에 중소기업청에 등록된 벤처펀드는 2백 74개로 2조 233억 원의 자금을 운용하고 있으며, 이는 1999년 말의 149개 투자조합이 1조 722억 원을 운용하고 있던 것에 비하여 운용자금이 거의 2배로 증가한 것이다.[30] 이러한 증가추세로부터 투자조합을 통한 자금조달의 중요성이 증가되는 것을 알 수 있다. 또한 회사 벤처기금으로서 현대 삼성 LG SK 등 4대 그룹은 2000년부터 3년간 1200개 이상의 벤처기업에 총 1조 원 규모를 투자하기로 발표하기도 하였다.[31] 그러나 2000년 4월 이후 코스닥시장의 계속적인 주가하락, 신설기업수의 감소, 기업부도율의 증가, 코스닥시장 주가조작,[32] 닷컴위기론 등으로 벤처기업에 대한 투자 및 코스닥시장 등록을 통한 자금회수가 어렵게 되는 현상이 나타나고 있다. 이러한 상황에도 불구하고 중소기업특별위원회는 코스닥시장을 중소기업 및 벤처기업 전용시장화하고 증권거래소의 경쟁시장으로 육성하는 것을 포함한 장기적인 비전을 발표하여,[33] 코스닥시장이 투자자금 회수시장으로서 발전의지를 확인하였다.

우리나라의 벤처캐피탈의 자금공급 규모는 1997년부터 급격히 증가하고 있는 것이 특징이다. 이러한 현상은 외환위기 이후 급격히 창업기업이 증가하고 있는 것과 연계되어 있는 것으로 보인다. 우리나라의 벤처캐피탈로서의 주된 자금조달원으로서는 중소기업창업투자회사 및 중소기업창업투자조합과 신기술사업금융업자 및 신기술사업투자조합과 엔젤투자자 및 엔젤투자조합으로 크

---

[27] 2000년 2월 29일의 코스닥시장의 거래대금은 4조 3646억 원이었으며, 증권거래소의 거래대금은 3조 3799억 원이었다(조선일보 2000. 3. 1, 11면).

[28] 2000년 12월 8일의 코스닥시장의 거래대금은 1조 2504억 원이었으며, 증권거래소의 거래대금은 1조 3139 원이었다(매일경제 2000. 12. 8, 24, 26면).

[29] 2000년 2월 이후 코스닥시장의 월거래대금이 증권거래소의 월거래대금을 초과한 경우가 2000년 2월, 3월, 5월, 9월 등 4번이나 있었다.

[30] 중소기업관련통계, 중소기업청 조사평가과 (2000. 9), 113면 참조.

[31] 한국일보, 2000. 2. 29, 9면. 그러나 최근 경기악화로 4대 그룹의 2000년도 투자액은 투자목표액의 50%도 미치지 못할 것으로 예상되고 있다(서울경제 2000. 10. 26, 11면).

[32] 코스닥 등록기업인 ㈜세종하이테크의 주가조작 사건은 코스닥시장에 대한 불신을 더욱 증가시켰다(경향신문, 2000. 7. 5, 19면 참조).

[33] 중소기업 발전 비전 2010, 대통령직속 중소기업특별위원회 (2000. 11).

게 3가지로 구분할 수 있다. 아래에서는 이러한 우리나라의 대표적인 벤처캐피탈의 투자현황을
살펴보고자 한다.

(1) 中小企業創業投資會社 및 中小企業創業投資組合

중소기업창업투자회사는 중소기업창업지원법에 의하여 설립된 상법상의 주식회사로서 자금력과
담보력이 미흡한 창업자 및 벤처기업에 대해 투자[34]형태로 자금을 지원한다. 중소기업창업투자조
합은 중소기업창업투자회사가 업무집행조합원이 되어 불특정다수인인 일반출자자로부터 출자금을
모집하여 창업기업에 투자 후 일정기간 경과 시 투자수익을 배분하는 유한책임조합을 말한다.[35]
중소기업창업투자회사와 중소기업창업투자조합은 창업자[36] 또는 벤처기업을 투자대상기업으로 하
며, 투자대상인 창업자 또는 벤처기업은 거래소시장에 상장되거나 코스닥시장에 등록되지 아니한
法人인 중소기업으로 한정된다.[37]

創業投資會社는 1998년 말에 72개사에서 2000년 4월 말 124개사로 증가하였으며 創業投資會
社의 투자재원은 1998년 2조 1,747억 원에서 2000년 4월 말에 3조 5,387억 원으로 증가하였다.
創業投資會의 투자실적도 1998년 1조 408억원에서 2000년 3월 말에 2조 376억 원으로 증가하
였다.[38] 벤처캐피탈의 자금지원의 증가와 함께 벤처기업수도 1998년 이후 지속적으로 증가하고
있다.[39]

---

[34] '투자'는 신주인수 또는 지분출자, 전환사채 또는 신주인수권부사채 인수, 특정사업의 수행을 위하여 계약
을 통하여 소요자금을 지원하고 수익을 분배하는 방식으로 자금을 지원하는 것을 말한다. 기존의 주식이나
출자지분을 양수하거나 채권을 양수하는 방법으로 자금을 지원하는 경우는 투자로 보지 않는다(창업투자회
사등의등록및관리규정 제2조 제2항).

[35] 중소기업창업지원법 제2조 제5호 및 제20조.

[36] 창업자는 중소기업을 창업하는 자 및 중소기업을 창업하여 사업을 개시한 날로부터 7년이 경과되지 아니한
자를 말한다(중소기업창업지원법 제2조 제2호).

[37] 창업투자회사등의등록및관리규정 제3조 제1항. 과거에는 중소기업창업지원업무운용규정에서 투자대상기업
의 사업년수에 제한을 두어, 법인인 경우 사업개시일로부터 14년 이내, 개인사업자의 경우 사업개시일로부
터 10년 이내의 기업인 경우에만 투자하도록 하였으나, 이러한 사업년수의 상한을 폐지하고 비등록 비상장
의 法人인 창업자 또는 벤처기업으로 투자대상요건을 변경하였다.

[38] 최근 벤처기업동향과 향후 정책방향, 산업자원부, 2000. 5. 12 (속보 삼일총서, 2000. 20호, 7면).

[39] 우리나라의 벤처기업의 수의 증가현황은 다음과 같다.

구 분	1998	1999	2000	2001	2002	2003	2004	2005	2006.8
벤처기업수	2,042	4,934	8,798	11,392	8,778	7,702	7,967	9,732	11,984

출전: 중소기업관련통계, 중소기업청 동향분석팀 (2006.9), 261면의 자료로부터 편집.

[표 2] 우리나라 創業投資會社 설립현황

(단위: 개, 억원)

구 분	1986~99	2000	2001	2002	2003	2004	2005	2006.8	계
신규등록	108	65	4	3	0	1	0	6	187
등록취소	21	5	6	20	11	13	3	6	86
등록누계	87	147	145	128	117	105	102	102	102
자 본 금	12,400	21,391	21,194	19,651	18,651	16,528	15,368	14,914	14,914

출전: 중소기업 관련통계, 중소기업청 동향분석팀(2006.9), 273면.

[표 3] 창업투자조합 등록현황

(단위: 개, 억원)

구 분	1986~96	1997	1998	1999	2000	2001	2002	2003	2004	2005	2006.8	누계
투자조합	71	84	93	149	326	396	412	430	424	400	364	364
결성총액	7,192	8,685	9,200	10,722	24,064	30,512	32,698	35,757	38,172	39,364	37,414	37,414

출전: 중소기업관련통계, 중소기업청 조사평가과 (2000.9), 113면; 중소기업 관련통계, 중소기업청 동향분석팀(2006.9), 273면의 자료로부터 편집

(2) 新技術事業金融業者 및 新技術事業投資組合

신기술사업금융업자는 여신전문금융업법에 따라 등록된 신기술사업자에 대한 투자·융자 및 경영·기술 지도를 하는 회사를 말하며, 투자대상 회사의 업력제한이 없다는 점이 창업투자회사 및 창업투자조합과 구별된다. 신기술사업금융업자는 자본금이나 차입금에 의한 투자외에 신기술사업투자조합을 결성하여 조합자금 이용하여 투자할 수 있다.[40] [표4]에서 보는 바와 같이 1999년 말 잔액기준으로 볼 때 부채가 투자재원의 77.4%를 차지하고 신기술투자조합을 통한 자금조달액은 투자재원의 4.9%에 불과하여 투자재원중 차입금에 의존하는 비율이 매우 높고 조합결성에 의한 자금조달 비중이 매우 낮은 것이 특징이다. 신기술사업금융업자의 지원방식은 투자방식(주식, 전환사채 또는 신주인수권부사채의 인수)과 융자방식(일반융자, 팩토링, 리스 등)이 사용되는데, [표5]에서 보는 바와 같이 1998년 말과 1999년 말 기준으로 융자비중이 각각 94.7%와 84.1%를 차지하고 있다. 신기술사업금융업자의 융자비중이 매우 높으나, 1999년에는 투자비중의 증가로 융자비중이 현저히 감소하고 있음을 보여준다.

1999년 12월을 기준으로 영업 중인 신기술사업금융업자는 겸업회사를 포함하여 13개사이며 순

---

[40] 여신전문금융업법 제41조 제1항 4호, 5호, 제44조.

수 신기술금융업자는 5개사이다.[41] 대표적인 신기술사업금융업자로는 ㈜기보캐피탈,[42] 산은캐피탈(KDBC), KTB네크웍크주식회사, ㈜TG벤처[43]의 4개가 있다.

[표 4] 신기술금융업자 투자재원 조성현황

(단위: 억 원)

투자재원(A+B)	자산(A)	자 본	부 채	조합결성(B)
79,150	75,461	14,198	61,236	3,689

주: 1999년 말 기준
출전: 중소기업청

[표 5] 신기술사업금융업자의 투자현황

(단위: 억 원)

구 분	투 자				융 자			
	주 식	전환사채	기 타	계	융 자	리 스	팩토링	계
1998	3,504	320	384	3,758	25,768	41,367	233	67,368
1999	7,492	549	391	8,432	17,251	27,244	33	44,528

주: 1999년 말 기준
출전: 중소기업청.

(3) 엔젤투자자 및 엔젤투자조합

우리나라의 엔젤투자자 및 엔젤투자조합은 그 수와 투자자금이 계속 증가하고 있음에도 불구하고 창업투자회사나 신기술사업금융업자에 비하여 벤처자금 공급자로서의 비중은 아직까지 상대적으로 적다.

[표 6] 연도별 엔젤투자조합현황 및 투자실적(누계)

구 분	1999	2000	2001	2002	2003	2004	2005	2006.8
엔젤조합(개)	7	64	71	72	73	74	74	73
투자금액(억 원)	151	463	482	487	436	406	438	425

출전: 중소기업관련통계, 중소기업청 조사평가과 (2006.9), 277면.

---

[41] 김진수·김재진, 전게서, 213면. 순수 신기술금융업자는 기보캐피탈, KTB네크웍크주식회사, ㈜ TG벤처, 삼성벤처투자, 미래에셋벤처캐피탈이다.

[42] 1999년 8월 한국기술진흥금융주식회사(KTAC)에서 ㈜기보캐피탈로 상호를 변경하였다.

[43] ㈜TG벤처는 ㈜한국개발투자금융(KDIFC)이 상호를 변경한 것이다.

(4) 벤처기업 입장에서의 자금조달

벤처기업에 대한 자금조달이 창업투자회사 및 조합의 수의 증가로 그 자금공급 규모는 늘어났지만, 벤처기업의 입장에서는 여전히 창업과정 및 기업경영에 있어서 자금조달을 가장 어려운 문제로 지적하고 있다. 특히 정부의 벤처기업 지원제도 중 확충 또는 개선되어야 할 제도로서 자금지원을 최우선으로 지적하고 있으며, 사업을 시작하기 전에 자금을 조달할 수 있는 제도적 장치가 미흡한 것을 문제로 제기하고 있다.[44] 이러한 문제는 자금공급의 절대량을 늘리는 것만으로는 벤처기업에 대한 문제가 해결되지 않고 자금공급량을 늘리는 것과 동시에 벤처기업의 단계별로 필요한 자금이 적절히 공급될 수 있는 제도적 장치가 보완되어야 할 필요성을 보여주는 것이다.

II. 美 國

1. 槪 觀

미국의 현대적인 벤처캐피탈 산업의 효시는 1946년에 American Research and Development(ARD)[45]라는 최초의 펀드를 조성한 것이다.[46] 이후 10년 동안 몇 개의 벤처펀드가 설립되었

---

[44] 전경련 부설 국제산업협력재단 및 KTB network에서 2000년 6월 7일부터 2000년 7월 20일까지 실시한 중소기업청으로부터 인증을 받은 전국의 512개 벤처기업을 대상으로 한 설문조사에서 벤처기업들은 창업 과정 중 자금조달(59.6%), 판매선 확보(29.7%), 인력정보(19.5%), 시설 및 설비(17.2%), 인허가 절차 (10.5%) 의 순으로 어려움을 겪었던 것으로 응답하였는바, 자금조달이 창업에 있어서 가장 어려운 문제였음을 보여준다. 또한 전체 응답기업의 64.5%가 자금문제에 대하여 어려움을 겪고 있다고 답변하였으며, 기업경영상 가장 심각하게 느끼고 있는 문제점으로 자금(49%)을 지적하고 있다. 자금문제 해결을 위한 자금 조달 방법으로는 벤처캐피탈·엔젤(37.3%), 공공자금지원(21.7%), 금융기관을 통한 직접차입(18.6%), 주식 시장을 통한 직접금융(14.8%)을 선호하는 것으로 나타났으며, 벤처캐피탈을 자금 조달원으로 매우 선호하고 있음을 보여준다. 정부의 벤처기업 지원제도 중 향후 확충 혹은 개선되어야 할 제도로는 자금지원 (46.5%)을 지적하고 있으며, 사업전에 자금조달할 수 있는 제도적 장치의 미흡을 16.4%가 지적하고 있다 (KTB network·국제산업협력재단, 벤처기업 경영애로 실태조사 (2000. 8)).

[45] ARD는 2차 세계대전 당시 MIT에서 개발한 기술을 상용화하기 위하여 MIT총장인 Karl Compton과 하버드 경영대학원 George F. Doriot교수가 지역 유력인사들과 함께 설립하였다(Paul Gompers and Josh Lerner, *supra* note 19, at 6).

[46] 미국에서는 1920-30년대에 부유한 가계나 개인투자자들이 이스턴 항공(Eastern Airlines), 제록스(Xerox) 등에 창업자금을 지원하여 성공을 거두었다는 점에서 미국의 벤처캐피탈의 기원은 1946년 이전으로 볼 수도 있으나, 1946년에 처음으로 회사형태의 벤처캐피탈이 설립되어 다수의 투자자로부터 자금을 집합하여

지만, 1946년부터 1977년까지 이러한 펀드에 유입된 자금은 연간 수백만 달러를 넘지 못하였다. 자금유입이 획기적으로 증가한 것은 1970년대 후반과 1980년대 초반이다. 자금유입의 증가에 영향을 미친 중요한 요소 중의 하나는 연금투자(pension fund investments)를 규율하는 "신중한 通常人(prudent man)"의 원칙(rule)을 1979년에 변경한 것이다. 1979년 전에는 종업원 퇴직소득 보장법(Employee Retirement Income Security Act: ERISA)은 연금기금(pension fund)이 상당한 부분의 자금을 벤처캐피탈 또는 고위험 자산으로 분류되는 곳에 투자하는 것이 제한하였다. 미국 노동부는 동 규칙의 명확화를 통하여 연금관리자가 벤처캐피탈을 포함한 고위험 자산에 투자하는 것을 명시적으로 허용하였다. 1996년과 1997년에 또 한 번의 벤처캐피탈 활동에 비약적인 성장이 있었다. 벤처캐피탈리스트의 펀드조성의 변화는 벤처캐피탈리스트에 의한 벤처기업에 대한 투자금액의 변화의 형태에 그대로 반영되고 있다.[47] 즉 벤처캐피탈리스트의 펀드조성이 활발한 시기에는 벤처기업에 대한 투자금액도 동시에 증가하고 있는 형태를 보여주고 있다.

1980년부터 1988까지 8년간의 통계를 분석하면, 1988년에 미국에는 약 658개의 벤처캐피탈회사(venture-capital firm)가 310억 달러 이상의 자금을 운용하고 있으며 2,500명의 전문가를 고용하고 있었다. 벤처캐피탈시장은 자원이 대형회사에 집중되어 있는데, 대형 89개의 회사가 전체 자금의 58%를 관리하고 있다. 이들 89개의 회사의 평균 운용규모는 2억 달러 가까이 이른다. 전형적인 대형 벤처캐피탈회사는 연간 1000건 정도의 사업제안을 받으나 12건 정도의 벤처기업에 투자한다.[48] 미국의 벤처캐피탈 펀드의 조성자금은 1976년 10억 달러에서 1999년 600억 달러로 성장하였다.[49]

벤처캐피탈리스트는 보통 최소한 50만 달러에서 100만 달러를 투자할 수 있는 투자규모를 선호하며, 초기단계의 종자자금(seed money) 투자에 특화된 벤처캐피탈리스트인 경우에는 5만 달러에서 10만 달러도 투자한다.[50]

자금공급 외에 附加的 寄與를 제공하기 시작하였다는 점에서 현대적인 벤처캐피탈의 효시는 1946년에 설립된 ARD로 보는 것이 일반적이다(William D. Bygrave and Jeffrey A. Timmons, *Venture Capital at the Crossroads*, Harvard Business School Press (1992), pp. 16–17; Paul A. Gompers, *supra* note 8 at 4–7).

[47] Samuel Kortum and Josh Lerner, *Does Venture Capital Spur Innovation?*, http://papers.ssrn.com (1998), pp. 5–6 및 Figure 1 (Venture Capital Fundraising and Disbursements, 1965–1997) 참조.

[48] William A. Sahlman, *supra* note 1, at 475.

[49] Paul Gompers and Josh Lerner, *supra* note 19, at 325.

[50] http://sv.findlaw.com/finance/vc.html 참조.

2. 資金調達源과 벤처캐피탈 펀드

미국의 벤처캐피탈 시장의 자금조달원을 살펴보면, 기관투자가들이 벤처캐피탈 자금조달에 차지하는 비중이 매우 크다. 1992년부터 1995년까지 4년간 기관투자가들―연금기금(pension funds), 은행, 보험회사, 기부금(endowments), 기금(foundation) 등―이 벤처캐피탈 펀드에 의하여 조성된 자금의 75%를 차지하고 있다. 특히, 연금기금은 총 조성된 자금의 45% 이상을 차지하고 있다. 기관투자가들은 전형적으로 벤처캐피탈 有限責任組合, 흔히 벤처캐피탈 펀드(venture capital fund)라고 불리는 매개체를 통하여 투자하는데 대부분의 미국의 벤처캐피탈 펀드는 有限責任組合의 형태의 구조를 하고 있다. 벤처캐피탈리스트는 법적으로 구별된 有限責任組合 形態의 여러 개의 자금단위(pool)를 관리할 책임을 진다.[51]

이러한 벤처캐피탈 펀드에서 投資者는 수동적인 有限責任組合員(limited partner)이 된다. 벤처캐피탈 펀드는 전형적인 투자대상기업 미정의 투자예정자금(blind pools)이다. 어떤 기관이 벤처캐피탈 펀드에 참여할지 여부를 결정할 때, 그 펀드의 투자전략을 적은 投資勸誘書(offering memorandum)를 받는다. 그러나 펀드가 투자할 특정회사는 아직 모르는 상태이다. 有限責任組合의 法原理에 따르면 有限責任組合員은 특정 투자대상기업(portfolio company)에 투자를 승인하는 것을 포함한 일상적인 펀드의 경영에 참여할 수 없다. 이러한 점에서 벤처캐피탈 펀드의 지배구조는 전형적인 Berle-Means의 소유와 경영의 분리의 문제를 야기한다. 無限責任組合員(general partner)은 1%의 자본을 투자하지만 사실상 자본전체에 대하여 완전한 통제권을 행사한다. 펀드의 지배구조에 관한 특정한 조건들은 有限責任組合契約에 규정되고, 無限責任組合員이 벤처캐피탈 펀드의 투자와 이에 대한 감시를 한다. 일반적으로 無限責任組合員은 특정 펀드가 투자대상기업에 투자되고 난 후 계속적으로 후속 펀드를 형성하여 벤처캐피탈 시장에서 계속 사업을 하려고 하는 투자전문가로 구성된 회사이다. 따라서 無限責任組合員은 미리 정해져 있는 현재의 펀드의 존속기간(전형적으로 10년) 중간에 후속 펀드를 위한 투자자를 찾기 시작한다. 조합의 정해진 존속기간의 종료 시 청산은 강제적이다. 실현된 이익은 연간 단위로 有限責任組合員에게 분배되어야 하기 때문에 사실상 조합은 계약기간 동안도 일부 청산의 효과가 있게 되는 것이다. 無限責任組合員의 벤처캐피탈 펀드에 대한 주된 기여는 자금이 아니라 전문지식이다. 이러한 점은 자금출자 의무의 분배에 반영된다. 대부분의 펀드에 있어서, 無限責任組合員은 1%의 자금을 출자하고, 有限責任組合員이 나머지 99%를 출자한다.[52]

---

[51] Curtis J. Milhaupt, *The Market for Innovation in the United States and Japan: Venture Capital and the Comparative Corporate Governance Debate*, 91 Nw. U. L. Rev. 885 (1997).

[52] Theodore Baum and Ronald J. Gilson, *The Legal Infrastructure of the German Venture Capital Market: Barriers to Replication the U.S. Template*, Working Paper (1999), pp.82-83.

3. 無限責任組合員의 報酬

無限責任組合員의 보수도 출자지분과 불균형적이다. 연간 관리수수료(management fee)는 보통 出資約定額(committed capital)[53]의 2.5%로 비교적 작지만, 無限責任組合員의 주된 수익은 投資收益分配權(carried interest)이다. 投資收益分配權은 조합에 의하여 실현된 이익의 일정률을 받을 권리로서 20%가 보통이다. 無限責任組合員은 투자수익이 有限責任組合員에게 분배될 때 동시에 수익을 분배받지만, 일반적으로 다음 두 가지 제한을 받는다. 첫째, 無限責任組合員은 有限責任組合員이 투자원금 경우에 따라서는 이자까지도 받을 때까지는 분배를 받을 수 없다. 둘째, 無限責任組合員이 투자수익을 분배받은 후에 투자손실이 발생하면 無限責任組合員은 결과적으로 약정된 투자수익율을 초과하여 분배받은 것이 된다. 이 경우에 無限責任組合員이 기존에 분배받은 금액에서 投資收益分配權으로 정한 투자수익율을 초과하는 부분을 조합에 반환하도록 규정할 수 있다. 이러한 규정을 "還收規定(claw back)"이라고 하며 無限責任組合員의 投資收益分配權에 의한 수익률이 수익을 분배받는 순서에 따라 차이가 나지 않도록 하기 위하여 사용된다.[54]

4. 投資方式[55]

벤처캐피탈 펀드의 투자대상회사에 대한 株式投資의 형태는 일반적으로 轉換優先株의 취득이다. 공식적인 계약서에 의해서 요구되는 것은 아니지만, 일반적으로 벤처캐피탈리스트는 투자대상회사에 대하여 금적전 기여 이외의 기여(non-cash contributions)를 제공하게 된다. 이러한 기여에는 경영컨설턴트가 제공하는 것에 상응하는 경영지원, 투자대상회사의 성과에 대한 강도 높은 감시, 잠재적 고객이나 공급자와 종업원이 투자대상회사에 신용을 부여하도록 하는 펀드의 명성의 사용 등이 있다. 각 투자에 있어서 투자대상회사에 감시 및 자문하는 데 주된 역할을 하는 代表投資者(lead investor)가 있기는 하지만, 일반적으로 전체 투자는 동일한 조건으로 동시에 투자하는 다른 벤처캐피탈 펀드와 共同投資(syndicated investment)의 형식으로 한다.

최초의 벤처캐피탈 투자는 투자대상회사의 사업계획 전체에 대한 자금조달에는 불충분하므로, 투자는 단계적으로 이루어진다. 특정한 투자단계에서 지원되는 자금액은 사업계획에서 규정된 특정한 中間目標(specified milestones)를 달성하는 데 필요하다고 예상하고 있는 자금에 한한다.

---

[53] 출자금을 분할 납부하기로 한 경우 예정된 출자금 총액을 말함.

[54] Theodore Baum and Ronald J. Gilson, *supra* note 52, at 83-84.

[55] *Id.* at 84-85.

最初 投資段階(first round)의 투자자의 경우 후속 투자단계에서 투자할 것이 기대되지만, 사업계획상의 단계적 중간목표가 달성되더라도 반드시 투자하여야 할 계약상의 의무는 없다. 다음 투자단계의 조건은 단계적 중간목표가 달성되고 전기의 투자가 소진되었을 때 협상에 의해서 결정된다. 이러한 단계적 투자를 하는 목적은 투자대상기업이 다음 단계에 도달하기 위한 예상 소요자금액[56]만을 지원함으로써, 투자대상기업이 지원된 자금을 다른 용도나 목적으로 사용하는 것을 방지하고 목표달성에 최선을 다하도록 하는 데 있다.[57] 비금전적 기여와 마찬가지로, 투자대상회사가 기대했던 것과 같은 성과를 내었을 경우 벤처캐피탈 펀드는 명시적이지는 아니지만 묵시적인 계약이 추가적 단계의 자금지원을 할 권리 및 의무를 지배한다. 벤처캐피탈 펀드의 후속단계에 투자에 참여할 묵시적인 권리는 優先買收權(right of first refusal)에 의해서 보장된다.

5. 支配構造上 特徵

벤처캐피탈 펀드에 의한 투자대상회사에 대한 투자는 펀드에 불균형적으로 많은 통제권을 부여하는 것이 중요한 지배구조상의 특징이다. 일반적으로 벤처캐피탈 펀드의 보유주식이 투자대상회사의 의결권의 과반수 미만이라도 벤처캐피탈 펀드가 투자대상회사 이사의 과반수를 지명할 수 있도록 하고 있다. 또한 투자대상회사가 상당한 자산의 취득 또는 처분이나 사업계획에서 중대하게 벗어나는 경우와 같은 특정한 사업상의 결정을 하기 전에 벤처캐피탈 펀드의 사전동의를 요구하는 계약상의 約定事項(contractual negative covenants)을 다수 규정하기도 한다. 이사회에 대한 통제권은 이러한 約定事項에 의한 제한을 부분적으로 대체하는 역할을 한다. 이러한 공식적인 통제의 수단은 단계적 자금공급 구조를 사용함으로써 비공식적인 요소에 의하여 보완된다.[58]

6. 投資資金의 回收

투자기간 및 경영성과와 관련된 벤처캐피탈 펀드의 투자가 갖는 특징이 있다. 즉 투자는 단기투자는 아니지만, 투자자는 투자기간이 장기가 될 것을 기대하지 않는다. 벤처캐피탈 有限責任組合

---

[56] 일반적으로 각 단계에서의 예상 소요자금액을 산정하기 위해서 투자대상 기업의 "자금소모율"(burn rate)을 이용한다. 자금소모율이란 투자대상 기업이 1개월 동안 소모하는 현금을 말한다.

[57] 우리나라의 이러한 의미에서 단계적 투자가 이루어지지 못하고 있다. 우리나라의 실무에서는 기업의 자금소요액을 단계별로 구분하여 투자하지 않고 당해 자금조달 시점에서 자금수요자인 기업과 자금공급자인 벤처캐피탈리스트가 사안별로 협의하여 투자액을 결정한다고 한다.

[58] Theodore Baum and Ronald J. Gilson, *supra* note 52, at 85-86.

은 제한된 기간(보통 10년)을 存續期間으로 하기 때문에, 無限責任組合員은 투자대상회사에 대한 투자를 가능한 빨리 流動化하기를 원한다. 無限責任組合員이 펀드의 모든 자금을 펀드의 존속기간 중간에 소진하여 버리면, 無限責任組合員은 벤처캐피탈 사업을 계속하려면 새로운 펀드를 만들기 위한 추가적 자금을 조성해야만 한다. 벤처캐피탈 펀드는 두 가지 방법, 즉 투자대상회사 주식의 最初公募(IPO)를 통하여 투자대상회사를 공개하는 방법 또는 투자대상회사를 다른 회사에 賣却하는 방법으로 투자자금을 회수한다. 미국의 경우 자금회수 방법에 대한 선호는 시기에 따라 차이가 있었다. 1984년부터 1990년까지는 투자대상회사의 매각이 선호되어 396개의 벤처캐피탈의 지원을 받는 회사는 공개하였으나, 628개의 회사는 공개되기 전에 타 회사에 매각되었다. 1991년부터 1996년까지는 공개방식이 선호되어 1059개의 회사가 공개되고 524개의 회사만 매각되었다.[59] 일반적으로 벤처캐피탈 펀드가 투자대상회사에 대하여 주식의 상환을 요구할 권리를 투자조건에 규정하기는 하지만, 투자대상회사는 상환을 실행할 자금이 부족하기 때문에 상환은 실행가능한 자금회수 수단이 아니다. 그러한 주식상환을 요구할 수 있는 권리는 투자대상회사에 대하여 最初公募(IPO)나 회사매각을 통한 자금회수(exit)를 하려는 벤처캐피탈리스트의 요구를 수용하도록 압력을 행사하기 위한 통제수단으로 이해될 수 있다.

투자자금의 회수와 관련하여 벤처캐피탈리스트가 제공하는 非金錢的 寄與와 金錢的 寄與의 연관성을 이해할 필요가 있다. 벤처캐피탈리스트가 제공하는 非金錢的 寄與는 金錢的 寄與와 결합될 때 상당한 範圍의 經濟(economy of scope)를 가지는 특성이 있다. 투자대상 회사가 어느 정도 성공하여 자신의 고유한 경험과 명성을 갖게 되면, 벤처캐피탈리스트가 제공하는 비금전적 기여의 중요성이 상대적으로 감소된다. 이 시점에 벤처캐피탈리스트가 비금전적 기여를 새로운 다른 초기단계의 회사에 투자하면 보다 높은 수익을 얻을 수 있다. 그러나 금전적 기여와 비금전적 기여는 범위의 경제로 상호 연결되어 있기 때문에, 벤처캐피탈리스트가 비금전적 기여를 다른 회사에 재활용하기 위해서는 금전적 기여도 동시에 회수하여야만 한다. 투자대상 회사로부터 투자자금을 회수함으로써 금전적 기여와 연결된 비금전적 기여를 다른 초기단계의 회사에 재활용할 수 있게 된다.

7. 펀드의 收益과 運營現況

투자대상회사에 대한 투자의 위험성은 수익의 不安定性(variability)으로 나타난다. 미국의 통계를 분석한 연구에 따르면, 총 수익의 50%가 6.8%의 투자로부터 얻은 것이며, 3분의 1 이상의 투

---

[59] Theodore Baum and Ronald J. Gilson, *supra* note 52, at 86-88.

자는 부분적 또는 전부의 손실을 입었다.[60] 이러한 투자의 위험성으로 인해 벤처캐피탈리스트가 요구하는 투자수익률을 매우 높다. 통상 미국의 벤처캐피탈리스트는 35-45%의 연복리 투자수익률을 요구한다.[61]

미국의 경우 벤처캐피탈 펀드의 無限責任組合員은 1% 정도의 출자만 하고, 이 경우 출자는 현금보다 약속어음의 형태로 하는 것이 일반적이다.[62] 펀드의 일반적인 존속기간은 10년이며, 존속기간의 연장은 가능하나 일정수 이상의 有限責任組合員의 동의 또는 無限責任組合員의 결정이 필요하다.[63] 일반적으로 존속기간 연장은 1년씩 최대 3년까지 가능하며, 존속기간이 만료되면 현금 및 유가증권은 모두 분배되며, 최종결산이 행해진다.[64]

8. 美國 벤처캐피탈市場의 特徵[65]

미국의 벤처캐피탈 시장은 벤처캐피탈 산업이 발달할 수 있는 제도적 장치에 의하여 활성화되고 있다. 이러한 미국 벤처캐피탈시장 특징으로 다음의 다섯 가지를 들 수 있다.

첫째, 연금기금과 같은 대규모 독립적인 자금조달원이 존재하는 것이다. 벤처캐피탈리스트가 펀드를 효율적으로 운영하려면, 펀드에 자금을 공급한 투자자(principal investors)가 원하는 바와 다르게 투자의사결정을 하여야 할 경우가 생긴다. 벤처캐피탈 펀드가 주된 자금원으로부터 독립성을 가지면 벤처캐피탈리스트는 모 회사의 영향으로부터 간섭을 받지 않고, 가장 유망한 신설회사를 선택하여 가장 유리한 방법으로 투자를 회수할 수 있다. 미국의 年金基金(pension funds)은 특정 자금조달원에 종속되지 않은 독립적인 벤처캐피탈리스트에게 자금을 공급하는 역할을 하고 있다. 年金基金 관리자들은 수익을 높이고 투자의 분산성을 증가시키기 위해서 벤처캐피탈 펀드에 투자하기 때문에, 年金基金의 투자의사 결정은 벤처캐피탈리스트가 고수익을 올릴 수 있는

---

[60] Theodore Baum and Ronald J. Gilson, *supra* note 52, at 88.

[61] 이러한 수익률을 달성하기 위해서는 최소한 20%의 연간수익률을 달성하여야 한다. http://sv.findlaw.com/finance/money.html 참조.

[62] 1987년에 Venture Economics사에 의해 조사한 바에 따르면, 조사대상 76개의 조합 중 61%가 無限責任組合員(general partner)이 정확히 약정출자액(committed capital)의 1%를 출자하였다 (William A. Sahlman, *supra* note 1, at 490).

[63] 1987년에 Venture Economics사에 의해 조사된 바에 따르면, 조사대상 76개의 조합 중 72%가 존속기간이 10년이었으며, 전부 존속기간 연장조항을 규정하고 있다. 52%가 일정한 수준이상의 有限責任組合員의 동의에 의한 기간연장을, 48%가 무한책임조합원의 결정에 따라 기간연장이 되도록 하고 있다.

[64] William A. Sahlman, *supra* note 1, at 490.

[65] Curtis J. Milhaupt, *supra* note 51, at 880-894.

기회를 발굴할 수 있는 능력을 고려하여 이루어지게 된다.[66]

둘째, 最初公募(IPO)를 통한 자금회수가 가능하여 流動性(liquidity)이 확보될 수 있다. 투자자금의 회수는 벤처캐피탈리스트가 투자할 때 고려하는 중요한 요소인데, 미국의 경우 最初公募에 대한 제도적 장치가 잘 구비되어 있어서 벤처캐피탈리스트는 벤처기업이 성공할 경우 最初公募로 투자자금을 회수하게 되고 벤처기업은 회사의 지배권을 회복할 수 있게 되므로 벤처캐피탈리스트와 벤처기업가의 벤처기업의 성공을 위하여 노력할 인센티브를 연결시키게 된다.

셋째, 벤처캐피탈을 통한 자금조달 과정에서 관련자들의 이해관계를 연계시킬 수 있는 고도로 발달된 動機誘發 構造가 존재한다. 동기유발 구조는 벤처투자자가 벤처캐피탈 펀드에 투자를 하게 할 동기, 벤처캐피탈리스트가 벤처기업에 투자할 동기, 벤처기업가가 사업의 성공을 위하여 노력하게 하고 벤처캐피탈리스트로부터 자금을 공급받는 대신 회사의 지배권의 감소를 받아들이게 할 동기라는 세 가지 측면에서의 동기유발이 가능한 구조이어야 한다. 미국에서는 벤처투자자에 대한 계약에 의한 동기유발 구조로 有限責任組合(limited partnership)의 형태가 사용된다. 有限責任組合의 構造는 벤처투자자에게 유한책임의 이점과 조합단계에서는 과세되지 않는 점에서 투자에 유리한 조건을 제공하게 된다. 벤처캐피탈리스트는 수익배분의 이해대립의 가능성을 해결하기 위하여 有限責任組合의 존속기간을 제한하고 투자수익에 보수가 연계되도록 有限責任組合契約을 체결하게 된다. 벤처캐피탈리스트와 벤처기업가 간에 이해관계를 연계시키기 위한 구조로서는 株式買受契約(stock purchase agreement)이 사용된다. 株式買受契約에는 단계적 자금공급, 등록권, 정보권, 이사선임권 등을 규정하여 대리인 비용과 정보의 불균형의 문제를 최소화하는 수단으로 사용한다. 株式買受契約에서 벤처캐피탈리스트가 투자의 대가로 취득하는 주식은 일반적으로 전환우선주로 규정하는데 회사의 성공 시에 벤처캐피탈리스트는 보통주로 전환된 주식을 처분하여 자본이득을 얻을 수 있고, 회사가 성공하지 못할 경우에는 잔여재산분배우선권, 상환청구권, 희석방지조항에 의하여 보호받을 수 있다. 株式買受契約에 의하여 벤처기업가는 필요한 資金과 함께 評判資本(reputational capital)과 經營支援을 받을 수 있게 된다. 또한 경영자의 보수와 벤처기업의 성공을 연계시키기 위해서 벤처기업가는 현금보수는 적게 하는 대신 株式買受選擇權을

---

[66] 독립적인 자금조달원의 중요성은 벤처캐피탈리스트의 독립성이 자금원으로부터 보장되지 않기 때문에 발생하는 문제점과 비교하여 보면 분명하여 진다. 일본에서는 독립적인 벤처캐피탈 회사(independent venture capital firms)가 거의 없고 연금자금이 없다는 점이 벤처캐피탈 투자의 실행 및 단계적 자금공급에 영향을 미친다. 銀行이나 證券會社의 계열회사로서의 벤처캐피탈 회사는 은행과 증권회사의 주된 사업영역이 신설회사에 대한 위험이 높은(high risk) 지분투자가 아니기 때문에 보수적이며 경험이 부족한 경향이 있다. 일본의 경우 은행과 증권회사의 계열관계에 있는 벤처캐피탈 회사의 직원은 모회사 출신이 대부분이다.

받게 된다. 株式買受選擇權은 장기간에 걸쳐서 확정적으로 부여되므로 회사를 그만둘 경우의 경제적인 손실로 인하여 경영진을 포함한 핵심인력이 계속 근무하게 하는 요인이 되기도 한다. 株式買受選擇權은 최초공개로 벤처캐피탈리스트가 자금회수를 하게 되면 경영진이 회사의 지배권을 회복할 수 있게 하는 수단이 될 수도 있다.

넷째, 勞動市場의 流動性(labor mobility)으로 인해 벤처기업이 필요로 하는 경영진 및 기술자를 공급할 수 있다. 미국에서는 경영진이나 연구인력이 근무하던 회사를 떠나 자신의 회사를 시작하거나 벤처기업에 근무하는 경우가 많으므로 벤처기업은 자금뿐 아니라 인력확보가 가능하게 된다.

다섯째, 벤처기업에 대한 투자는 고위험, 고수익의 투자인바 미국은 위험의 수용성(risk tolerance)으로 이러한 고위험을 수반하는 투자가 활발히 이루어지고 있다. 미국의 위험에 대한 수용성은 미국의 회사지배권 체계에서 형성되는 것으로서 회사의 지배권시장으로 인하여 경영진과 종업원은 지배권변경으로 인한 위험을 가지고 회사에 종사하게 되어 위험자체가 참여자에게 항상 위험을 인식하고 노력하도록 하는 중요한 교육적 효과가 있다고 한다.

III. 벤처캐피탈의 役割과 資金調達市場 形態의 差異点[67]

은행중심의 자금조달시장(bank-centered capital market)과 주식시장 중심의 자금조달시장인지 여부에 따라 벤처캐피탈의 역할은 차이가 있다. 대표적인 주식시장 중심의 자금조달시장인 미국에서의 벤처캐피탈리스트의 역할을 제대로 이해하기 위해서는 이러한 차이를 이해하는 것이 필요하다.

첫째, 은행 중심의 자금조달시장은 주식시장 중심의 자금조달시장보다 상대적으로 벤처캐피탈의 수가 적을 뿐 아니라 자금원으로부터 벤처캐피탈의 운영의 자율성이 유지되기 어렵다.[68] 둘째, 주식시장 중심의 자금조달시장에서 벤처캐피탈리스트는 주로 투자방식의 자금조달(equity financing)을 하지만, 은행중심의 자금조달시장에서 벤처캐피탈리스트는 대부분 대부자금(loan)

---

[67] Bernard S. Black and Ronald J. Gilson, *Venture Capital and the Structure of Capital Markets: Banks Versus Stock Markets*, 47 J. Fin. Econ. 265 (1998).

[68] 대표적인 은행 중심의 자금조달시장인 일본의 경우 1995년에 121개의 벤처캐피탈 펀드만이 있었고, 그 절반 이상이 은행의 계열사로서 모회사인 은행의 직원에 의해서 운영되었다. 이러한 은행의 계열사인 펀드의 직원은 은행의 벤처캐피탈 계열사에서 순환근무를 한 후 모회사인 은행으로 되돌아 가기 때문에, 고도기술에 대한 투자를 평가할 수 있는 특별한 기능이 개발되기 어렵게 된다.

형식으로 자금을 공급한다. 셋째, 주식시장 중심의 자금조달시장에서 벤처캐피탈리스트는 고도기술(high-tech) 사업에 집중하고, 신생 고기술 회사에 대한 주된 자금조달원으로서 기능을 하는 것과 달리, 은행중심의 자금조달시장에서는 첨단기술을 가진 기업이 아닌 일반적인 제조업 및 서비스업에 자금지원을 집중하게 하는 경향이 있다.[69]

제5절 벤처캐피탈을 통한 資金調達 關聯者의 法的關係

벤처캐피탈의 활동은 각 투자단계별로 요구되는 역할이 다르다는 점을 고려할 때, 관련당사자들의 법률관계도 이러한 점을 감안하여 각 투자단계별로 고찰하는 것이 관련당사자의 이해관계를 제대로 반영한 분석을 가능하게 한다. 본서에서는 분석의 편의를 위하여 벤처캐피탈의 투자단계를 投資資金 造成段階, 投資段階, 投資資金 回收段階로 구분하여 관련 이해당사자의 법률관계를 살펴보고자 한다.[70] 그러나 각 단계는 상호 독립적인 것이 아니라 최종단계인 投資資金 回收段階를 목적으로 서로 연결되어 있다는 점에 주의할 필요가 있다.

각 단계별로 관련당사자는 벤처캐피탈리스트, 벤처투자자, 벤처기업가가 있으며, 본서에서는 이들 관련 당사자의 관계를 단계별로 벤처캐피탈리스트-벤처투자자 관계, 벤처캐피탈리스트-벤처기업가의 관계, 벤처투자자-벤처기업가의 관계로 구분하여 고찰하고자 한다. 각 당사자들의 관계 중 두 개의 관계가 관련 당사자들에게 강력히 영향을 미치는데, 하나는 벤처투자자와 벤처캐피탈리스트의 관계이고, 다른 하나는 벤처캐피탈리스트와 벤처기업가의 관계이다. 특히 전자인 벤처

---

[69] 일본의 벤처캐피탈회사는 첨단기술 회사에 투자하는 대신 소규모 상점과 음식점을 포함한 제조업과 서비스업에 집중하고 있다. 1995년에 일본의 벤처캐피탈 펀드는 생명공학회사 1개, 신재료(new materials) 회사 2개, 전자회사 12개에 대해서만 10% 이상의 주식을 보유하였다.

[70] 벤처캐피탈의 활동을 미국에서도 일반적으로 투자자금 조성(fundraising), 투자(investing), 및 자금회수 (exiting)의 세 단계로 구분하기도 하지만(D. Gordon Smith, *Venture Capital Contracting in the Information Age*, 2 J. Small & Emerging Bus. L. 136 (1998); Paul Gompers and Josh Lerner, *supra* note 19), 이러한 단계구분에 의할 경우 투자와 자금회수간에는 상당한 기간이 소요되고 동 기간 동안에 일어나는 추가자금 공급, 부가적 지원등 당사자 간의 법률관계에 대한 설명이 곤란하므로 본서에서는 투자단계를 투자대상 선정과 투자 후 투자대상 회사 운영으로 세분하여 검토한다. 또한 자금조성과 투자는 벤처캐피탈리스트에 의하여 매개되는 단계로서 자금조성은 투자를 목적으로 한 것이므로 자금조성 단계와 투자단계의 상호연계성에 주의하여야 할 필요가 있다.

투자자와 벤처캐피탈리스트의 관계는 후자인 벤처캐피탈리스트와 벤처기업가의 관계의 조건 등에 상당히 영향을 미친다.[71]

각 단계별 당사자의 법적관계를 이해하기 위해서는 관련 당사자의 동기유발(Incentive) 구조를 파악하는 것이 필요하다. 동기유발 구조는 세 가지 차원에서 벤처캐피탈을 통한 투자과정에서 필요하다. 첫째, 資金供給者(providers of capital)는 벤처캐피탈 펀드에 투자할 유인이 있어야 한다. 둘째, 벤처캐피탈리스트는 투자자금을 특정한 투자대상회사(a particular portfolio company)에 투자할 유인이 있어야 한다. 셋째, 기업가는 신생기업을 성공시키기 위해 노력하고 벤처캐피탈의 자금유입의 대가로 지배권이 감소되는 것을 수용할 유인이 있어야 한다. 법적형태 및 계약의 수단은 이러한 벤처캐피탈 시장 관련 당사자의 금전적인 유인구조를 지원하게 된다.[72] 동기유발 구조에 상응하는 법적형태 및 계약의 수단을 사용하는 것이 중요한 것은 자금조성 및 투자와 관련된 분쟁은 일반적으로 소송을 통한 사후권리구제가 입증책임이나 집단적 분쟁처리절차의 결여로 곤란하거나 효율적이지 못한 경우가 많으므로,[73] 계약단계에서 각 당사자의 권리를 명확하게 규정하는 것이 필요하기 때문이다. 벤처캐피탈 투자의 각 단계별로 각 당사자의 동기유발 구조에 적합한 법적 형태 및 계약 수단을 확보하는 것이 매우 중요하다.

각 당사자의 법적관계를 검토함에 있어서 회사법상의 전통적인 투자방식의 자금조달(equity financing)과 비교하여 벤처캐피탈을 통한 자금조달이 갖는 특질을 이해할 필요가 있다.[74] 회사법이 상정하고 있는 전통적인 투자방식의 자금조달 방법은 주식에 의한 자금조달이다. 주식에 의한 자금조달은 타인자본에 의한 자금조달에서 발생하는 원금상환 및 일정한 이자지급의 부담이 없으나, 회사의 주식수의 증가로 인한 주가하락과 배당금을 지급하여야 하는 부담이 있는 것이 특징이다.[75] 회사법은 투자자로서 주주의 투자수익을 위한 권리로서 利益配當請求權(상법 제462조)을 보

---

[71] D. Gordon Smith, *supra* note 70, at 136.

[72] Curtis J. Milhaupt, *supra* note 51, at 885.

[73] 벤처캐피탈을 통한 투자과정은 다수의 투자자로부터 조성된 자금을 투자한 후 그 수익을 투자자에게 분배한다는 점에서 증권투자신탁을 통한 투자와 구조상 유사하다. 증권투자신탁 관련쟁송에서는 집단적 분쟁처리절차의 결여, 입증책임의 과중, 정보 및 입증수단의 불균형 등으로 인하여 투자자가 위탁회사나 자산운용회사를 상대로 소송을 제기하여 피해를 구제받기 어렵다는 점이 지적되고 있는데(김주영, "증권투자신탁 관련 쟁송의 현황과 문제점," 인권과 정의 Vol.278 (1999.10), 35-39면 참조), 벤처캐피탈리스트를 상대로 한 투자자의 소송에서도 유사한 문제점이 제기될 수 있을 것이다.

[74] 회사의 자금조달 방식은 지분에 의한 자금조달(equity financing) 이외에 차입에 의한 자금조달(debt financing), 내부유보자금(retained earnings)에 의한 자금조달로 구분된다. (Robert W. Emerson and John W. Hardwicke, *Business Law*, 3rd ed., Barron's Educational Series, Inc. (1997), p.339.)

[75] 崔基元, 新會社法論, 博英社 (2000), 675면; 鄭東潤, 會社法, 法文社 (1999), 492면.

장하고 투하자금의 회수를 위한 권리로서 株式讓渡自由의 原則(상법 제335조 제1항 본문)과 殘餘財産分配請求權(상법 제538조)을 규정하고 있다.[76] 즉 주주는 회사의 영업실적이 좋은 경우에는 이익배당으로 투자수익을 받을 수 있으며, 투자수익이 기대에 미치지 못하는 경우에는 주식양도로 투자자금을 회수하거나 회사가 청산하는 경우에는 잔여재산을 분배받을 수 있다. 이러한 회사법상 전통적인 투자방식과 벤처캐피탈리스트에 의한 투자는 다음과 같은 점에서 차이가 있다. 첫째, 벤처캐피탈리스트의 주된 투자동기는 회사법에서 상정하는 주주의 투자동기와 차이가 있을 수 있다. 회사법상 주주는 투자수익인 이익배당을 받거나 이를 원하지 않을 경우에는 주식을 언제든지 양도할 수 있는 추상적인 권리를 가지고 있다. 그러나 벤처캐피탈리스트는 주식가치 상승으로 인한 자본이득(capital gain)으로 투자수익을 얻는 것을 목적으로 투자하며, 벤처기업의 이익배당은 현실적으로 생각하기 어렵기 때문에 이익배당의 만족 여부와 관계없이 투자자금 회수를 위하여 주식양도가 반드시 필요하다. 따라서 벤처캐피탈투자에서는 이익배당보다 주식양도를 통한 자본이득의 회수가 매우 중요하게 된다. 비상장상태에서는 주식양도를 통한 자금회수가 사실상 어렵기 때문에, 벤처캐피탈리스트가 주식양도를 통한 자본이득의 회수하는 것이 현실적으로 가능하도록 지원하는 제도적 장치가 필요하게 된다. 둘째, 회사법에서는 투자대상 회사의 위험의 차이를 구별하고 있지 않으며 투자위험은 전적으로 주주가 판단하여야 할 사항이다. 벤처기업에 대한 투자는 성공 여부가 불확실하여 구조적으로 높은 투자위험을 가지고 있으므로 안정적인 회사에 투자하는 것과 벤처기업에 대한 투자는 투자자의 입장에서 투자자금의 회수가능성에서 매우 큰 차이가 있는 것이다. 보다 높은 투자위험이 있는 투자자에 대하여 회사법에서는 특별한 보호수단을 제공하지 않고 있다. 따라서 벤처캐피탈리스트의 투자에 있어서 계약 등의 방법을 사용하여 투자위험을 낮출 수 있는 제도적 장치가 필요하게 된다.

---

[76] 崔基元, 新會社法論, 博英社 (2000), 269-270면.

第3章

投資資金 造成段階의 法的關係

제1절 벤처캐피탈리스트와 벤처投資者의 法的關係

　벤처캐피탈리스트가 투자에 필요한 자금을 조성하는 단계에서 관련 당사자는 벤처캐피탈리스트와 벤처투자자이다. 일반적으로 미국에서 벤처캐피탈리스트는 자신이 설립한 회사의 자본금이나 차입금으로 벤처기업에 투자하는 것이 아니라 유한책임조합형태의 투자펀드를 조성하여 투자자금을 조달한다. 이때 벤처캐피탈리스트는 투자펀드 조성에 필요한 투자자들을 모집하게 되며, 투자자들은 벤처캐피탈리스트가 조성하는 유한책임조합에 유한책임조합원으로 참여하게 된다. 이 경우 벤처캐피탈리스트는 유한책임조합의 무한책임조합원으로서 조합자산의 운영을 책임지게 되며 투자자인 유한책임조합원은 펀드운영의 수익을 분배받게 된다. 투자펀드의 운영을 벤처캐피탈리스트가 책임지게 되는 이유는 벤처캐피탈리스트의 전문지식을 활용하여 다수의 투자의사 결정을 신속하게 할 수 있는 유연성을 부여받을 수 있기 때문이다. 그러나 이러한 구조하에서 유한책임조합에 투자자금의 대부분을 공급한 투자자는 펀드의 투자의사결정에 직접 참여하는 것을 원하지 않고 조합에 대한 투자지분이 매우 적은 벤처캐피탈리스트가 펀드의 투자의사를 결정하게 되므로, 벤처캐피탈리스트의 기회주의적인 행동으로 인한 대리인 문제가 발생될 수 있다.[1] 따라서 투자자금 조성단계에서는 투자관리자인 벤처캐피탈리스트의 투자의사 결정의 유연성을 확보하면서 자금제공자인 벤처투자자의 이익보호가 가능하도록 양자의 이해관계를 조정할 수 있는 법적기반이 필요하게 된다.

　자금제공자와 투자관리자 사이의 이해관계를 조정할 수 있는 제도적 장치는 벤처투자자와 벤처캐피탈리스트 간에만 요구되는 것은 아니다. 일반적으로 전문투자관리자가 다수의 투자자들이 제공한 자금을 집합하여 관리하는 집단적 투자(collective investment)의 경우에는 자금제공자와 투자관리자의 분리로 인한 이해상충을 줄일 수 있는 제도적 장치가 요구된다. 그러나 벤처캐피탈리스트가 유한책임조합형태로 투자자금을 조성하는 방법은 다른 집단적 투자수단인 투자신탁에 의한 방법과는 다음과 같은 차이가 있다. 투자자금 조성의 법적구조에 있어서 벤처캐피탈리스트가 조성하는 유한책임조합은 당사자 간에 조합계약으로 성립하고 별도의 회사가 설립되지 않는다는 점에서 계약형 투신과 유사하나,[2] 유한책임조합은 출자자금의 유동성(liquidity)이 거의 없다는 점

---

[1]　벤처투자자와 벤처캐피탈리스트간의 대리인문제는 資金提供者와 投資管理者가 분리되기 때문에 생긴다는 점에서 회사의 所有와 經營의 분리로부터 발생하는 벤처기업가와 벤처캐피탈리스트간의 대리인문제와는 발생원인에서 차이가 있다. 資金提供者와 投資管理者의 분리로 인한 대리인문제에 관해서는 金建植, "증권투자신탁의 구조: 계약형 투신과 회사형 투신을 중심으로," 인권과 정의 (1999.10), 11–13면 참조.

[2]　우리나라에서의 증권투자신탁은 證券投資信託業法에 따른 계약형 투신과 證券投資會社法에 따른 회사형 투신으로 구분된다 (金建植, 본장 주1 의 논문, 8면 참조).

이 특징이다. 우리나라의 경우 계약형 투신의 경우에는 수익증권의 환매로 투자자금의 회수가 가능하고[3] 회사형 투신은 회사의 주식의 상장 또는 등록으로 투자자의 자금회수가 가능하지만[4], 일반적으로 유한책임조합은 조합 존속기간 중에 원칙적으로 조합원의 지분의 양도나 조합에 대한 지분환매청구가 인정되지 않기 때문에 조합의 존속기간 중에 투자자금 회수가 이루어질 수 없게 된다. 자금제공자가 투자관리자의 자금운용에 불만이 있더라도 합의된 투자기간 종료 전에는 원칙적으로 투자된 자금을 회수하는 것이 불가능하다는 점에서 벤처캐피탈리스트와 벤처투자자 간에 이해관계를 조정할 수 있는 제도적 장치는 다른 집단적 투자수단에서보다 필요성이 크다.

제2절 有限責任組合契約 (Limited Partnership Agreement)

미국에서 벤처캐피탈 펀드의 관리자와 투자자의 관계는 양자의 권리, 의무사항을 규정하는 有限責任組合契約에 의하여 규율된다. 따라서 미국에서 일반적으로 벤처캐피탈 펀드의 법적형태는 有限責任組合(limited partnership) 形態를 취하게 된다.[5] 이러한 형태를 취하는 것은 세법 및 기타 법적고려 때문이다. 세법상 有限責任組合의 소득은 법인세의 부과대상이 되지 않고 각 조합원(individual partner)의 소득으로 보아 이들에 대한 소득세 부과대상이 된다. 조합은 과세소득으로 인식됨이 없이 주식 등을 분배할 수 있으며, 자산에 대한 수익 또는 손실은 조합원이 분배받은 자산을 매각할 때에만 실현된다. 미국법상 이러한 조세상의 취급을 받기 위해서는 有限責任組合이 과세목적상 社團(association)이 아닌 組合(partnership)으로 분류되어야 한다.[6] 1996년 이전

---

[3] 우리나라의 계약형 투신의 주종인 개방형 펀드에서는 환매가 가능하므로 불만이 있는 투자자는 환매를 통하여 바로 투자를 회수할 수 있다. 이 경우 투자관리자는 환매청구를 당하지 않기 위하여 최선을 다할 인센티브가 있게 된다 (金建植, 본장 주1 의 논문, 19면 참조).

[4] 개방형이 아닌 증권투자회사는 주권 교부일로부터 30일 이내에 증권거래소 또는 협회중개 시장에서 거래될 수 있도록 하여야 한다(증권투자회사법 제49조).

[5] 미국에서 有限責任組合形態가 벤처캐피탈펀드의 지배적인 법적형태가 된 것은 1980년대 이후이다. 有限責任組合形態는 1958년 Draper, Gaither, and Anderson이 최초로 사용하였으나, 1960년대와 1970년대에는 그 비중이 크지 않았으며 동 기간 동안 지배적인 형태는 폐쇄형 펀드(closed-end fund)이거나 小企業投資會社(small business investment company)이었다. 최초의 벤처캐피탈 펀드인 American Research and Development(ARD)도 폐쇄형 펀드이었다(Paul Gompers and Josh Lerner, *The Venture Capital Cycle*, MIT Press (1999), pp.6,8).

[6] 有限責任組合이 과세목적상 社團(association)으로 인정되는 경우에는 회사(corporation)와 동일하게 과세

에는 유한책임조합이 조합으로서 과세되기 위해서는 그 법적구조를 세법상 조합으로 분류되기 위한 요건을 갖출 수 있도록 하는 것이 필요하였다. 이러한 측면에서 유한책임조합은 다음의 요건을 충족하여야 했다. 첫째, 조합계약이 체결되기 전에, 펀드의 존속기간에 대한 합의된 종료시점이 있어야 한다. 둘째, 지분의 양도가 제한되며, 등록된 증권(registered securities)과 달리 이를 용이하게 매매할 수 없다. 셋째, 조합의 종료시점 이전에 조합으로부터 탈퇴가 금지된다.[7] 현재 이러한 요건이 미국 세법상 조합으로 분류되기 위하여 필요한 것은 아니지만 1996년 이전에 결성된 유한책임조합이 계속 조합으로 분류될 수 있는지 여부의 합리성을 판단하는 기준으로 역할을 할 수 있다.

세법상 고려 외에도 유한책임조합이 존속기간의 제한을 받는다는 사실이 투자자와 무한책임조합원의 투자의도에 부합하는 점도 유한책임조합을 선택하는 이유 중의 하나가 되고 있다.[8] 벤처캐피탈 펀드는 일정한 존속기간 이후에는 투자자금을 회수하여 투자자에게 분배하는 것이 필요하기 때문이다.

無限責任組合員(general partner)은 약정투자액의 한도를 초과한 무한책임을 지게 되나, 이러한 무한책임의 결과는 별로 크지 않은데, 그 이유는 벤처캐피탈 조합은 일반적으로 차입을 하지 않으며, 자산을 초과하는 부채의 위험에 노출되지도 않기 때문이다.[9]

된다. 1996년 이전의 전통적인 분류기준 하에서, 유한책임조합이 조합으로 분류되려면 '會社의 特質'(corporate characteristics) 중 세 가지 이상을 가져서는 안 되었다. 이러한 '會社의 特質'에 해당하는 요소는 계속성(continuity of life), 경영권의 집중(centralized management), 유한책임(limited liability), 지분의 자유양도성(free transferability of interests) 등이다. 1996년 이전의 전통적 분류기준은 1997년 이후 미국 내국세청의 개정된 규정("check-the-box" Regulations)으로 변경되었다. 개정된 규정에 따르면 조합은 사단으로 분류되는 것과 조합으로의 자동분류("default" classification)되는 것 중에서 선택할 수 있다. 이 경우 조합이 적극적으로 분류형태를 선택하지 않으면 자동분류가 적용되어 과세목적상 조합으로 분류된다. 1997년에 분류기준이 변경되었음에도 불구하고 전통적인 분류방법은 이론적인 중요성을 가지고 있다. 그 이유는 전통적인 분류기준이 1996년 이전에 결성된 조합이 과세목적상 조합임을 주장하는 경우에 그 주장에 합리적 근거가 있는지 여부를 결정하는 데 영향을 미치기 때문이다. 이 경우 그 주장에 합리적 근거가 인정되면 개정된 규정하에서도 계속해서 조합으로서의 지위가 존중된다(Stephen Schwarz and Daniel J. Lathrope, *Corporate and Partnership Taxation*, West Publishing Co. (1991), pp. 73-75; Jacob Rabkin and Mark H. Johnson, *Current Legal Forms with Tax Analysis*, vol.1, Matthew Bender & Company, Inc. (2000), pp. 1-128, 1-129).

[7] William A. Sahlman, *The Structure and Governance of Venture-Capital Organizations*, 27 J. of Fin. Econ. 489-490 (1990).

[8] Michael J. Halloran et al., *Venture Capital and Public Offering Negotiation*, Aspen Law & Business, vol.1 (2000), p. 1-5.

[9] William A. Sahlman, *supra* note 7, at 490.

유한책임조합 형태를 이용하면 투자자는 유한책임조합원으로서 조합채무에 대하여 유한책임을 지게 된다. 그러나 유한책임조합원이 유한책임의 적용을 받으려면 有限責任組合員은 펀드의 경영에 적극적으로 참여해서는 안 된다.[10] 경영참가에 대한 제한이 있음에도 불구하고, 有限責任組合員은 有限責任組合契約의 변경, 종료시점 전에 조합의 해산, 펀드의 존속기간 연장, 無限責任組合員의 해임, 투자포트폴리오의 평가 등 중요사항에 대한 의결권을 행사할 권리가 일반적으로 인정된다. 미국에서는 이러한 경우에 계약에 따라 차이가 있지만, 일반적으로 3분의 2 이상의 조합원의 찬성이 필요하다.[11]

제3절 約定事項 및 行爲制限 特約(Covenants and Restrictions)

有限責任組合契約은 투자자와 벤처캐피탈리스트 간의 本人과 代理人間의 관계를 다루는 長期契約이다.[12] 有限責任組合에서 투자자가 유한책임성을 유지하기 위해서는 펀드 활동에 직접 관여하는 것을 피해야 하기 때문에, 無限責任組合員의 행동을 통제하기 위하여 有限責任組合契約에 約定事項 및 行爲制限 特約規定을 자세히 규정하는 것은 매우 중요하다. 有限責任組合契約이라는 하나의 계약이 10년 이상 계속되는 펀드의 존속기간 동안 有限責任組合員과 無限責任組合員間의 關係를 규율하게 된다. 또한 有限責任組合契約은 고용계약이나 전략적 제휴 등 다른 계약과 달리 재협상하는 경우가 거의 없다. 약정사항 및 행위제한 특약에 대한 실증적인 분석에 따르면 계약상 특약(covenants)의 수와 종류를 결정하는 데 있어서 자금의 수요와 공급 상황 및 계약체결 비용의 차이가 중요한 역할을 한다.[13]

---

[10] Delaware Revised Uniform Limited Partnership Act § 17-303 (a)에서는 유한책임조합원이 경영에 참여하면 무한책임을 지게 되지만, 그 경우 유한책임조합원의 행동을 근거하여 그가 무한책임조합원이라고 믿고 유한책임조합과 거래한 상대방에 대하여만 책임을 진다고 규정하고 있다.

[11] William A. Sahlman, *supra* note 7, at 490.

[12] 반복된 短期契約 또는 默示的 契約이 너무 비용이 많이 들거나 이의 이행을 강제하기 어려울 경우 長期契約이 본인과 대리인 관계를 규율하게 된다. 長期契約의 意義 및 特性에 대해서는 Morten Hviid, *Long-Term Contracts and Relational Contracts*, *in* Encyclopedia of Law and Economics, vol.3, (Boudewijin Bouckaert and Gerrit De Geest, eds. 2000), pp. 46-72 참조.

[13] Paul Gompers and Josh Lerner, *The Use of Covenants: An Empirical Analysis of Venture Partnership Agreements*, 39 J. Law & Econ. 463 (1996).

이하에서 미국에서 사용되는 약정사항 및 행위제한 특약을 投資行爲 制限 관련 約定事項, 無限責任組合員의 利害相衝 行爲 관련 約定事項, 投資對象을 制限하는 約定事項으로 구분하여,[14] 이러한 특약이 벤처캐피탈리스트와 벤처투자자 간의 이해관계를 조절하는 원리에 대하여 살펴보고자 한다. 그런 다음 우리나라의 중소기업창업투자조합, 신기술투자조합, 개인투자조합 등에서 사용되는 약정사항 및 행위제한 특약의 내용을 검토하고자 한다.

I. 美 國

1. 投資行爲 制限 관련 約定事項

본 群에 속하는 첫번째 유형의 제한은 단일회사에 투자할 수 있는 금액을 제한하는 것이다.[15] 이러한 제한은 無限責任組合員이 후속적인 자금자원을 통하여 성과가 좋지 않은 기존투자를 구제하려는 시도를 하지 못하게 하기 위한 것이다. 無限責任組合員은 有限責任組合員이 투자에 대한 수익을 수령하기 전에는 이익에 대한 자신의 몫을 받을 수 없다는 점에서 투자수익에 대한 일종의 매수선택권(call option)을 보유하는 것으로 볼 수 있다. 이러한 선택권(option) 구조하에서 無限責任組合員이 분산투자의 이점을 희생하고 투자대상(portfolio)의 위험을 크게 할 경우, 위험이 증가함으로써 얻은 이익이 위험의 증가로 인한 손실보다 클 수 있다. 이러한 유형의 제한으로서 통상 組合의 出資約定額(통상 "committed capital"이라고 함) 중 하나의 회사에 투자될 수 있는 투자비율의 상한을 규정하는 방법이 사용된다. 이러한 통상적인 방법 이외에, 조합자산의 현재가치

---

[14] Gompers and Lerner는 미국의 有限責任組合契約을 실증적으로 분석하여 주로 사용되는 약정사항 및 행위제한 특약을 14가지 유형으로 구분하였다. 이러한 유형은 미국의 140개의 有限責任組合契約(limited partnership agreement)을 분석하여 조사대상 중 5%이상 95%이내의 계약에서 사용되는 약정사항의 분류하여 추출한 것으로서 일반화된 약정사항("boilerplate")과 극히 예외적인 약정사항은 제외한 것이다. Gompers and Lerner는14가지 유형의 약정사항 및 행위제한 특약을 다시 펀드의 全般的인 經營에 관련된 約定事項, 無限責任組合員의 行爲에 관련된 約定事項, 投資類型을 制限하는 約定事項 의 세 가지 群으로 분류하고 있다. (Paul Gompers and Josh Lerner, *supra* note 13, at 479-480); 有限責任組合契約에서 사용되는 행위제한 특약을 무한책임조합원이 획득한 투자기회와 관련된 약정사항, 무한책임조합원의 조합업무 이외의 활동에 관련된 약정사항, 조합과 무한책임조합원 및 관련자 간의 거래와 관련된 약정사항, 유한책임조합원과 관련된 약정사항으로 구분하는 견해도 있다(Michael J. Halloran et al., *supra* note 8, at 1-74.4, 1-74.5).

[15] Paul Gompers and Josh Lerner, *supra* note 13, at 480.

(current value of the fund's assets)의 일정률 이하로 단일회사에 대한 투자상한을 설정하는 경우도 있으며, 조합의 최대 2 내지 3개의 투자가 차지하는 총투자규모의 상한을 두는 경우도 있다.

두번째 유형의 행위제한 특약은 無限責任組合員이 개인적인 자금을 투자대상회사에 투자하는 권한을 제한하는 것이다.[16] 이러한 제한의 목적은 無限責任組合員의 共同投資行爲(co-investment)로 발생하는 기회주의적인 행동을 통제하기 위한 것이다. 無限責任組合員이 특정 회사에 개인적으로 투자하면 그러한 회사에 대한 과도한 시간을 투여하고 회사의 상태가 악화되더라도 자금공급을 중단하지 아니할 우려가 있다. 이러한 문제점을 해결하기 위하여 통상 無限責任組合員이 조합의 특정 투자대상회사(portfolio firm)에 투자할 수 있는 규모를 제한한다. 이러한 한도는 조합의 총 투자금액의 일정비율이나 벤처캐피탈리스트의 자기자본(net worth)의 일정 비율로 표현된다. 이에 부가하여 벤처캐피탈리스트가 자문위원회 또는 有限責任組合員의 승인을 얻도록 할 수도 있다. 다른 대안으로는 벤처캐피탈리스트가 조합이 투자하는 모든 투자 시마다 일정금액 또는 일정비율을 반드시 투자하도록 하는 것이다. 共同投資行爲와 관련된 또 다른 문제는 無限責任組合員이 투자대상 회사에 투자하는 시기와 관련된 것이다. 벤처캐피탈리스트가 투자대상 회사의 설립 시에 창업자와 함께 낮은 가격으로 평가된 투자대상 회사의 주식을 매수한 후, 즉시 자신이 결성한 투자조합이 훨씬 고가로 평가된 가격으로 당해 회사의 주식에 투자하는 경우가 있다. 이 경우 초기에 저가로 투자한 無限責任組合員은 주가 상승으로 인한 이익을 얻게 된다. 조합계약서 중에는 이러한 문제를 벤처캐피탈리스트는 자신이 조성한 펀드와 동일한 시기 및 동일한 가격으로 투자하여야 한다고 규정함으로써 해결하기도 한다.

세번째 유형의 행위제한 특약은 벤처캐피탈리스트가 조성한 당해 펀드의 이전 또는 이후의 펀드와 共同投資(co-investment)하는 것을 제한하는 것이다.[17] 다수의 벤처캐피탈리스트는 수년의 격차를 두고 조성한 복수의 펀드를 운영하므로, 기회주의적인 행동을 할 수 있게 된다.[18] 따라서 두 번째 이후의 펀드에 대한 조합계약서에서는 이러한 共同投資에 대하여 펀드의 諮問委員會(fund's advisory board)가 심사하거나 有限責任組合員의 과반수 또는 절대다수의 승인을 얻도록

---

[16] Paul Gompers and Josh Lerner, *supra* note 13, at 481.

[17] *Id.* at 480–481.

[18] 이러한 투자의 예는 벤처기관이 첫 번째 펀드에서 투자한 회사가 문제가 있는 경우에 발생할 수 있다. 無限責任組合員의 입장에서는 첫 번째 펀드의 투자를 구제하려는 목적으로 두 번째 펀드가 그 회사에 투자하도록 하는 것이 자신이 취할 수 있는 최선의 방법으로 생각할 수도 있다. 투자의 왜곡현상은 벤처캐피탈리스트가 세 번째 펀드의 투자자를 모집하기 위해서 첫 번째 펀드가 좋은 수익을 올렸음을 설명해야 하는 경우에도 일어날 수 있다. 다수의 벤처펀드는 직전 벤처 투자단계에서 투자한 가액에 비하여 투자대상회사의 현재 가치가 높다고 투자성과를 과대보고하려고 할 것이다. 두 번째 펀드가 과대평가된 가격으로 첫 번째 펀드가 기투자한 회사에 투자함으로써 일시적으로 첫 번째 펀드의 성과를 과장할 수 있을 것이다.

규정하고 있다. 후속펀드가 투자하려면 이전펀드도 동일한 평가(valuation)에 따라 동시에 투자하여야 한다고 규정하여 이러한 문제에 대처하기도 한다. 1개 이상의 비관련 벤처캐피탈리스트가 동일한 가격으로 동시에 투자하는 경우에만 이러한 투자를 허용하도록 규정할 수도 있다.

네 번째 유형의 약정사항은 이익의 재투자와 관련된 것이다.[19] 여러가지 이유로 벤처캐피탈리스트는 이익을 有限責任組合員에게 분배하기보다는 투자수익을 재투자를 하려고 시도할 가능성이 있다.[20] 재투자를 통제하기 위하여 투자수익의 재투자에 대하여 諮問委員會나 有限責任組合員의 승인을 얻도록 규정할 수 있다. 또한 특정일 이후 또는 출자약정액(committed capital)의 일정률 이상이 투자된 이후에는 투자수익의 재투자를 금지할 수도 있다.

2. 無限責任組合員의 利害相衝 行爲 관련 約定事項

無限責任組合員의 이해상충 행위를 통제하기 위한 약정사항은 다섯 가지 유형으로 구분할 수 있다.

첫째, 자금차입의 제한이다.[21] 매수선택권(option) 보유자로서 無限責任組合員은 펀드의 자금을 차입함으로써 투자대상의 수익에 대한 분산(variance)을 크게 하려고 시도할 수 있다.[22] 투자대상의 위험의 증가는 투자자의 희생하에 無限責任組合員의 매수선택권(call option)의 가치를 증가시키게 된다. 일반적으로 조합계약에서는 벤처캐피탈리스트가 차입하거나 투자대상회사의 차입에 대한 보증을 하는 것을 제한한다. 이러한 제한의 방법으로서 출자약정액(committed capital)이나 자산의 일정률 이하로 차입한도를 설정하거나 경우에 따라서는 단기차입을 보장하기 위하여 차입금의 만기를 제한하는 규정을[23] 두기도 한다.[24]

---

[19] Paul Gompers and Josh Lerner, *supra* note 13, at 481.

[20] 無限責任組合員이 재투자를 선호하게 되는 이유로는 다음과 같은 것이 있다. 첫째, 無限責任組合員은 관리대상 자산의 가치 또는 조정된 투자약정 자본(adjusted committed capital: 자본에서 이익분배된 액을 공제한 금액)을 기초로 하여 수수료(fees)를 받는다. 이익분배를 하면 이러한 수수료 수입이 줄어들게 된다. 둘째, 재투자된 자본이득(capital gain)은 有限責任組合員 뿐 아니라 無限責任組合員에게 이익을 추가로 가져오게 된다. 셋째, 재투자는 펀드의 명시된 존속기간 종료시 성과를 회수할 만큼 성숙되지 못하게 될 가능성이 있다. 전형적인 계약상 제한기간인 10년을 초과하여 조합의 존속기간을 연장하도록 요구하는 경우에 유동화하기에는 너무 성숙하지 못한 투자가 존재한다는 사실을 자주 그 연장사유로 이용한다. 이러한 경우 벤처캐피탈리스트는 有限責任組合員으로부터 계속해서 수수료를 받을 수 있다.

[21] Paul Gompers and Josh Lerner, *supra* note 13, at 480.

[22] 수익의 분산(variance)이 커지면 투자위험이 증가하게 된다.

[23] Michael J. Halloran et al., *supra* note 8, at 1–91.

[24] 차입금과 관련하여 대부분의 有限責任組合契約에서는 有限責任組合員이 비관련업무 과세 소득(unrelated

둘째, 無限責任組合員이 보유하는 조합지분의 매도를 제한하는 것이다.[25] 無限責任組合員은 선택한 투자에 대한 개인적인 노출을 늘리려고 하기보다는 자신의 조합에 대한 지분권을 다른 투자자에게 매도할 수도 있다. 有限責任組合員의 입장에서는 이러한 지분매도가 無限責任組合員의 투자에 대한 監視의 동기(incentive)를 감소시킬 것이라는 우려를 갖을 수 있다. 이러한 문제에 대응하기 위하여 組合契約書에서 無限責任組合員의 지분의 매도자체를 금지하거나 지분매도에 대하여 有限責任組合員의 과반수 또는 절대다수의 승인을 얻도록 할 수 있다.

셋째, 無限責任組合員의 새로운 펀드조성에 관한 제한이다.[26] 새로운 펀드의 조성은 벤처캐피탈리스트가 수령하는 관리수수료(management fees)를 증가시키게 되고 기존 펀드에 대한 관심을 줄게 할 수도 있다. 組合契約書에서 약정출자액의 일정비율 이상이 투자될 때까지[27] 또는 특정 일자 전까지 새로운 펀드조성을 금지할 수도 있다. 다른 대안으로는 새로운 펀드조성을 특정 규모 또는 분야로 한정하는 것이다. 예컨대, 벤처캐피탈리스트가 다른 無限責任組合員이 운영하게 될 인수전문 펀드(buyout fund)를 조성하는 것은 허용할 수 있다.

넷째, 組合契約書에서 無限責任組合員이 조합업무외 다른 활동을 하는 것을 제한하는 것이다.[28] 다른 활동들은 無限責任組合員의 투자에 대한 관심을 줄게 할 수 있기 때문에 벤처캐피탈리스트에게 자신의 시간의 거의 전부("substantially all") 또는 상당한 부분을 현재조합의 투자를 관리하는 데 사용하도록 요구할 수 있다. 또는 벤처캐피탈리스트가 벤처펀드의 투자대상(portfolio)에 속하지 않는 사업에 관여하는 것을 제한할 수 있다. 이러한 제한은 통상 無限責任組合員에 요구되는 조합에 대한 관심도가 가장 큰 조합결성 초연도에 한정되거나 펀드자금의 일정비율이 투자될 때까지 한정된다.

다섯째, 無限責任組合員을 추가하는 것을 제한한다.[29] 벤처캐피탈리스트는 자신보다 경험이 부족한 無限責任組合員을 추가함으로써 자신들에 대한 부담을 경감시킬 수도 있다. 그러나 이 경우 제공되는 감시력의 수준은 떨어질 수 있다. 다수의 組合은 無限責任組合員을 새로 추가할 경우 자

---

business taxable income: UBTI)을 회피할 수 있도록 한다는 규정을 두고 있다. 면세기관도 '당해 기관이 정기적으로 수행하는 비관련 업무로부터의 소득총액(gross income)' 이라고 정의되는 비관련업무 과세소득에 대해서는 세금을 납부하여야 한다. 벤처조합(venture partnership)이 차입금에 의한 재산으로부터 상당한 수입을 얻을 경우에는 有限責任組合員은 납세의무를 지게 될 수 있다(Paul Gompers and Josh Lerner, *supra* note 13, at 480, 주 24 참조).

[25] Paul Gompers and Josh Lerner, *supra* note 13, at 482.

[26] *Id.*

[27] Michael J. Halloran et al., *supra* note 8, at 1-75.

[28] Paul Gompers and Josh Lerner, *supra* note 13, at 482.

[29] *Id.*

문위원회 승인이나 有限責任組合員의 일정비율의 승인을 얻도록 요구하고 있다.

대부분의 無限責任組合員의 행동에 대한 문제는 組合契約書에서 다루어지고 있으나 다음 두 가지의 문제는 이익충돌의 가능성이 있음에도 불구하고 미국의 組合契約書에서 규정되지 않고 있다. 첫째, 無限責任組合員의 지분을 확정적 부여하는 일정(the vesting schedule)[30]에 관한 규정이다. 지분의 확정적 부여일정이 규정되어 있는 경우에 無限責任組合員이 조합의 존속기간 초기에 당해 조합을 떠나면 미확정된 지분의 전부 또는 일부를 상실할 수 있다. 확정적 부여일정으로 인하여 벤처캐피탈리스트가 자신의 조합지분을 즉시 취득할 수 없으면, 벤처캐피탈리스트가 펀드가 결성된 직후에 조합을 떠날 가능성은 적어지게 된다. 둘째, 무한책임조합원 간의 수익분배의 문제이다. 일부 펀드에서는 일상 경영의 많은 부분을 소장 無限責任組合員(younger general partner)이 수행함에도 불구하고 이익의 대부분이 선임 無限責任組合員(senior general partner)에게 발생한다. 이러한 문제는 無限責任組合員間의 계약서에는 다루어지고 있지만, 無限責任組合員과 有限責任組合員 간의 組合契約에서는 거의 다루어지지 않는다.[31]

3. 投資對象을 制限하는 約定事項[32]

본 群에 속하는 約定事項은 펀드의 투자대상을 제한하는 약정이다. 이러한 제한은 통상 유사한 구조로 되어 있는데, 벤처펀드가 자본 또는 자산의 일정률 이상을 특정 투자유형의 자산에 투자하지 못하도록 하는 것이다. 투자가 제한되는 자산유형에 속하는 것으로는 다른 벤처펀드, 공개회사 증권, 차입매수(LBO),[33] 해외증권, 기타 특정유형의 자산 등이 있다. 자문위원회가 승인하거나 有限責任組合員의 일정비율 이상이 승인하는 경우는 이에 대한 예외가 인정될 수 있다. 두 가지 자산유형의 합이 투자자금의 일정비율을 초과하지 못하도록 하는 다소 복잡한 구조를 취하는 경우도 있다.

이러한 제한을 하는 동기는 다음의 두 가지 우려에서 기인한다. 첫째, 특정자산 유형에 대한 다른 투자자들에 비하여 無限責任組合員은 상당히 높은 보수를 받을 수 있다. 예컨대, 공개회사의 유가증권(public securities)에 특화하여 투자하는 자금관리자는 자산의 약 0.5퍼센트를 연간 수

---

[30] 확정적 부여일정(vesting schedule)은 무한책임조합원이 부여받은 지분이라도 일정한 근무 기간이 경과하여야 단계적으로 확정적으로 부여되는 제도이다. 무한책임조합원이 확정적 부여에 필요한 근무기간이 경과하기 전에 조합을 떠나면, 이미 부여받은 지분 중 미확정 부분에 대한 지분은 상실하게 된다.

[31] Paul Gompers and Josh Lerner, *supra* note 13, at 483.

[32] *Id.* at 483-84.

[33] 앞의 제2장 제3절 II의 각주 14 참조.

수료로 받지만, 벤처캐피탈리스트는 자본의 약 2.5퍼센트의 연간 수수료 외에 이익의 20%를 받는다. 따라서 有限責任組合員은 벤처캐피탈리스트가 공개회사의 유가증권(public securities)에 투자할 수 있는 능력을 제한하고자 한다. 그 이유는 벤처캐피탈리스트는 투자위험이 높은 투자업무를 수행하는 것을 전제로 높은 보수를 받도록 하고 있는데, 높은 보수에도 불구하고 투자위험이 낮은 자산에 투자한다면 고율의 보수를 인정하는 목적에 반하기 때문이다. 또한 전형적인 투자관리자(investment manager)는 벤처펀드에 기관투자자의 자금을 투자하는 것에 대하여 자본의 1%에 해당하는 수수료를 일시에 받는다. 무한책임조합원이 타 벤처펀드로부터 이러한 수수료를 받기 위하여 투자하는 행위에 대한 제한이 필요하므로, 조합계약서에서 일반적으로 無限責任組合員이 다른 벤처펀드에 자금을 투자하는 능력을 제한한다. 둘째, 無限責任組合員은 경험을 얻으려고 거의 전문적 지식이 없는 투자유형을 선택할 우려가 있다. 예컨대, 미국에서는 1980년대에 다수의 벤처펀드가 차입매수(LBO)에 투자하기 시작하였으며, 성공적인 투자실적이 있는 벤처펀드들이 차입매수(LBO)를 전문적으로 하는 펀드를 조성하였다. 이러한 투자의 상당부분이 투자손실을 입었다. 이와 유사하게 미국에서 다수의 펀드가 1980년대에 해외에 투자를 하였으며, 이 중 소수만이 이러한 투자를 전문적으로 하는 펀드조성에 성공하였다.

II. 우리나라

우리나라의 벤처캐피탈리스트가 투자자로부터 자금을 조성하는 조합은 벤처투자조합, 창업투자조합, 신기술투자조합의 세 가지 유형의 투자관련 조합이 있다. 이들 조합은 각각 설립의 근거법이 다르나 기본적으로 투자목적으로 설립되는 자금조성의 수단이라는 점에서는 공통점이 있다. 따라서 각 조합의 근거법은 상이하지만 조합규약의 구조 및 내용은 거의 유사하므로 각 조합별로 약정사항을 구분하여 분석할 필요는 없고 투자조합규약의 유형을 불문하고 조합규약에서 사용하고 있는 약정사항 및 행위제한 특약을 비교할 수 있다. 約定事項 및 行爲制限 特約은 미국의 무한책임조합원의 역할과 유사한 기능을 하는 우리나라의 업무집행조합원의 행위를 규율하기 위하여 필요하지만, 우리나라의 조합규약에서는 업무집행조합원에게 투자와 펀드의 경영 및 투자와 관련하여 광범위한 재량권을 부여하고 있으며 업무집행조합원의 행위를 제한하는 약정사항은 상세하게 규정하고 있지 않는 것이 특징이다. 이로 인해 업무집행조합원의 기회주의적인 행동이나 도덕적 해이를 계약에 의하여 통제하기에는 미흡하다. 우리나라의 대부분의 투자조합규약에서는 미국에서 사용되는 약정사항 중 일부에 해당하는 유형에 대해서만 규정하고 있다. 아래에서는 중소기업청에서 제정한 中小企業創業投資組合 標準規約[34]과 個人投資組合 標準規約[35]을 중심으로 투자조합규약에서 사용되는 약정사항 및 행위제한 특약의 내용을 살펴보고자 한다. 다만, 현재 결성되어 있는 투자조합의 규약들은 이러한 표준규약이 제정되기 전에 작성된 것이 대부분이며, 표준규약을 반드시 그대로 사용하여야 할 법적의무가 없다는 점에서 과거의 투자조합규약에서 사용되던 약정사항 및 행위제한 특약 중 일부 규정은 필요에 따라 계속 사용될 것으로 보인다. 이러한 점에서 현재 실무에서 사용되고 있는 투자조합규약도 참고하여 약정사항 및 행위제한 특약을 검토하고자 한다.

1. 投資行爲 制限 관련 約定事項

현재 우리나라의 투자조합규약에서 사용되는 업무집행조합원의 投資行爲 制限과 관련한 約定事項으로는 두 가지 유형이 있다. 첫째 유형은 약정사항 중 가장 많이 사용되는 것으로서 특정한 하나의 회사에 투자할 수 있는 투자한도에 대한 제한이다. 특정기업에 대한 투자한도의 제한이 있는 조합규약에서는 특정기업에 대한 투자한도를 통상 조합재산의 100분의 20 이하이면서 투자대상 업체 자본금의 50% 이하로 규정하고 있다. 중소기업창업투자조합 표준규약에는 기존의 이러한 관행을 반영하여 동일기업에 대한 투자한도를 명시하는 규정을 두고 있으나,[36] 개인투자조합 표준규약에는 이러한 단일회사에 대한 투자한도를 명시하는 규정은 없다. 그러나 개인투자조합 표준규약에서도 투자방법에 관한 규정의 주석에서 표준규약에 규정된 사항 이외에도 조합자산의 운용에 관하여 필요한 기준을 추가할 수 있다고 설명하고 있으므로,[37]기존의 투자조합규약들에서 사용되어 온 이러한 조항은 앞으로도 분산투자의 이점을 해하는 행위를 제한하기 위하여 계속 사용될 것으로 본다. 이러한 제한이 없으면 업무집행조합원은 단일기업에 대하여 투자한도의 제한을 받지 않고 투자할 수 있으므로, 특정회사에 집중적으로 투자하는 행위가 제한되지 않는다. 두 번째 유형은 재투자와 관련된 규정이다. 일반적으로 조합규약에서 투자수익 및 운용수익은 연 1회 현금으로 배분하는 것이 원칙이며, 조합원총회에서 그 배분시기 및 방법을 달리 정할 수 있도록 규정되

---

[34] 중소기업청고시 제2006-19호(2006.8.4), 제2007-23호(2007.6.27).

[35] 중소기업청고시 제2001-11호(2001.5.24).

[36] 동일기업에 대한 투자한도는 출자금의 100분의 20 이내로 한다. 다만, 조합원 총회의 특별결의(또는 조합원 전원의 동의)를 얻은 경우에는 출자금 총액의 100분의 00까지 할 수 있다(중소기업창업투자조합 표준규약 제30조 제2항).

[37] 개인투자조합 표준규약 제30조 주 참조.

어 있다.[38] 이러한 수익배분 원칙에 관한 조항은 업무집행조합원이 출자지분의 과반수 미만을 보유하는 통상의 경우에 재투자에 대한 제한으로 작용할 수 있을 것으로 본다.[39] 중소기업창업투자조합 표준규약에서도 배분원칙으로 투자 등으로 발생하는 수익은 조합원총회의 특별결의에 따라 매 사업연도 결산 후 현금으로 배분하는 것을 원칙으로 규정하여,[40] 매 사업연도마다 원칙적으로 수익배분을 하도록 하여 재투자 여부를 업무집행조합원이 단독으로 결정하지 못하도록 하고 있다. 그러나 개인투자조합 표준규약에서는 조합자산의 배분은 조합해산 시에 하는 것을 원칙으로 규정하고 있다.[41] 이러한 표준규약에 따르면 개인투자조합의 경우 투자수익의 재투자 여부는 일반조합원에 의해서 통제되지 않는 구조이므로, 재투자에 대한 의사결정도 업무집행조합원이 하게 된다. 재투자에 대한 통제가 필요하다는 점에서 개인투자조합 표준규약도 중소기업창업투자조합 표준규약과 같이 매년 수익을 배분하는 것을 원칙으로 하고 조합원총회에서 배분원칙을 변경할 수 있도록 규정하는 것이 바람직하다고 본다.

미국에서 사용되는 投資行爲 制限 約定事項 중 업무집행조합원이 투자대상회사에 조합과 공동으로 투자하는 것을 제한하는 약정사항과 업무집행조합원 운영하는 복수의 조합이 공동으로 투자하는 것을 제한하는 약정사항은 중소기업창업투자조합 표준규약에는 규정되어 있으나[42] 개인투자조합 표준규약에는 규정되어 있지 않다. 이러한 공동투자와 관련한 규정이 없을 경우, 공동투자 시 투자자로서 일반조합원의 이익이 제대로 보호되지 못할 가능성이 크다.[43] 최근 협회중개시장운영규정에서 벤처금융[44]의 임·직원이 자기의 계산으로 등록예정벤처기업의 주식 등에 투자한 사실이 있는 경우에 신규등록의 요건을 갖추지 못하게 되어, 협회중개시장에 등록할 수 없도록 하였다.[45] 그러나 이러한 조항이 있어도 창업투자조합이 투자한 투자대상회사에 그 조합의 업무집행조

---

[38] 조합결성 후 일정기간 예컨대 2년 내에는 재투자를 원칙으로 한다고 규정하는 경우와 같이 수익배분 시기에 대한 제한을 인정하는 규약도 있다.

[39] 조합원총회의 결의에는 통상 출자지분의 2분의 1 이상에 해당하는 출자좌수를 가진 조합원의 출석으로 성립하고 출석한 조합원의 출자지분의 2분의 1 이상의 동의를 요구한다.

[40] 중소기업창업투자조합 표준규약 제33조 제1항.

[41] 개인투자조합 표준규약 제34조 제1항.

[42] 중소기업창업투자조합 표준규약 제30조 제3항.

[43] 실무상 복수조합을 운영하는 업무집행조합원이 공동투자에 대한 제한이 없는 것을 악용하는 사례가 발생하고 있다고 한다.

[44] 벤처기업육성에관한특별조치법 제2조 제1항 제1호 각목의 1에 해당하는 자를 말한다. (협회중개시장운영규정 제4조 제5항) 중소기업창업투자회사, 중소기업창업투자조합, 신기술사업금융업자, 신기술사업투자조합, 한국벤처투자조합, 다산벤처주식회사 등이 벤처금융에 해당한다(벤처기업육성에관한특별조치법 제2조 제1항 제1호).

[45] 협회중개시장운영규정 제4조 제1항 제16호 다목.

합원인 창업투자회사가 투자하더라도 벤처금융의 임·직원이 투자한 것이 아니므로, 동 조항의 적용을 받지 않게 된다. 또한 동 조항의 취지상[46] 업무집행조합원인 창업투자회사가 당해 조합의 임·직원인 것으로 해석되지는 않는다고 생각한다. 이러한 점에서 협회중개시장운영규정으로도 공동투자와 관련된 사항은 규제되지 못하므로, 각 투자조합규약에서 이를 규정하여야 조합과 공동투자 시 업무집행조합원의 투자행위를 규제할 수 있다고 생각한다.

2. 業務執行組合員의 利害相衝 行爲 관련 約定事項

우리나라의 투자조합규약에서 사용되는 業務執行組合員의 利害相衝 行爲 관련 約定事項으로는 자금차입에 대한 제한과 업무집행조합원 추가의 제한이 있다.

첫째, 투자조합규약에서 자금차입이나 지급보증과 조합재산의 담보제공을 금지하고 있다. 중소기업창업투자조합 표준규약에서도 '조합은 조합자산을 담보로 제공하거나 동 자산을 담보로 자금을 차입할 수 없으며, 타인을 위한 보증행위를 할 수 없다'고 규정하고 있다.[47] 이러한 규정은 미국의 경우와 같이 일정한 금액한도 내지 범위를 초과하는 차입만을 제한하지 않고, 차입금의 규모와 관계 없이 모든 차입행위를 금지하는 것이 특징이다.

둘째, 업무집행조합원의 추가를 금지하고 있다. 중소기업창업투자조합 표준규약에서는 조합원 지위의 양도와 승계의 경우를 제외하고는 조합결성 후에 조합원을 추가로 가입시키는 것을 원칙적으로 금지하고 있다.[48] 이러한 조항 따르면 업무집행조합원뿐만 아니라 일반조합원의 추가가입도 금지된다. 그러나 동조 단서에서 조합원 전원의 동의를 얻은 경우에는 새로운 출자자를 조합원으로 가입할 수 있도록 하는 규정을 두고 있으므로[49] 일반조합원의 추가가입은 조합원 전원의 동의가 있는 경우에는 가능하다. 조합결성 후 업무집행조합원의 추가가입은 금지되지만, 현행법하에서 중소기업창업투자조합 결성 시 업무집행조합원을 복수로 하는 것은 허용되는가 하는 점이

---

[46] 동조항의 취지는 협회등록예정기업이 당해 투자조합이나 당해 창업투자회사가 투자한 투자대상기업인지를 구별하지 않고, 벤처금융에 종사하는 임·직원이 협회등록예정기업의 주식을 취득하는 것을 제한하기 위한 것으로 생각된다.

[47] 중소기업창업투자조합 표준규약 제29조 제4항. 중소기업창업투자조합 표준규약은 조합자산을 담보로 차입하는 행위만을 금지하고 있으나, 일반적인 투자조합규약에서는 전부 담보설정 여부와 관계 없이 일반적으로 차입행위 자체를 금지하고 있다. 中小企業創業支援法 제21조 제4항에서는 業務執行組合員이 創業投資組合의 業務를 집행함에 있어서 자금차입·지급보증 또는 담보를 제공하는 행위를 금지하고 있다.

[48] 중소기업창업투자조합 표준규약 제12조 제3항.

[49] 중소기업창업투자조합 표준규약 제12조 제3항 단서.

문제된다.[50] 중소기업창업지원법에서 '창업투자조합은 조합의 채무에 대하여 무한책임을 지는 업무집행조합원 1인과 출자액을 한도로 하여 유한책임을 지는 유한책임조합원으로 구성한다'고 규정하고 있다.[51] 동법에서 창업투자조합의 업무집행조합원 수를 '1인 이상'으로 규정하지 않고 '1인'이라고 규정하고 있으므로 업무집행조합원은 반드시 1인만 두어야 하는 것으로 해석된다. 이러한 현행법하에서는 업무집행조합원의 추가를 금지하는 창업투자조합규약은 당연한 것이 된다. 그러나 창업투자조합의 업무집행조합원의 수를 1인으로 한정할 특별한 근거를 발견하기 어렵다. 오히려 업무집행조합원을 복수로 둘 수 있도록 하면, 복수의 창업투자회사가 공동투자하는 경우에 투자한 창업투자회사 모두를 업무집행조합원으로 하는 것이 가능하므로, 공동투자(syndicated investment)의 취지에 부합하는 조합결성이 가능하게 되는 장점이 있다.

우리나라의 투자조합규약에는 업무집행조합원의 조합업무 외에 다른 활동을 제한하는 규정과 업무집행조합원이 다른 조합을 결성하는 것에 대한 제한규정이 없다.[52] 명시적인 이러한 제한규정은 없으나, 대부분의 투자조합규정에서는 업무집행조합원이 조합업무에 대한 善管注意義務를 부담한다는 규정[53]을 두고 있다. 이러한 善管注意義務 규정이 업무집행조합원이 조합업무 외에 다른 활동을 하는 것을 제한하는 근거로 사용될 수 있는지 검토할 필요가 있다. 일반적으로 창업투자회사는 여러 개의 투자조합을 결성하여 관리하므로, 업무집행조합원이 당해 조합에 자신의 시간의 전부 또는 거의 전부를 사용하도록 하는 것은 비현실적이다. 따라서 업무집행조합원이 당해 조합의 운영과 투자에 거의 시간을 사용하지 않았기 때문에 일반조합원에게 손실이 발생한 것이 아닌 경우에는 업무집행조합원이 다른 조합에 시간을 상당히 사용하고 있다는 사실만으로는 善管注意義務 위반이 되기 어려울 것이다. 이러한 문제점을 고려하면 일반조합원이 창업투자회사가 투자조합결성 초기에 당해 조합 운영에 상당한 시간을 사용하기를 원하는 경우에는 일정한 기간 동안 조합운영 외에 다른 사업에 동시에 종사하는 것을 제한하거나 새로운 조합결성을 제한하는 규정을 조합규약에 두는 것이 필요하다.

---

[50] 미국의 유한책임조합에서는 무한책임조합원이 당연히 여러명 있을 수 있으므로 무한책임 조합원의 추가가 입 여부가 문제되는 것이다.

[51] 중소기업창업지원법 제20조 제2항.

[52] 우리나라에 아직 이러한 투자조합규정이 없는 이유를 실무자들은 일반조합원은 조합규약 작성시 거의 협상력이 없기 때문으로 보기도 한다.

[53] 중소기업창업투자조합 표준규약 제24조 제3항.

3. 投資對象을 制限하는 約定事項

우리나라의 투자조합규약에는 투자대상을 제한하는 규정이 있다.[54] 그러나 이러한 투자대상의 제한규정은 투자조합은 설립의 근거가 되는 개별법과 그 법률에 따른 조합운영규정 등에서 규정하는 제한을 그대로 반영하여 규정한 것에 불과하다. 중소기업창업투자조합 표준규약에 따르면 창업투자조합은 거래소시장에 상장되거나 코스닥시장에 등록된 주식을 투자대상으로 할 수 없다.[55] 또한 투자방법으로 타인의 주식이나 출자지분, 채권 등을 양수하는 방법을 사용할 수 없다.[56] 해외투자에 대해서는 투자조합 결성액의 10% 이상의 투자실적을 유지한 경우에 한하여 관계법령이 허용하는 범위 내에서 해외투자를 할 수 있도록 하고 있다.[57] 이러한 투자대상의 제한규정은 창업투자조합의 일반조합원의 이익을 보호하려는 목적이 아니라 국내 벤처산업 발전에 필요한 자금공급이라는 측면에서 규정된 것으로 보인다. 따라서 법령상 투자대상 제한 외에도 업무집행조합원이 투자대상을 결정함에 있어서 일반조합원의 이익을 보호하기 위하여 미국의 경우와 같이 투자조합규약에 투자대상 제한 조항을 둘 필요가 있다.

제4절 벤처캐피탈리스트의 報酬體系

報酬體系는 벤처캐피탈리스트와 투자자인 有限責任組合員 간의 이해관계를 일치시키는 중요한 역할을 한다. 통상 無限責任組合員으로서 벤처캐피탈리스트가 有限責任組合의 투자를 관리하는 업무에 대한 보수는 두 가지 요소로 구성된다. 첫 번째 요소는 펀드의 管理手數料이고 두 번째 요소는 成功報酬(carried interest)로서 펀드의 존속기간 동안 발생한 수익의 일정률을 받는 것이다. 이 두 가지 요소 중 투자수익에 대한 이익으로서의 보수인 성공보수가 관리수수료에 의한 기본보수보다 큰 비중을 차지하므로, 벤처캐피탈리스트는 투자수익의 가치를 증가시키는 행위에 관여하

---

[54] 중소기업창업투자조합 표준규약 제30조 제1항, 개인투자조합 표준규약 제30조 제1항.

[55] 중소기업창업투자조합 표준규약 제30조 제1항.

[56] 중소기업창업지원법시행령 제6조의2. 허용되는 투자방법은 신주인수 또는 지분출자, 전환사채 또는 신주인수권부사채의 인수, 특정사업의 수행을 위하여 계약을 통하여 소요자금을 지원하고 수익을 분배하는 방식 등이다(중소기업창업투자조합 표준규약 제30조 제1항 제1호 내지 4호).

[57] 중소기업창업지원법 제8조의3.

고자 하는 유인을 갖게 되며, 이것은 有限責任組合員의 이익에 정확히 부합하는 것이다.

그러나 이러한 구조는 有限責任組合員과 無限責任組合員間에 투자의 위험과 관련한 이해관계의 충돌을 야기할 가능성이 있다. 벤처캐피탈리스트가 투자수익을 분배받는 성공보수는 벤처캐피탈리스트에게 증가된 투자수익에 대한 일종의 선택권(option)[58]을 부여하는 것으로 볼 수 있다. 이 경우 선택권의 행사가격은 펀드의 운용비용이다. 펀드의 운용계약이 일종의 선택권으로 볼 수 있다는 사실로 인해 대리인 문제가 발생할 수 있다. 즉 당사자의 일방이 未確定請求權(contingent claim)을 갖는 경우에 위험을 증가시키고자 하는 묵시적인 유인이 있게 되는데, 그 이유는 未確定請求權의 가치는 위험이 증가함에 따라 증대되기 때문이다.[59]

미국의 경우 조합계약에서 여러가지 방법으로 벤처캐피탈리스트가 더 많은 보수를 얻기 위하여 과도한 위험을 감수할 가능성에 대처한다. 첫째, 조합존속기간 중에도 有限責任組合員이 조합계약을 언제든지 해지할 수 있도록 규정하여, 벤처캐피탈리스트가 과도한 위험을 유발하려고 하는 유인을 억제할 수 있다.[60] 有限責任組合員에 의한 계약해지는 有限責任組合員의 이익을 보호할 수는 있으나 남용될 가능성이 있으므로 대부분의 계약에서는 無限責任組合員을 제명할 수 있는 사기 등과 같은 사유가 있는 경우로 일정한 사유를 제한하여 해지를 어렵게 하고 있다. 둘째, 단일 투자대상에 투자할 수 있는 금액한도를 제한함으로써 과도한 보수를 목적으로 매우 위험한 회사에 과도한 투자를 하는 것을 방지할 수 있다. 다수의 계약에서는 실현된 수익을 반드시 분배하도록 하는 강제적 배당을 규정하고 있다. 이러한 강제적 배당으로 조합 내에는 분배되지 않은 수익금이 없게 되므로, 무한책임조합원은 분배되지 않은 수익금을 펀드의 목적과 일치하지 않게 운용할 수 없게 된다. 이러한 점에서 강제적 배당은 투자자를 보호하는 기능을 한다. 셋째, 無限責任

---

[58] 주식에 대한 선택권 이론(option theory)에 따르면 선택권을 가지는 자는 투자가 성공하였을 때는 (주가 − 행사가격)에 해당하는 이익을 얻을 수 있는 반면, 투자가 실패하였을 경우에는 선택권을 행사하지 않으면 되므로 실패 시의 수익은 0이다. 이러한 선택권으로 볼 수 있는 투자의 경우에 투자자의 투자수익 기대값은 [(성공 시 투자수익 ×성공할 확률) + (실패 시 투자수익 ×실패할 확률)] = [(주가−행사가격) ×성공할 확률 + 0 ×실패할 확률]이 된다. 이러한 투자구조에서는 성공할 확률과 실패할 확률이 동일한 경우에 주가를 높이기 위한 위험을 감수하게 되면 성공시의 기대값 부분은 증가하나 실패 시의 기대값 부분은 (−)가 되지 않고 변화가 없기(기대값: 0) 때문에, 선택권을 가진 자는 투자대상 회사의 위험이 증가되더라도 주가를 높이기 위한 행동을 할 유인이 있게 된다 (Richard A. Brealey and Stewart C. Myers, *Principles of Corporate Finance*, McGraw-Hill Companies, Inc. (1996), pp. 571−572 참조).

[59] Richard A. Brealey and Stewart C. Myers, *supra* note 58, at 567−572.

[60] 델라웨어주 개정통일유한책임조합법(Delaware Revised Uniform Limited Partnership Act) 제17−801조 (1)항은 유한책임조합은 정관에 규정된 특정 시기 또는 특정 사항이 발생한 경우 해산된다고 규정하고 있다 (Del.C. § 17−801 (1)). 일반적으로 유한책임조합계약에는 유한책임 조합원 중 다수가 동의할 경우 조합이 조기종료(early termination) 할 수 있도록 규정하고 있다.

組合員이 통상 명목적으로 소액을 펀드에 투자하는 것보다 많은 금액을 펀드에 투자하도록 규정할 수 있다. 이렇게 하면 벤처캐피탈리스트는 성과가 좋지 않은 기업에 투자하는 비용에 대한 부담부분이 늘어나게 된다.[61]

그러나 벤처캐피탈리스트가 有限責任組合員으로부터 펀드를 운용할 권리를 얻기 위하여 수수료를 선지급하도록 요구되는 경우에는 위험의 문제는 오히려 더 심각하게 된다. 이 경우에는 선택권의 행사가격(excise price)을 높이는 효과가 있게 된다. 동일한 문제가 벤처캐피탈리스트가 투자수익을 분배받기 위해서 초과 달성하여야 할 일정한 기준수익률(a rate-of-return hurdle)이 있는 경우에도 발생한다. 이 경우 매년 선택권 행사가격이 상승하기 때문에 선택권 보유자가 위험을 증가시킴으로써 상당한 이익을 볼 수 있게 된다. 보수와 관련된 또 다른 문제는 벤처캐피탈리스트가 운용하는 자금의 규모를 증가시키거나 복수의 펀드를 운용하고자 하는 유인을 갖는 것과 관련된 것이다.[62]

제5절 우리나라법상 有限責任組合契約의 效力

우리나라의 경우 벤처기업에 대한 투자에 활용될 수 있는 투자조합은 여신전문금융업법에 의한 신기술사업투자조합, 중소기업창업지원법에 의한 중소기업창업투자조합, 벤처기업육성에 관한 특별조치법에 따른 한국벤처투자조합, 민간개인투자자에 의한 엔젤투자조합 등이 있다. 이 중에서 한국벤처투자조합은 벤처기업의 육성을 위하여 설립되는 공공투자조합이며 나머지 세 가지 투자조합은 민간에 의하여 설립 운영되는 민간투자조합이다. 우리나라에서 결성되는 투자조합 중 중소기업창업투자조합은 有限責任組合으로 결성하도록 중소기업창업지원법에 규정되어 있으나,[63] 나머지 투자조합의 경우에는 조합의 성격에 대한 명문의 규정이 없다. 법률에 조합의 성격에 대한 명문의 규정이 없으면 해석상 민법의 조합에 대한 규정이 조합의 기본규정으로서 준용되어야 한

---

[61] William A. Sahlman, *supra* note 7, at 499.

[62] *Id.* at 491, 494-99.

[63] 中小企業創業支援法 제20조 제2항에서 "創業投資組合은 조합의 채무에 대하여 무한책임을 지는 업무집행조합원 1인과 출자액을 한도로 하여 유한책임을 지는 有限責任組合員으로 구성한다. 이 경우 출자자중 업무집행조합원은 창업투자회사가 되고, 창업투자회사외의 자는 有限責任組合員이 된다."라고 규정하고 있으나 중소기업창업투자조합의 형태를 '有限責任組合'이라는 명칭으로 규정하고 있지는 않다.

다고 해석할 수밖에 없어서 투자조합의 운영과 관련하여 여러가지 문제점이 발생할 수 있다.[64] 민법상 조합원은 그의 개인재산으로 조합채무에 대하여 손실분담액에 관하여 무한책임을 진다. 이러한 조합원의 개인적 책임은 조합원의 조합재산에 의한 공동책임과 병존적이므로 조합의 채권자는 바로 각 조합원에게 조합채무에 대하여 청구할 수 있게 된다. 손실에 대한 책임을 출자의무에 따라 제한하거나 조합계약으로 손실분담액을 제한하고 있더라도 채권자에 대하여 효력이 없다.[65] 다만 손실분담비율에 대하여는 조합계약에서 자유롭게 정할 수 있으나 이러한 분담비율에 따른 책임은 채권발생 당시에 조합원의 손실분담비율을 알고 있는 조합채권자에게만 효력이 있고 이를 알지 못한 조합채권자는 각 조합원에게 균분하여 그 권리를 행사할 수 있다. 손실분담 비율에 관한 조합계약에서 손실을 분담하지 않는 조합원이 있게 되어도 상관이 없다고 해석되고 있다. 문제는 당사자 간의 조합계약으로 유한책임을 지는 조합원과 무한책임을 지는 조합원으로 구분하여 손실분담에 대하여 규정하고 있는 경우에 이러한 有限責任組合契約이 현행 민법상 유효한 것으로 볼 수 있는가 하는 점이다. 조합계약에서 손실을 전혀 분담하지 않는 조합원을 규정하는 것도 유효하다고 한다면 손실을 자신의 출자액을 한도로 부담하도록 분담금액의 한도를 정하는 것의 효력도 인정할 수 있는 여지는 있으나, 민법상 조합이 합수적 조합이라는 기본적인 원칙에 비추어 보면 조합원을 有限責任組合員과 無限責任組合員이라는 이질적인 두 개의 군으로 구분하는 합의는 민법상 조합이 동질적인 조합원으로 구성되고 다만 당사자의 특약으로 손실분담비율만 달리할 수 있다는 취지에 사실상 반하는 것으로 해석한다면 그 유효성은 부인될 수도 있을 것이다. 이러한 유한책임에 관한 당사자 간의 조합계약의 유효성을 인정한다고 하여도 그 내용을 조합채권자가 채권발생 당시에 알지 못한 경우에는 채권자에 대하여 대항할 수 없게 되는 문제점은 여전히 남기 때문에 미국의 有限責任組合契約과 동일한 효과를 우리나라에서는 당사자 간의 계약에 의하여 달성하기는 어렵다. 결국 이러한 문제를 해결하려면, 입법에 의하여 개별법의 투자조합 관련규정에서 중소기업창업투자조합과 같이 민법상 조합의 예외로서 유한책임투자조합을 허용하는 규정을 두거나 민법의 조합에 관한 규정을 임의규정으로 보아 당사자의 약정에 의한 有限責任組合規定의 유효성을 인정하는 조항을 민법에 규정하는 것도 고려할 필요가 있다. 이러한 문제가 발생하게 된 근본적인 이유는 미국법상 有限責任組合(limited partnership)은 우리나라 商法上 合資會社에 해당하는 것으로서 法人格이 없다는 점을 제외하고는 合資會社와 형태상 거의 차이가 없으나, 우리나라의 유한책임조합계약에 상법의 합자회사 규정이 준용되는 것이 아니라 민법의 조합규정

---

[64] 중소기업창업투자조합의 경우에도 중소기업창업지원법에서 규정한 것을 제외하고는 민법 중 조합에 관한 규정을 준용하도록 하고 있다(중소기업창업지원법 제30조).

[65] 郭潤直, 債權各論, 博英社 (1996), 550, 552면.

이 준용되기 때문이다. 그러나 법적으로는 미국의 有限責任組合은 조합으로 보아 二重課稅 (double taxation)를 하지 않는 반면, 우리나라에서 합자회사 형태를 이용할 경우에는 별도의 법인격이 부여되는 관계로 합작회사에 대하여 별도로 과세하고 사원들에게 분배되는 이익에 대하여 다시 과세를 하게 되어 二重課稅의 문제가 발생하기 때문에 투자자들이 合資會社 형태를 선택하기 어려운 점과 정관을 작성하고 등기를 하여야 하는 등 형식적인 절차를 준수하여야 하므로 설립의 신속성을 방해한다는 점에서 현실적인 문제점이 있을 수 있다. 따라서 투자자들은 세금문제를 고려할 때 有限責任組合과 같은 조합형태를 선호할 수밖에 없다. 문제는 현재 사용하고 있는 有限責任組合에 관한 규약들은 미국의 有限責任組合契約을 참고하여 작성되는 것으로서 법적인 효력에 있어서 의문이 있다는 것이다. 이러한 문제를 해결하기 위해서는 궁극적으로 벤처기업에 투자하는 것을 목적으로 하는 有限責任組合에 관한 별도의 입법으로 有限責任組合을 법률에 의하여 규율하도록 하거나 민법의 조합규정을 완화하여 有限責任組合契約과 같은 형태의 계약이 가능하도록 임의규정화하는 두 가지 방법이 사용될 수 있다. 전자의 방법은 有限責任組合形態에 대하여 법률로 규율하는 방법이나 후자의 방법은 복잡다양한 有限責任組合契約을 법률에 의하여 일률적으로 규정할 것이 아니라 당사자의 자유로운 계약에 의하여 규정되도록 하는 방법이다. 결국 양자의 방법 중 어느 방법을 택할 것인가는 입법정책에 따라 결정될 사항이다. 또한 개별법이나 민법에서 有限責任組合 형태를 인정하는 경우에도 민법의 조합규정을 준용하는 것이 아니라 商法上 合資會社의 규정 중 법인격이 인정되는 것을 제외한 기타 규정을 준용하도록 하는 것이 바람직할 것이다. 일본에서는 有限責任組合形態를 규율하는 단행법인 中小企業等投資事業有限責任組合契約에 관한 法律[66]을 제정하여 투자와 관련된 有限責任組合에 민법상 조합규정 적용으로 인한 문제점을 입법으로 해결하고 있다. 일본의 입법례는 우리나라에서 단행법으로 有限責任組合契約을 규율하고자 할 경우에 참고가 될 수 있을 것으로 생각한다.[67]

---

[66] 中小企業等投資事業有限責任組合契約に關する法律(法律 第90號, 平成 10年 6月 3日 公布), 일반적으로 '投資事業組合法'이라고 지칭함.

[67] 동법은 中小企業等投資事業有限責任組合契約(이하 '조합계약'이라합)의 효력발생요건, 조합계약서의 필수적 기재사항, 등기의 효력, 조합의 명칭, 조합원의 권리 및 의무에 관한 사항(조합원의 출자, 업무집행방법, 재무제표의 비치 및 열람 등, 조합원의 책임, 재산분배의 제한), 조합원의 탈퇴(임의탈퇴, 비임의탈퇴), 조합의 해산 및 청산(해산사유, 청산인, 청산인의 업무집행방법), 민법의 규정 중 준용되는 규정의 명시, 등기(조합계약의 효력발생의 등기, 종된 사무소 신설등기, 사무소 이전등기 및 변경등기, 無限責任組合員의 업무집행정지등의 등기, 해산등기, 청산인등기, 청산종료의 등기, 등기신청, 각종 등기신청시 첨부서류), 벌칙 등에 관하여 상세히 규정하고 있다. 동법은 有限責任組合契約에 관하여 동법에 주요사항을 구체적으로 규정하고, 민법의 조합관련 규정 중 준용되는 규정을 구체적으로 열거하고 있는 것이 구조상의 특징이다.

제6절 組合員의 加入 및 脫退와 관련한 問題點

　우리나라의 경우 개별법에서 특칙으로 규정한 사항 이외에는 민법상 조합규정이 각 투자조합에 준용되기 때문에[68] 조합원의 가입 및 탈퇴에 관한 규정도 민법의 조합규정이 준용된다. 그러나 민법의 조합은 당사자 간의 인적인 관계를 매우 중요시하는 인적결합체므로 이를 고려한 가입 및 탈퇴 규정을 두고 있으나, 투자자가 투자목적으로 결성하는 투자조합에서 인적결합관계가 약화되는 일반조합원에 대하여 민법의 가입·탈퇴 규정을 그대로 준용하는 것이 적합하지 않는 경우가 발생한다. 미국의 無限責任組合員에 해당하는 우리나라 투자조합계약상 업무집행조합원의 경우에는 인적인 관계가 매우 중요하지만, 미국의 有限責任組合員에 해당하는 일반조합원의 경우에는 인적 관계의 중요성이 감소함에도 불구하고 동일한 가입 및 탈퇴기준을 적용하게 되어 불합리하다. 유한책임을 지는 일반조합원과 무한책임을 지는 업무집행조합원으로 구성되는 투자조합의 구조는 민법의 조합보다 상법의 합자회사에 더 가깝다. 다만 상법의 합자회사는 법인격이 인정되는 데 비하여, 투자조합은 법인격이 없는 점이 다르다. 이러한 점에서 조합원의 가입·탈퇴에 관한 규정도 민법의 조합규정보다 구성원의 이질성을 고려하는 상법의 합자회사 규정을 준용하는 것이 바람직할 것으로 생각한다.

　민법상 조합이 새로운 조합원을 가입하려면 새로 조합에 가입하려는 자와 조합원 전원과의 가입계약에 의하여야 하는 것이 원칙이며, 다만 당사자가 조합계약에서 가입의 요건과 방법을 따로 정할 수 있다.[69] 商法上 合資會社의 경우 입사로 인한 사원의 증가의 경우에는 총 사원의 동의를 요한다고 한다. 그 이유는 합자회사 사원의 입사는 정관변경 사유이며 합자회사의 정관변경은 총 사원의 동의를 얻어야 하기 때문이다.[70] 합자회사의 정관변경에 총 사원의 동의를 받아야 하는 조항은 임의법규로 해석하고 있다.[71] 사원변경은 정관변경 사유에 해당하므로, 정관변경에 총 사원의 동의를 얻도록 하는 요건을 임의법규로 해석하는 한 사원변경 시 정관의 규정으로 총 사원의 동의를 받지 않고 사원가입을 하도록 할 수 있다고 본다.

　민법상 조합원의 탈퇴는 임의탈퇴와 비임의탈퇴가 있다. 임의탈퇴는 탈퇴하려는 자가 다른 조합원 전원에 대한 의사표시로 하여야 하며[72], 조합의 존속기간이 있는 경우에도 부득이한 사유가

---

[68] 중소기업창업지원법 제30조는 이 점을 명시하고 있다.

[69] 郭潤直, 전게서, 561면.

[70] 崔基元, 新會社法論, 博英社 (2000), 1161, 1179면; 정동윤, 전게서, 772면.

[71] 崔基元, 전게서, 1168-1169, 1179면; 정동윤, 전게서, 792면.

[72] 그러나 조합계약에서 탈퇴의사의 표시방법을 따로 정하는 것도 상관 없으며, 그러한 특약은 유효하다(郭潤

있으면 탈퇴할 수 있다. 특히 이러한 규정 중 부득이한 사유가 있으면 탈퇴할 수 있도록 한 규정은 강행규정으로 해석하여 어떠한 경우에도 탈퇴하지 못한다는 조합원의 탈퇴를 금지하는 규정은 무효하고 해석한다.[73] 상법상 합자회사 사원의 임의퇴사는 정관으로 회사의 존립기간을 정하지 아니한 경우나 어느 사원의 종신까지 존속할 것으로 정한 경우에는 영업연도 말에 한하여 퇴사할 수 있는 것으로 퇴사의 시기를 제한하고 이 경우 6월 전에 이를 예고하도록 하고 있다. 부득이한 사유가 있는 경우에는 퇴사시기나 사전예고의 제한을 받지 않는다. 따라서 임의탈퇴에 있어서는 민법상 조합과 상법상 합자회사가 거의 차이가 없다. 비임의탈퇴의 사유는 민법상 조합은 조합원의 사망,[74] 파산,[75] 금치산,[76] 제명[77]의 4가지이나, 합자회사의 유한책임사원은 사망 및 금치산은 퇴사원인에서 제외되고 있는 점이 다르다. 유한책임사원의 사망의 경우에는 상속인이 그 지분을 승계하여 사원이 되며(상법 제283조 제1항), 유한책임사원이 금치산 선고를 받는 경우에도 퇴사되지 않는다.(상법 제284조) 상법의 이러한 규정의 취지로는 유한책임사원은 자본적으로만 참여하고 그 사원의 개성이 중시되지 않는다는 점[78]과 유한책임사원은 제한된 책임만 부담하고 업무집행권을 갖지 않는다는 점[79] 등이 이유로 제시되고 있다. 또한 이와 같은 규정은 임의규정으로서 정관에서 다르게 규정할 수 있다고 한다.[80]

우리나라의 투자조합계약의 조합원 중 업무집행조합원이 아닌 일반조합원은 투자목적으로 조합에 가입하고 있어서 조합원의 개성이 중시되지 않는 점에서 商法上 合資會社의 有限責任社員과 유사하며, 미국의 有限責任組合契約의 有限責任組合員과 성격상 동일한 것으로 볼 수 있다. 일반조합원의 경우 상법상 유한책임사원의 탈퇴사유와 같이 조합원의 사망이나 금치산을 탈퇴사유에서 배제할 수 있도록 해석하는 것이 필요하며, 조합계약에서 이러한 사유를 탈퇴사유에서 배제할 경우 그 조항의 유효성을 인정하여야 할 것이다. 조합원의 사망이나 금치산으로 조합원의 탈퇴가 일어난다면 탈퇴의 효과로서 탈퇴조합원의 지분의 환급이 문제되나 투자조합은 투자대상기업의 주식이 상장 또는 등록되지 않은 경우에는 그 가치 평가방법이 계약서에 명시되어 있지 않은 경우에는 지분환급 시 조합재산의 가치평가에 대하여 분쟁이 발생할 여지도 있다.

直, 전게서, 510면).
[73] 郭潤直, 전게서, 557면.
[74] 조합계약에서 상속을 인정하는 특약을 한 때는 유효하다고 한다(郭潤直 전게서, 558면).
[75] 조합계약에서 파산으로 퇴사하지 않는다는 약정을 하더라도 무효이다(郭潤直, 전게서, 558면).
[76] 조합계약에서 다른 약정을 하는 것은 상관 없다(郭潤直, 전게서, 558면).
[77] 제명의 요건을 완화하는 약정도 유효하다(郭潤直, 전게서, 559면)
[78] 崔基元, 전게서, 1184면.
[79] 이태로·이철송, 회사법강의, 박영사 (1999), 153면.
[80] 崔基元, 전게서, 1180면.

第4章

投資段階의 法的關係

제1절 投資對象 選定 關聯 法的關係

I. 벤처캐피탈리스트와 벤처기업가의 法的關係

투자대상 선정과 관련하여 벤처캐피탈리스트와 벤처기업가의 법적관계는 양자 간의 代理人問題 (agency problem) 또는 代理人費用(agency costs)을 어떻게 해결할 것인가 하는 문제와 직결된 다. 이러한 대리인문제는 벤처기업가가 벤처캐피탈이라는 타인의 자금을 공급받아 회사를 운영하 기 때문에 발생하게 된다. 이러한 의미에서 벤처캐피탈리스트와 벤처기업 간의 대리인문제는 전통적인 소유와 경영의 분리로 인한 대리인문제와 본질에 있어서는 유사하다.[1]

이러한 이해관계를 분석함에 있어서 양자의 관계가 상호 독립적인 대리인 관계에 있는 것이 아 니라는 점을 주의하여야 한다. 즉 벤처캐피탈리스트와 벤처기업가의 관계는 순수 대리인관계와는 달리 양자가 상호교환(give-and-take)에 의하여 복잡한 상호작용을 하는 관계이다. 따라서 양자 의 관계는 공개회사(modern public corporation)의 주주와 경영자의 관계보다는 同業關係 (partnership)와 유사하다. 이러한 관계를 순수한 대리관계(pure agency relationship)에 대응하 는 일종의 "協力關係(cooperative relationship)"라고 설명하기도 한다.[2] 양자의 관계 초기에, 벤 처캐피탈리스트와 벤처기업가는 회사를 기업공개가 가능할 정도로 성장시키려는 공통의 목표를 가지고 있다. 따라서 最初公募(IPO) 단계에 이르기 위해서는 일반적으로 벤처캐피탈리스트로부터 자금 이상의 것이 요구된다.[3] 물적결합관계를 전제로 한 주식회사 법규정을 이와 같은 동업자 사

---

[1] 소유와 경영의 분리로 발생하는 대리인문제는 주식회사제도에 있어서 株主와 專門經營人間에 발생하는 대 리인비용을 축소하기 위한 제도적 장치를 중심으로 논의되고 있다. 법경제학에서는 株主와 專門經營人 사 이의 대리인비용 축소를 위한 방법을 契約을 통한 방법, 法律을 통한 방법, 株主權의 行使를 통한 방법, 市 場을 통한 방법, 새로운 파라다임 구축을 통한 방법으로 구분하여 설명하고 있다(朴世逸, 法經濟學, 博英社 (1994), 502-521면); 벤처캐피탈리스트와 기업가의 관계를 다루는 대부분의 문헌은 본인-대리인 모델 (principal-agent model)에서 벤처캐피탈리스트를 본인(principal)으로 벤처기업가를 대리인(agent)으로 다루고 있으나, 벤처기업가를 본인(principal)으로 벤처캐피탈리스트를 대리인(agent)으로 볼 경우 제기되 는 문제를 다루고 있지 않음으로 인해 양자 간의 계약관계를 완전히 이해하지 못하게 된다고 하면서, 벤처 캐피탈리스트를 대리인으로 보는 관점이 필요함을 주장하는 견해도 있다(D. Gordon Smith, *Venture Capital Contracting in the Information Age*, 2 J. Small & Emerging Bus. L. 136-137(1998)).

[2] D. Gordon Smith, *supra note 1*, at 139.

[3] *Id.* at 139-40. 이러한 벤처캐피탈리스트의 비금전적 기여(nonfinancial contributions)중 제일 중요한 것 은 다음의 3가지다. 1) 추가 파이낸스를 얻는 것을 지원하는 것 2) 전략기획 3)경영자의 추가 충원 등이다.

이의 인적결합관계에 적용할 때 발생하는 갈등을 줄이기 위해서 벤처캐피탈업계에서는 株式引受契約나 合作投資契約이라는 명칭의 계약을 체결하는 것이 우리나라의 실무관행이며[4], 미국에서는 주로 株式買受契約(stock purchase agreement)을 체결하는 것이 관행이다. 株式買受契約에는 주식매수에 관한 부분 이외에 투자대상 회사의 운영 및 관리에 관한 부분이 포함되어 있다. 株式買受契約의 내용 중 투자대상 회사의 관리 및 운영에 관한 부분은 契約法的 原理 이외에도 會社法的 原理도 적용되므로 양 원리가 충돌하는 경우에 株式買受契約의 당사자 간의 약정이 회사법적 원리에 의하여 법적효력이 규제되는 문제가 발생할 수 있다.[5] 이하에서는 미국에서 실무상 사용되고 있는 계약상 이해조정 수단을 중심으로 벤처캐피탈리스트와 벤처기업가 간의 이해조정과 관련된 법적인 문제점에 대하여 먼저 언급하고, 우리나라법상 동 수단의 사용 시 예상되는 법적 문제점을 설명하는 순서로 검토하고자 한다.

II. 벤처캐피탈리스트의 利益保護

초기단계의 회사(development stage companies)에 투자할 때 세 가지 중요한 계약상 문제점이 있다. 첫째, 不確實性(uncertainty), 둘째, 情報의 不均衡(information asymmetry), 셋째, 代理人費用(agency costs)이다.[6]

먼저 벤처캐피탈리스트가 투자의사를 결정하는 시점에 벤처기업과 벤처캐피탈리스트는 서로 잘 알지 못하므로 情報의 不均衡 및 不確實性이 매우 크다. 이러한 문제를 해결하기 위하여 미국의 벤처캐피탈업계는 광범위한 유인책(incentive)과 보호수단을 契約에서 규정하는 방법을 사용한다. 이러한 契約에서 벤처캐피탈리스트는 벤처기업가와 資金供給者인 자신의 이해관계를 일치시키기 위한 복잡한 契約上의 手段을 사용한다. 資金供給者로서 벤처캐피탈리스트와 資金需要者로서 벤처기업가 간의 관계를 규율하는 기본적인 문서는 株式買受契約(stock purchase agreement)이다. 株式買受契約에 전형적으로 규정되는 것으로는 登錄權(registration rights)과 情報要求權(information rights), 벤처캐피탈리스트의 理事會 構成에 參與(board representation for venture capitalist), 資金의 段階的 供給(staged financing) 등이 있다. 이러한 규정으로 벤처캐

---

[4] 金建植, "株式發行을 통한 資金調達과 中小企業", 저스티스 24권 1호 (1991.6), 14면.

[5] 합작투자계약의 경우 계약법적 원리와 회사법적 원리의 충돌문제는 李在洪, "合作投資契約에 있어서 株主間 約定의 效力", 會社法上의 諸問題(下), 재판자료 제38집 (1987), 459-490면 참조.

[6] Ronald J. Gilson, *Understanding the Choice Between Public and Private Equity Financing of Early Stage Companies: A Comment on Barry and Turki*, 2 J. Small & Emerging Bus. L. 128 (1998).

피탈리스트는 벤처기업에 대한 유효한 통제권을 보유하고 투자에 대한 유동성(liquidity)을 유지할 수 있게 된다.[7]

또한 代理人問題에 대응하기 위하여 투자대상 벤처기업을 선정하는 절차(screening process)에서 사업계획을 심사하는 한편 대리인 비용을 최소화하기 위한 계약구조를 설계한다. 이 경우 벤처캐피탈리스트는 대리인비용을 낮추기 위하여 일반적으로 전환가능한 증권(convertible securities)의 사용, 신디케이션 투자(syndication of investment), 자금의 단계적 공급(the staging of capital infusions)[8] 등 세 가지 통제수단을 사용한다.

특히 段階的 資金供給은 불확실성 및 정보의 불균형과 대리인문제를 모두 해결하기 위한 매우 강력한 통제수단이다. 단계적 자금공급의 구조를 설계함에 있어서, 각 단계의 자금 공급기간(the duration of a particular round)뿐만 아니라 각 단계별 투자의 규모(the size of each investment), 자금공급총액(total financing provided), 資金供給 回數(number of financing rounds) 등이 중요한 고려요소가 된다.[9] 자금의 단계적 공급구조의 설계에 있어서 중요한 요소인 벤처캐피탈리스트가 투자를 재평가해야 하는 주기는 代理人費用과 監視費用(monitoring costs)을 비교하여 결정된다. 이 중에서 대리인비용은 유형자산의 비중이 적을수록, 회사의 가치 중 投資選擇權(growth options)[10]의 비중이 많을수록, 資産의 特定性(asset specificity)[11]이 클수록 증가하는 특성이 있다.[12]

투자대상선정과 관련하여 벤처캐피탈리스트의 이익을 보호하기 위한 수단이 필요한 이유는 전통적인 회사법상의 투자자 보호수단이 투자자로서 벤처캐피탈리스트의 이익을 보호하기에 불충분하기 때문이다. 벤처캐피탈리스트는 주로 신주인수의 방법에 의하여 주식을 취득함으로써 벤처기업에 투자하게 된다. 우리나라 상법은 신주발행 시 투자자를 보호하기 위한 공시방법으로서 신주

---

[7] Curtis J. Milhaupt, *The Market for Innovation in the United States and Japan: Venture Capital and the Comparative Corporate Governance Debate*, 91 Nw. U. L. Rev. 886-887(1997).

[8] 자금의 단계적 공급은 불확실성 및 정보의 불균형과 대리인 문제 양자를 모두 해결하기 위한 수단이 된다.

[9] Paul A. Gompers, *Optimal Investment, Monitoring, and the Staging of Venture Capital*, 50 J. Fin. 1461-1462 (1995).

[10] 投資選擇權(growth options)은 회사의 경영진이 사업에 대하여 임의적으로 의사결정해야 할 사항이 많은 사업을 말한다.

[11] 資産의 特定性(asset specificity)은 회사의 자산이 특정 사업과 밀접하게 연계되어 있기 때문에, 당해 자산을 다른 용도를 사용하기가 어려운 경우를 말한다. 자산의 특정성이 크면 그 자산을 제3자에게 매각하기가 매우 어렵게 된다.

[12] Paul A. Gompers, *supra* note 9, at 1462.

발행회사와 발행되는 주식에 관한 일정한 사항을 기재한 株式請約書를 사용하도록 하고 있으나[13],
벤처기업과 같이 불확실성이 큰 회사에 대한 투자의사 결정에 필요한 회사의 재무상태나 사업계
획, 주식발행으로 취득한 자금의 용도 등은 주식청약서에 기재되지 않을 뿐 아니라 벤처기업이 이
를 제공하여야 할 商法上 義務가 없다. 증권거래법은 유가증권의 모집 또는 매출의 경우에는 사업
설명서 및 유가증권신고서를 사용하도록 하여 투자자를 보호하도록 하고 있으나,[14] 벤처캐피탈리
스트가 투자하는 단계에서는 주로 사모의 형태로 투자하게 되므로 증권거래법상 공모의 경우에
투자자를 보호하기 위한 이러한 공시규정이 적용되지 못하게 된다. 따라서 벤처캐피탈리스트가
투자의사 결정에 필요한 투자대상기업에 대한 정보를 취득할 수 있는 장치와 정보의 불균형으로
인하여 발생할 수 있는 벤처기업의 기회주의적인 행동으로 인한 손실을 방지할 수 있는 장치가 필
요하게 된다. 이하에서는 미국에서 벤처캐피탈리스트가 투자와 관련된 정보의 불균형으로 인한
문제에 대응하기 위하여 사용하고 있는 私募說明書와 벤처기업가의 報酬構造와 관련된 법적관계
를 살펴보고, 우리나라에서 이러한 수단을 사용할 경우의 법적 문제점을 검토하고자 한다.

1. 私募說明書(private placement memorandum)의 使用時 法的關係

(1) 미 국

벤처캐피탈리스트는 역선택의 위험으로부터 자신을 보호하기 위하여 투자대상 벤처기업을 선발
하는 절차(screening process)를 거친다. 투자대상 기업의 사업계획 및 재무상태를 파악하기 위해
서 벤처캐피탈리스트는 벤처기업가가 제출한 자료를 바탕으로 하여 투자대상 회사에 대한 분석을
하게 되므로, 벤처기업가가 투자의사 결정에 필요한 정보를 제출하도록 하고 만약 제출한 정보나
자료에 오류가 있을 경우 벤처캐피탈리스트를 보호하는 장치가 필요하게 된다.

미국에서는 법적으로 사용이 강제되는 것은 아니지만 벤처기업이 투자자를 모집할 경우 벤처캐
피탈리스트에게 私募說明書(private placement memorandum, 약칭하여 PPM)를 사용하는 것이
일반적이다. 사모설명서를 사용함으로써 투자예정자는 투자대상 벤처기업에 대한 중요 관심 사항
에 대한 정보를 손쉽게 얻을 수 있고, 벤처기업의 입장에서는 회사나 사업전망에 대한 좋은 인상
을 주기 위한 사항을 기재함으로써 투자유치를 하기 위한 도구로 사용할 수 있다. 사모설명서의
표지에는 공모 시 事業說明書(a statutory prospectus)의 표지에서 볼 수 있는 것과 비슷한 사항
인 발행인의 성명, 매도되는 증권에 대한 요약설명(발행이 신주발행인지 구주매출인지 즉 발행으

---

[13] 상법 제420조, 제424조의2, 제302조1항.
[14] 증권거래법 제8조, 제12조.

로 인한 수익금이 발행자에 귀속되는지 또는 매도인인 주주에게 귀속되는지에 대한 설명), 주당가액, 총 조달금액 및 순조달금액(gross and net proceeds), 위험요소 등이 기재된다.[15] 사모설명서의 표지 다음에는 모집사항의 요약(summary of the offering) 부분이 있다. 이 부분은 契約條件記載書(term sheet)의 기재사항에 상응하는 것으로서 모집의 조건, 회사의 사업, 위험요소, 추가적 조건(稀釋防止 條項(antidilution protection), 登錄權(registration rights), 支配權關聯 事項(control features) 등)에 대한 간략한 요약을 기재한다. 이러한 요약부분의 목적은 모집에 대한 사항을 읽기 쉽고 이해하기 쉽도록 하는 것이다.[16] 사모설명서의 본문은 위험요소, 이해상충거래, 사업계획서[17]로 구성된다. 미국에서 사모설명서의 법적인 성격과 그 기재사항에 오류 또는 누락이 있을 경우의 법적인 책임을 지도록 할 수 있는지 여부에 대해서는 Regulation D[18], 豫測情報 記載(forward-looking statement)[19]에 대한 責任, Rule 10b-5[20]와 관련하여 논의되고 있다.

Regulation D에서는 연방증권법상 주식매매 시 등록요건을 갖추어야 할 의무가 면제되기 위한

---

[15] Joseph W. Bartlett, *Fundamentals of Venture Capital*, Madison Books (1999), pp. 62-63 참조.

[16] *Id.* at 64.

[17] 事業計劃書의 일반적인 구조는 다음과 같다(Joseph W. Bartlett, *supra* note 15, at 77).

1. 개요(Introduction or Executive Summary): 사업 목적, 주요 제품 및 서비스, 기술 및 개발 계획, 시장 및 고객, 경영진, 필요 자금등에 관하여 간략히 기술함.

2. 회사 소개: 연혁 및 현황, 사업배경 및 산업동향, 회사의 목적, 회사의 전략, 차별화 요소.

3. 제품: 제품 설명 및 비교, 혁신적 특징(특허 포함), 활용용도, 기술, 제품개발 및 연구 노력, 제품 도입 일정 및 주요 달성목표, 향후 제품(제품 향상)

4. 시장: 시장 요약 및 산업 개관, 시장분석 및 전망, 산업 추세, 초기 제품

5. 경쟁

6. 판매 계획: 목적, 판매 전략, 판매 및 유통 경로, 고객, 인력

7. 제조

8. 서비스 및 현장 기술

9. 시설

10. 경영진 및 소유관계: 창업자 및 핵심 종업원, 주식소유현황, 조직 및 인력, 향후 핵심종업원 및 지원 인력, 인센티브 제도(주식매수선택권 및 주식구매제도)

11. 필요 자본 및 사용

12. 재무 자료 및 재무전망: 전제조건, 3년 계획, 5년 계획

13. 부록: 경영진의 자세한 소개, 참고문헌, 제품설명 및 도면 또는 사진, 제품 및 시장에 관한 최근 문헌

[18] Regulation D는 미국 연방증권법(Securities Act of 1933) 제5조에 따른 등록요건이 면제되는 거래에 관하여 그 요건을 상세히 규정하고 있는 미국 증권거래위원회(SEC)에서 제정한 규정이다.

[19] 증권의 거래와 관련한 공시서류에 미래 전망, 예상치, 또는 예측을 기재하는 것을 말한다.

[20] Rule10b-5는 증권의 매매와 관련한 사기를 규제하기 위하여 연방 증권거래위원회가 1934년 증권거래법(Security Exchange Act of 1934)에 근거하여 제정한 규칙이다.

요건으로서 일정한 정보를 투자자에게 제공하도록 하고 있다.[21] 즉 등록신고서의 제출을 면제하더라도 발행인이 투자판단에 필요한 최소한의 정보를 투자자에게 제공하도록 함으로써 발행인의 편의와 투자자의 보호의 필요를 조화시키고 있다. Regulation D의 요건을 충족시키지 못하는 경우에는 연방증권법상의 등록면제의 혜택을 상실하기 때문에 私募說明書의 기재사항 중 Regulation D의 요건을 충족시키기 위한 사항을 기재하는 경우가 많다.

또한 豫測情報 記載(forward-looking statement)에 대한 責任과 관련하여 미국 연방증권관련법은 모집에 조력한 자(sponsors)에 대하여 "豫測情報 記載"(forward-looking statements)에 "상당한 주의문구"(meaningful cautions)를 부기하고 있으면 소송상 면책시키는 규정을 두고 있으며,[22] 최근의 하급심 판결에서도 "注意文句 記載原則"(bespeaks caution doctrine)을 적용하여 공시서류에 "주의사항"(bespeaks caution) 기재문구가 있는 경우에 "防彈效果(bulletproofing effect)"를 인정하고 있다.[23] 이러한 미국의 입법 및 판례의 경향에 따라 사모설명서에 예측정보에 대한 注意文句를 기재하고 있다.

Rule 10b-5는 私募의 경우 사실기재를 정확하게 하기 위한 注意程度(level of diligence)와 관련된 규정으로서, 비등록 모집 시(nonregistered offering) 공시의 오류(faulty disclosure)에 대한 책임에 요구되는 注意程度(standards of diligence)는 積極的인 調査義務보다는 낮은 水準이다.[24]

(2) 우리나라

우리나라의 벤처기업은 벤처캐피탈리스트로부터 자금조달 시 미국과 같은 私募說明書를 사용하지 않고 있다.[25] 다만 실무상 벤처캐피탈리스트가 요청할 경우 사업계획서(business plan) 기타 관련자료를 벤처캐피탈리스트에게 제공하기는 하지만 이러한 자료의 제출요구 여부는 각 투자사안별로 담당자가 결정한다고 한다. 이러한 우리나라의 관행은 그동안 유가증권신고서의 제출이

---

[21] Rule 504(b)(1), Rule 505(b)(1), Rule 506(b)(1).

[22] The Private Securities Litigation Reform Act of 1995, Pub. L. No. 104-67, 109 Stat. 737(West Supp. 1995), Tit. I. §102; The Private Securities Litigation Reform Act of 1998, Pub. L. No. 105-353, 112 Stat. 3227, 15 U.S.C. §77z-2.

[23] 防彈效果는 모두절차나 공판절차 전에 원고의 청구기각을 신청할 수 있는 근거가 될 수 있는 문서를 말한다.(Joseph W. Bartlett, *supra* note 15, at 66).

[24] Joseph W. Bartlett, *supra* note 15, at 68-69. 사모설명서의 작성에는 비용이 많이 들기 때문에 미국에서는 모집규모가 $750,000 이하인 경우에는 사업계획서(business plan)에 위험요소(risk factors)에 대한 경고를 기재하고, 사모설명서를 별도로 작성하지 않게 된다고 한다.

[25] 우리나라 회사가 미국의 벤처캐피탈리스트가 조성한 펀드에 유한책임조합원으로 가입 하려는 경우에, 미국의 벤처캐피탈리스트는 우리나라의 투자자에게 조합에 대한 사모설명서를 교부하고 있다.

면제되는 거래에 대해서는 투자자에게 투자의사 결정에 필요한 최소한의 정보를 제공하도록 하는 법률상 의무가 전혀 없었던 것과도 관련이 있다. 즉 우리나라 증권거래법상 유가증권의 모집 또는 매출, 즉 公募의 경우 원칙적으로 발행인이 유가증권신고서를 금융감독원에 제출하여 수리되지 아니하면 당해 모집 또는 매출을 할 수 없도록 하고 있으나(증권거래법 제8조 제1항), 공모개념에서 제외되는 모집과 매출, 즉 私募의 경우에는 당해 유가증권에 관한 내용의 공시 필요성과 투자자보호의 필요가 매우 적으므로 유가증권신고서의 제출이 면제된다고 해석한다.[26] 이러한 증권거래법의 해석에 따르면 사모의 경우 유가증권신고서의 제출을 면제한다는 점은 미국이 Regulation D 규칙 제506조에 의하여 사모의 경우에 등록의무를 면제하는 것과 같다.[27]

그러나 우리나라에서는 사모의 경우 유가증권신고서 제출의무와 사업설명서 작성, 공람, 교부 의무를 전부 면제하면서 면제의 요건으로서 미국의 경우와 달리 투자자를 보호하기 위한 정보제공에 관한 사항은 전혀 규정하지 않고 있기 때문에 공시의무 완화에 대응하는 투자자에 대한 보호장치가 증권거래법상 없다는 문제가 있었다. 특히 모집 또는 매출가액의 총액이 10억 원 미만의 소액공모가 인터넷을 통한 주식공모 형태로 급증하면서 투자자보호를 위한 제도적 장치가 마련이 시급하여,[28] 최근 증권거래법 개정(2000.1.21)으로 소액공모에 대해서는 발행인은 투자자를 보호하기 위하여 발행인의 재무상태에 관한 사항 등 최소한의 사항을 공시하도록 하고 있다.[29] 동조의 규정은 재무상태에 관한 사항의 공시 기타 대통령령이 정하는 조치를 하도록 하고 있으나, 개정증권거래법시행령(2000.9.8)에서 발행인의 재무상태 및 영업실적을 기재한 서류를 금융감독위원회에 제출하고 청약을 권유함에 있어서 일정한 사항[30]을 인쇄물 등에 기재 또는 표시하도록 하고 있다.[31] 투자자를 보호하기 위하여 투자의사의 결정에 필요한 범위 내에서 재무적 정보 이외에 비재무적 정보도 투자자에게 공시하도록 정보제공의 내용을 확대하고 있다는 점에서 증권거래법시행

---

[26] 全弘烈, 證券去來法解說, 넥서스 (1997), 268면.

[27] 우리나라 증권거래법상 유가증권의 모집 또는 매출은 유가증권의 취득의 청약을 권유받은 자 또는 유가증권의 매도청약을 받거나 매수의 청약을 권유받은 자의 수가 50인 이상인 경우를 말하므로(증권거래법시행령 제2조의4 제1항, 제2항) 사모에 해당하려면 청약 또는 청약을 권유를 받는 자가 50인 미만이어야 하나, 미국의 Regulation D상의 사모가 되기 위해서는 발행인으로부터의 주식취득자가 35를 초과해서는 안 된다는 점에서 차이가 있으나 양자는 일정한 규모 이하의 거래상대방에 대한 유가증권의 거래를 사모로 하고 있는 점에서는 동일하다.

[28] 한영수, 증권거래법중개정법률 해설, 법제 (2000.8), 73면.

[29] 증권거래법 제18조의2 참조.

[30] 유가증권신고서에 기재되는 사항 중 모집 또는 매출의 개요와 발행인에 관한 사항을 기재 또는 표시하여야 한다. 이러한 기재 또는 표시사항에는 '기타 투자자를 보호하기 위하여 필요한 사항'이 포함되어 있다.

[31] 증권거래법시행령 제9조의2.

령 제9조의2는 매우 적절한 개정이라고 생각된다. 다만 청약을 권유함에 있어서 인쇄물 등에 표시하여야 할 사항 중 '기타 투자자보호를 위하여 필요한 사항'은 앞으로 좀 더 구체화되어야 할 것으로 보인다.

私募說明書는 투자자에게 투자대상기업에 대한 중요한 정보를 제공하고 투자권유가 회사에 대한 정보제공에 기초한 합리적인 권유가 되도록 할 수 있다는 점에서 투자권유와 관련한 정보의 불균형과 기회주의적인 행동에 대한 대책이 될 수 있다. 이런 점에서 우리나라의 벤처기업에 대한 투자권유 시에 증권거래법 제18조의2 및 증권거래법시행령 제9조의2에 따른 공시의무를 이행하는 수단으로서 벤처기업이 私募說明書를 사용하도록 하는 관행이 정착되도록 하는 것이 바람직할 것으로 보인다. 이러한 사모설명서의 사용이 정착되기 위해서는 증권거래법상 유가증권의 모집 또는 매출에 해당하지 않는 사모의 경우에, 등록신고서 제출의무를 면제하는 요건으로서 투자의사 결정에 필요한 일정한 기본적인 정보를 매수인에게 제공하도록 하고 있는 미국의 규정을 새로 도입되는 발행인의 공시의무 중 '기타 투자자보호를 위하여 필요한 사항'을 해석하고 구체화하는 데 참고할 필요가 있다.

증권거래법 제14조의 예측정보에 대한 특례조항은 상장법인 또는 협회등록 법인이 유가증권신고서나 사업설명서에 기재한 예측정보에 대해서만 적용되므로[32], 사모의 경우나 주권상장법인 및 협회등록법인이 아닌 법인이 최초로 유가증권을 모집 또는 매출하기 위하여 유가증권신고서를 제출하는 경우에는 적용되지 않는다. 따라서 우리나라에서는 벤처기업가가 교부하는 사모설명서에 예측정보를 기재한 경우 이에 대한 주의문구를 기재함으로써 예측정보와 사실이 차이가 나는 경우에 면책이 되는지 여부에 대한 규제가 없는 문제점이 있다. 사모나 소액공모의 경우 회사의 장래전망에 대하여 과장하는 경우가 많고 그 전망의 전제사실도 기재하지 않는 경우가 많으므로 이러한 예측정보에 대하여 발행인 또는 인수인이 주의문구를 기재하지 않는 경우에는 공모의 경우와 유사하게 규제할 필요가 있다.

2. 報酬關聯 約定

(1) 미 국

창업자인 벤처기업가를 포함한 핵심인력은 벤처기업의 성공에 매우 중요한 인적자원이므로 벤처캐피탈리스트가 벤처기업에 대한 투자의사 결정 시 고려하는 매우 중요한 요소 중의 하나이다. 벤처캐피탈리스트가 벤처기업에 투자한 후 벤처기업가 등 핵심인력이 투자대상 벤처기업을 자유

---

[32] 증권거래법 제14조 제2항, 제3항.

롭게 떠나 경쟁관계에 있는 유사한 사업을 시작하게 된다면, 벤처캐피탈리스트는 지분투자의 성공 여부가 매우 불확실하게 되는 위험에 직면하게 될 수도 있다.[33] 벤처기업가의 이러한 도덕적 해이로 인한 행동에 대한 통제수단 중의 하나로서[34], 벤처기업의 성공과 벤처기업가의 경영상의 보수를 연결시키기 위한 목적과 회사와 계속적인 고용관계를 유지하기 위한 목적으로 고용계약에서 벤처기업가는 株式買受選擇權(stock option)을 받는 대신 현금으로 지급하는 보수는 적게 하는 구조의 報酬約定을 규정한다.[35] 주식매수선택권은 장기간에 걸쳐서 확정적으로 부여되므로,[36] 핵심적인 종업원(key employees)이 회사를 그만두는 경우에는 아직 확정적으로 부여되지 않은 회사에 대한 지분적 이익은 상실하고 시장의 평균보다 낮은 금전적 보수만을 받게 된다. 또한 주식매수선택권은 벤처캐피탈리스트가 最初公募(IPO)를 통하여 자금회수를 하는 경우에 벤처기업가가 회사의 지배권을 회복할 수 있도록 한다.[37] 미국에서는 경영진에 대한 보수로서 주식매수선택권 부여와 관련하여 다음과 같은 법적인 쟁점에 대한 해석원칙이 적용되고 있다.

(2) 우리나라

우리나라의 경우 벤처기업은 미국과 달리 창업자 등 주요핵심 인력이 고용계약을 개별적으로 체결하지는 않는 것이 일반적 관행이다. 다만 주식매수선택권을 부여할 경우 상당한 기간 내에 그에 관한 계약서를 작성하여야 하므로,[38] 주식매수선택권 부여 시 주식매수선택권 부여계약만 작성하고 있다. 고용관계 전반에 걸친 고용계약을 체결하지 않고 주식매수선택권 부여계약만 체결하는 관행은 주식매수선택권 부여계약이 주식매수선택권과 금전적 보수와의 관계 등 벤처기업가의 보수관계를 포괄하는 계약이 아니라는 점에서 벤처기업가의 도덕적 해이에 대비하기에는 불완전한 구조이다. 벤처기업의 성공과 벤처기업가의 보수를 연계시키기 위해서는 현금으로 받는 보수는 시장평균 이하로 하면서 주식매수선택권으로 받는 부분의 비중을 높이는 것이 필요한데, 주식매수선택권 부여계약은 현금으로 받는 보수의 비중을 낮추는 부분에 대한 언급이 전혀 없기 때문

---

[33] Joseph W. Bartlett, *supra* note 15, at 124.

[34] 報酬約定 이외에도 秘密維持條項 및 競業禁止條項도 이러한 행동에 대한 통제수단으로 사용된다.

[35] Curtis J. Milhaupt, *supra* note 7, at 887.

[36] 이러한 부여방식을 確定的 附與(vesting) 라고 하며, 종업원에게 단순히 주식매수선택권을 부여하는 것(granting)과 구별된다. 주식매수선택권이 부여(granting)되었더라도 확정적으로 부여(vesting) 되기 전에 종업원이 회사를 그만두는 경우에는 회사는 명목적인 대가만 지급하고 주식매수선택권 또는 주식을 회수할 수 있다.

[37] Curtis J. Milhaupt, *supra* note 7, at 887.

[38] 벤처기업육성에관한특별조치법 제16조 제3항, 증권거래법 제189조의4 제6항, 상법 340조의3 제3항.

이다. 이러한 점은 현금보수와 주식매수선택권이 상호 연계되어 벤처기업가가 경영성과를 높이기 위하여 노력하게 하고 개인적인 이익을 위하여 회사를 떠나려는 기회주의적인 행동을 억제하는 기능을 하는 것에 대한 고려가 부족하기 때문인 것으로 보인다.

주식매수선택권 부여와 관련하여 당사자 간의 합의로 주식매수선택권 부여계약에 미국의 경우와 같은 확정적 부여(vesting) 제도를 규정하는 경우에는 현행법상 동계약 규정의 유효성이 문제된다. 확정적 부여제도는 주식매수선택권을 부여하면서 일정한 기간이 경과하게 되면 경과된 기간 단계별로 부여된 주식매수선택권의 일부를 취소할 수 없게 하는 제도이다. 예컨대 5년간의 확정적 부여로 인한 제한이 있는 경우에는 매 1년이 경과할 때마다 부여된 주식매수선택권의 5분의 1에 해당하는 주식매수선택권이 확정적으로 부여되어 확정적으로 부여된 주식매수선택권은 종업원이 회사를 그만두더라도 취소할 수 없게 된다. 이러한 확정적 부여제도는 주식매수선택권 부여 법인의 정관상 필수적 기재사항인 '일정한 경우 주식매수선택권의 부여를 취소할 수 있다는 뜻'[39]에 따라 주식매수선택권의 부여를 취소하는 사유로 단순히 '임의 또는 귀책사유로 퇴직하는 경우'[40]를 규정하는 것과는 구별된다. 확정적 부여제도는 퇴직사유에 임의성 또는 귀책성을 구별하지 않고 단지 경과된 재직기간에 따라 주식매수선택권을 확정적으로 부여하여 확정적으로 부여된 부분에 대해서는 자발적 또는 귀책적으로 퇴사하는 경우에도 주식매수선택권이 유지된다. 주식매수선택권의 취소제도는 일단 확정적으로 부여된 주식매수선택권을 일정한 조건에 해당하면 효력을 상실시키게 하는 점에서 해제조건부 권리부여로 볼 수 있는 데 반하여, 확정적 부여제도는 일정한 기간 경과라는 조건이 성취될 경우 확정적으로 주식매수선택권을 부여하는 정지조건부 권리부여로 보아야 할 것이다. 이러한 정지조건부 권리부여 방식인 확정적 부여제도가 현행법상 인정될 수 있는가? 확정적 부여제도의 유효성 여부는 증권거래법상의 주식매수선택권에 관한 규정이 강행규정인지 여부 및 동법에서 규정하는 유형의 주식매수선택권 형태 이외의 주식매수선택권이 인정되는지 여부에 따라 해석이 달라질 것이다. 상법 제340조의3 제1항 제5호 및 증권거래법 제189조의4 제2항 제4호는 주식매수선택권제도를 채택할 경우에 주식매수선택권 취소사유를 정관의 필수적 기재사항으로 규정하고 있다.[41] 따라서 주식매수선택권 취소사유의 기재는 주식매수선

[39] 증권거래법 제189조의4 제2항 제4호.

[40] 증권거래법시행령 제84조의6 제8항 제1호 및 제2호 참조.

[41] 미국의 경우에는 정관에 주식매수선택권 제도를 채택하고 있으면 주식매수선택권의 부여방법, 부여대상, 취소사유등에 대한 제한이 없이 정관의 규정에 따라 부여할 수 있도록 하고 있는 것이 특징이다. 델라웨어 주 회사법은 주식매수선택권은 정관에 발행근거 규정이 있고 주식매수선택권이 이사회가 승인하는 증서에 권리가 명시되는 경우에 창설 또는 발행할 수 있으며, 주식매수선택권의 행사기간과 행사가격은 정관에 기재하거나 주식매수선택권을 창설하거나 발행을 규정하는 이사회의 결의에 명시하도록 하고 있다. 또한 주식매수선택권의 행사로 발행하는 주식이 액면주식이면 그 주식은 액면 미만으로 발행할 수 없으며 무액면

택권제도를 채택하는 회사에 대해서는 강행규정으로 볼 수 있다. 이와 달리 확정적 부여제도는 필수적 기재사항으로 규정하고 있지 않고 있다. 상법 및 증권거래법이 확정적 부여제도와 같이 정관에 필수적 기재사항이 아닌 사항이라도 주식매수선택권 관련 사항을 정관에 임의적 기재사항으로 기재하는 것을 금지하는 취지로 해석하는 것은 부당하다고 생각한다. 확정적 부여제도를 임의적 기재사항으로 인정하지 않는 해석을 할 경우에는 법률상 필수적 기재사항으로 규정한 것 외에는 정관기재가 금지된다는 의미로 해석하는 것이어서 상법상 정관 기재사항을 필요적 기재사항, 유익적 기재사항, 임의적 기재사항을 구분하여 법률상 필요적 기재사항 또는 유익적 기재사항으로 규정한 것 이외에 임의적 기재사항을 인정하는 일반적인 해석원리와 상충된다. 따라서 정관에 임의적 기재사항으로 주식매수선택권의 확정적 부여조건에 대하여 규정하는 것은 주식매수선택권 제도의 본질에 반하는 것이 아닌 만큼 허용된다고 해석하여야 할 것이다. 근본적으로 주식매수선택권 제도는 회사의 보수지급 방법 및 경영성과 분배와 관련한 주주의 이해관계와 창업자 등 핵심인력의 이해관계를 일치시킬 수 있는 점에서 궁극적으로 주주의 이익을 보호에 기여할 수 있는 제도적 장점을 가지고 있다. 이러한 견지에서 볼 때 주식매수선택권 부여사유, 부여대상 주식의 종류 및 수량, 부여대상자의 자격요건 등은 정관의 필수적 기재사항으로 규정할 필요가 있으나, 주식매수선택권의 취소 여부는 개별회사의 의사 결정에 맡겨야 할 사항으로 보이므로 정관에 반드시 취소사유를 규정하는 것이 주주의 이익을 보호하는 데 반드시 필요한 사항인지는 의문이다. 이러한 현행법하에서 주식매수선택권의 취소사유를 전혀 규정하지 않은 경우에 주식매수선택권의

주식이면 이사회에서 결정하는 가격으로 발행하는 것이 원칙이지만 정관의 규정으로 주주총회에서 결정하도록 할 수 있다(Delaware General Corporation Law §157).

캘리포니아주 회사법에서는 회사에서 정하는 조건에 따라 주식매수선택권을 부여할 수 있도록 하고 있으며, 주식매수선택권을 부여하기 위하여 정관에 주식매수선택권의 근거규정을 반드시 규정해야 하는 것도 아니다. 주식매수선택권은 양도 가능한 형태나 양도 불가능한 형태 모두 가능하며, 회사의 다른 증권과 분리 가능하거나 분리 불가능한 형태가 모두 가능하도록 하도 있다(California General Corporation Law, § 404). 다만 종업원에 대한 주식매수제도 또는 주식매수선택권 제도를 채택할 경우에 동 제도 또는 계약에서 제도참가 자격의 확정, 발행 또는 매도할 주식의 종류 및 가격, 인수대상 주식의 수, 전액납입 전까지 주식의 소유권 유보, 고용관계 종료 시 회사의 주식환매 선택권 또는 의무, 주식양도제한, 제도의 존속기간 또는 종료 등에 대하여 규정할 수 있도록 하고 있다(California General Corporation Law, § 408 (b)). 그러나 이러한 사항도 필수적 규정사항이 아니라 동 제도를 채택할 경우 임의적으로 포함시킬 수 있는 사항이다.

이러한 회사법상 요건과는 별도로 미국 내국세법(Internal Revenue Code)상 장려형 스톡옵션(Incentive Stock Option)으로 인정되기 위해서는 주식매수선택권이 IRC §422의 요건을 갖추어야 하나, 모든 주식매수선택권이 반드시 장려형 스톡옵션(Incentive Stock Option)으로 부여하도록 강제되는 것은 아니므로 회사는 내국세법상의 혜택이 주어지는 장려형 스톡옵션(Incentive Stock Option)과 다른 형태의 주식매수선택권 중에서 선택하는 것이 가능하다.

부여가 유효한지 여부에 대한 논란이 있을 수도 있다. 결국 이러한 혼란을 막기 위해서는 입법론적으로 미국의 경우와 같이 주식매수선택권에 대해서는 정관에 기재할 사항을 최소한으로 규정하고 나머지 사항은 회사가 필요에 따라 임의로 기재할 수 있도록 하는 것이 바람직하다는 점에서 주식매수선택권의 취소사유는 정관의 필수적 기재사항에서 제외하는 것을 고려할 필요가 있다.

III. 벤처기업가의 利益保護

1. 벤처기업가가 直面하는 危險

벤처캐피탈리스트의 행동으로 발생할 수 있는 代理人費用의 문제는 벤처기업가가 기대하는 벤처캐피탈리스트의 附加서비스의 제공과 밀접한 관계가 있다. 벤처기업가가 벤처캐피탈리스트로부터 附加서비스(value-added services)를 받으려고 할 경우 직면할 수 있는 위험은 서비스제공 回避(shirking), 機會主義(opportunism), 無能(incompetence)의 세 가지가 있다. 첫째, 서비스제공 回避(shirking)는 벤처캐피탈리스트가 附加서비스를 제공하기로 약속하였으나, 나중에 이러한 약속을 충실히 지키지 않는 것을 말한다. 둘째, 機會主義(opportunism)는 벤처캐피탈리스트가 附加서비스 제공을 약속하였으나 차후에 회사의 사업단계로 보아 벤처기업가의 협상력이 약화되는 시점에 이러한 약속을 파기하려는 시도하는 것을 말한다. 셋째, 無能(incompetence)은 벤처캐피탈리스트가 부가서비스 제공을 약속하지만 벤처기업가의 기대하는 수준으로 이를 수행하지 못하는 경우를 말한다.[42] 미국의 경우 벤처기업가는 벤처캐피탈리스트의 선정을 위하여 상당한 시간을 투여하고 선정에 필요한 다양한 정보원을 이용하여 이러한 위험을 줄이려고 하고 있지만,[43] 이러한

---

[42] D. Gordon Smith, *supra* note 1, at 134-135.

[43] 미국의 기업가가 벤처캐피탈리스트를 선정하는 데 사용한 절차 및 기준에 관한 415개 회사에 대한 143개 응답자에 대한 설문조사에 따르면 선정절차와 관련하여 기업가는 상당한 시간을 이러한 벤처캐피탈을 선정하는 데 투여하고 있음을 알 수 있다. 28.7%(132개 중 38)의 기업가는 100시간 이상을 사용하였다. 중간 정도가(median number) 40시간을 사용하였다. 70% (143개 중 101)가 선정이 2인 이상의 팀에 의해서 되었고, 그중 69개는 3인 이상의 팀을 사용하였다. 선정시 벤처캐피탈리스트에 관한 다양한 정보원을 사용하고 있었다. 회계사, 컨설턴트, 기업가, 변호사, 뉴스미디어, 벤처캐피탈리스트, 인터넷, 기업가의 이전경험 등 8가지 정보원 중, 평균(mean number of sources) 5.3개를 사용하였고, 143개 중 133개가 3가지 이상의 정보원을 사용하였다. 응답자는 3개의 정보원에 대한 의존도가 매우 높았는데, 다른 기업가(평균=6.58, 10 scale사용), 벤처캐피탈리스트(평균=6.54), 기업가 자신의 경험 (평균=6.01)에 매우 높은 의존도를 보여주었다. 회계사나 컨설턴트, 변호사와 같은 객관적인 견해를 줄 수 있는 정보원에 대한 의존도는 높지 않았

위험은 벤처캐피탈리스트가 업무수행에 재량적인 결정을 할 수 있는 여지가 있는 한 구조적으로 피할 수 없는 문제이다. 기업가는 契約(venture capital contract)에 의해서 벤처캐피탈리스트의 행동으로 인한 이러한 대리인 비용을 줄일 수 있다.[44]

계약에 의한 통제수단을 사용하게 되는 이유는 전통적인 회사법상의 원리로는 벤처캐피탈리스트의 행동을 통제할 수 있는 적절한 법적 수단이 없기 때문이다. 회사를 성공시키려는 공통의 목적을 달성하기 위하여 벤처기업가는 벤처캐피탈리스트로부터 출자형식의 자금공급과 기타 부가적 기여를 받게 된다. 그러나 벤처캐피탈리스트의 법적지위는 벤처기업의 주주이므로, 주주로서의 회사에 대하여 출자의무만을 부담하는 株主有限責任의 原則의 적용을 받는다. 즉 회사법상 벤처캐피탈리스트는 자금공급자인 주주로서 파악될 뿐이며, 회사법은 주주가 실질적으로 투자하는 목적이나 주주가 수행하는 부가적 기능 등은 고려하지 않고 있다. 또한 주주로서 출자의무의 이행은 재산출자에 한정되어 노무출자 또는 신용출자가 허용되지 않으므로 벤처캐피탈리스트의 부가적 기여를 출자할 수 있는 방법도 없다. 따라서 주주의 출자의무를 넘어서 주주가 회사에 대하여 투자와 관련된 목적을 이행하도록 하는 의무를 부담시키기 위해서는 당사자 간에 계약에 의한 방법을 사용할 수밖에 없다. 부가적 기여와 관련하여 벤처캐피탈리스트와 이해충돌이 발생한 경우에 주식회사의 경우에는 인적회사와 달리 퇴사제도가 없으므로 벤처기업이 벤처캐피탈리스트에게 투자자금을 반환하고 당사자 간에 관계를 종료시킬 수도 없다. 이러한 경우를 예상하여 벤처기업이 상환권을 갖는 상환주식을 발행하는 방법도 고려해 볼 수 있으나 회사가 상환권을 갖는 상환주식은 자본이득을 목적으로 투자하는 벤처캐피탈의 투자목적상 벤처캐피탈리스트가 받아들이기 어렵

다. 대부분의 응답자가 1개 이상의 벤처캐피탈리스트에 관한 정보를 이들을 선정하기 전에 수집한다고 했다.

또한 선정기준을 평가(Valuation(price)), 부가가치서비스(Value-Added Services), 벤처캐피탈 평판(Venture Capital Reputation), 기타 벤처캐피탈 속성(Other Venture Capital Attribute)으로 구분하여 각 선정기준에 속하는 29개 선정 기준요소(factor)의 중요도를 10점 scale로 질문한 결과(8,9,10, 매우 중요하고 필수적이다. 0,1,2 관련 없거나 약간 중요하다. 3-7은 그 중간), 선정기준 중에서 가장 중요한 요소는 성공적인 회사에 투자한 실적이었으며(Reputational factor, 평균=8.03), 그 외에도 중요한 선정기준에 속하는 것은 기업가의 건전한 이사회로서의 업무수행(Value-added service, 평균=7.90), 기업가치 평가 능력(valuation, 평균=7.32), 회사의 기업문화와 양립될 수 있는 퍼스낼러티 (Reputatioal factor, 평균=7.83), 단계적 투자에 계속적인 지원(reputational factor, 평균=7.24), 벤처캐피탈리스트의 산업에 대한 전문성(other venture capitalist attribute, 평균=7.09), 벤처캐피탈리스트의 투자단계에 대한 전문성 (other venture capitalist attribute, 평균=6.93) 등 이었다(D. Gordon Smith, *How Early Stage Entrepreneurs Evaluate Venture Capitalists*, Northwestern School of Law of Lewis & Clark College, http://papers.ssrn.com (1998), pp.2-3 and appendix 1).

[44] D. Gordon Smith, *supra* note 1, at 140.

고 상환주식의 상환에는 배당가능이익이 있어야 하나[45] 벤처기업은 초기에 배당가능이익이 발생하기 어렵기 때문에 현실적인 방법이 아니다.

2. 逆選擇(Adverse Selection)으로부터 保護

벤처기업가의 입장에서 보면 역선택의 문제[46]는 벤처캐피탈리스트가 금전적 기여 이외의 기여능력이 있음을 고려하여 당해 벤처캐피탈리스트로부터 투자를 받았으나, 추후에 그 벤처캐피탈리스트가 부가적서비스를 제공할 능력이 부족하거나 부가적서비스 제공에 대하여 기회주의적으로 행동하는 경우에 발생한다. 역선택으로 인한 비용을 줄이는 방법으로는 계약단계에서 정보의 질을 개선하는 방법[47]과 계약방법의 혁신을 통해서 하는 방법[48]이 있다.

그러나 일반적으로 역선택에 관한 계약상의 방어수단은 충분하지 못한 경우가 많다. 역선택에 대한 효과적인 계약상의 방어수단은 벤처기업가가 재량적인 주식상환권(discretionary stock redemption)을 보유하는 것이나 미국에서는 일반적으로 투자계약(venture capital contract)에서 이를 규정하는 경우는 거의 없다고 한다. 재량적인 주식상환권을 투자계약에 포함시키려 하더라도, 협상과정에서 벤처캐피탈리스트는 이를 거의 받아들이지 않을 것인데, 그 이유는 이 규정이 자신들의 투자형태를 결정할 능력을 제한하기 때문이다. 재량적인 주식상환권을 사용할 수 없기 때문에 벤처기업가는 역선택에 대한 다른 방어수단이 필요한데, 유력한 것이 評判市場(market for reputation)이다.[49]

벤처기업가는 벤처캐피탈의 評判(reputation)을 기회주의에 대한 '非法律的 制裁手段(nonlegal sanction)'이나 자격미달에 대한 '選別方法(sorting device)'으로 사용할 수 있다. 대부분의 학자들은 평판에 대한 시장은 매우 효율적일 것이라고 전제하고 있으나 이에 대한 반론도 제시되고 있다.[50] 또한 인터넷을 통한 벤처캐피탈에 관한 정보제공은 벤처캐피탈리스트의 평판시장의 효율성을

---

[45] 상법 제345조 제1항.

[46] 역선택은 거래당사자 간에 정보의 불균형이 있는 경우에 우량고객으로 생각하여 거래를 하지만 사실상 불량고객이 거래상대방으로 선택되는 경우를 말한다. 거래조건 또는 가격 등 거래비용을 높일 경우에 우량고객은 지나치게 높은 거래비용을 피하기 위하여 거래를 하지 않고, 오히려 다른 곳에서 거래할 수 없는 불량고객만 거래상대방으로 남게 되는 현상이 전형적인 역선택의 예이다.

[47] 예컨대, 브랜드네임은 품질에 대한 평판의 단서를 제공한다.

[48] 예컨대, 품질보증제도는 제품이 품질기준을 충족하는 것을 보장한다.

[49] D. Gordon Smith, *supra* note 1, at 152-153.

[50] D. Gordon Smith, *supra* note 1, at 135-136에서는 평판시장의 "情報上 및 根本的인 效率性"(informational and fundamental efficiency)에 대하여 의심할 수 있는 이유에 대해서도 설명하고 있

증대시켜, 기업가의 대리인비용을 줄일 뿐만 아니라 결국 계약의 혁신을 가져올 것으로 전망하는 견해도 있다.[51]

3. 道德的 解弛(Moral Hazard)로부터 保護

道德的 解弛의 問題는 回避(shirking)와 機會主義(opportunism)로부터 모두 발생할 수 있으나 벤처캐피탈리스트의 행동과 관련하여서는 前者는 심각한 문제로 대두되지 않으나 後者는 벤처기업가에게 현저한 위험이 되는 사항이다. 機會主義의 危險은 벤처캐피탈리스트가 기업가의 협상력이 감소된 시점에 벤처캐피탈리스트가 기업가와의 관계를 재협상하려고 시도할 가능성으로 인하여 발생된다. 벤처캐피탈리스트는 段階的 資金支援(staged financing)을 하기 때문에 벤처기업가에 대하여 상당한 統制力을 가지고 있다. 벤처캐피탈리스트는 각 단계에서 지분율을 유지하기 위하여 추가출자할 수 있는 권리인 新株引受權을 갖고 있으나, 벤처캐피탈리스트가 각 단계에서 반드시 출자에 참여해야 할 의무를 부담하는 것은 아니다. 어느 한 벤처캐피탈리스트가 추가 자금지원(subsequent financing)을 거절하는 경우에는 다른 벤처캐피탈리스트에게 동 회사가 투자가치가 없다는 신호가 될 수 있어 벤처기업에 대해서 더욱 치명적이다. 이러한 수단들은 벤처캐피탈리스트들이 機會主義的으로 행동할 수 있는 機會를 제공한다.[52]

구체적으로 예상할 수 있는 機會主義의 형태에는 여러가지가 있다. 첫째, 기업가를 사업에서 강제로 축출하기 위해서 벤처기업가의 雇傭契約을 재협상하려는 것이다.[53] 둘째, 벤처캐피탈리스트는 자금회수 전략(exit strategies)의 시점을 결정하는 데 있어 상당한 영향력을 행사할 수 있으므로[54], 벤처기업가의 이익에 반하는 자금회수 시점을 선택할 수도 있다. 예컨대, 투자자에 대한 誇示目的 早期公開(grandstanding)와 같이 투자자에 대하여 성공적인 투자를 과시하려는 목적에서 지나치게 조기에 기업공개(premature IPO)를 함으로써 자신을 명성만 제고하려는 경우가 있을

다. 또한 동 논문에서는 效率的 資本市場 假說(the efficient capital markets hypothesis)과 관련하여 경제학에서 사용하는 용어인 "情報의 效率性"(informational efficiency)과 "根本的 效率性"(fundamental efficiency)을 구별하고 있다. 情報의 效率性은 자본시장이 정보를 신속히, 거의 동시에, 처리하여 아무도 그러한 정보를 이용하여 초과이익 (excess profit)을 얻을 수 없는 경우를 말한다. 根本的 效率性은 자본시장이 정보를 정확히 처리하여(process information accurately) 증권의 가격이 증권의 장래가치(future value)에 대한 합리적 기대를 반영하고 있는 경우를 말한다.

[51] D. Gordon Smith, *supra* note 1, at 136.

[52] *Id.* at 141.

[53] *Id.*

[54] 이러한 벤처캐피탈리스트의 자금회수시기 결정에 관한 영향력은 단계적 자금지원으로 인한 것이기도 하다.

수 있다. 셋째, 이익을 내고 있으나 最初公募(IPO)의 후보가 될 수 있을 정도의 이익은 못 내고 있는 회사[55]를 청산하는 경우가 있다. 둘째와 셋째 유형의 기회주의 행동은 회사의 투자자금 회수와 관련된 벤처캐피탈리스트의 기회주의의 유형이다. 이러한 형태의 機會主義에 대한 유력한 견제수단은 벤처캐피탈리스트의 평판의 하락의 우려이다.[56]

4. 벤처기업의 形態選擇

(1) 미 국

벤처기업은 기업의 형태로 회사로 설립할 수도 있고, 조합의 형태로 사업을 개시할 수도 있다. 세법상 투자금액에 대한 소득공제의 효과를 감안하면 신설회사를 설립하여 벤처기업을 시작하는 것보다는 조합의 형태로 벤처기업을 시작하는 것이 합리적이다. 그러나 미국의 Silicon Valley에 설립된 벤처기업들은 세법상 혜택을 상실함에도 불구하고 상당수가 조합이 아닌 신설회사 형태로 사업을 시작하였다. 회사형태의 선택에 있어서 모순처럼 보이는 이러한 현상에 대해서 세후비용 (after-tax costs)이 더 들어가는 구조를 감수하게 하는 장점이 있다면 그것이 무엇인가 하는 의문점이 제기되었으며,[57] 이러한 의문점에 대한 설명으로서 다음의 두 가지 근거가 유력한 것으로 보인다.[58]

(가) 法的費用 및 組織費用의 最少化[59]

성공적인 기업은 궁극적으로 지분이익을 공개하게 된다. 일단 지분이 공개적으로 거래되면 조세목적상 그러한 법적주체는 회사로 보게 되므로, 결과적으로 미국의 주법상 조합이 지분을 공개하게 되면 세금에 있어서는 이익이 없게 된다. 또한 미국 주법상 조합의 지위를 보유하는 현실적인 단점으로서 실제로 공개적으로 거래되는 조합의 지분이 거의 없다는 사실을 들 수 있다. 조합형태의 기업이 투자자들로부터 낮은 가격평가를 받게 될 것으로 우려하여, 조합형태로 조직되었던 기업도 공개 직전에는 회사형태로 전환한다. 그러나 전환에는 많은 비용과 경영자의 시간을 소

---

[55] 이러한 경우를 "假死状態(living dead)"라고 한다

[56] D. Gordon Smith, *supra* note 1, at 142.

[57] Joseph Bankman, *The Structure of Silicon Valley Start-Ups*, 41 UCLA L. Rev. 1737-1739 (1994).

[58] 그 외에도 투자자와 벤처캐피탈리스트의 비합리적인 의사결정이 원인이라고 설명하는 견해에 따르면, 투자자와 벤처캐피탈리스트는 사업성공에 대한 과신으로 인해 이들은 조세상의 이익을 별로 고려하지 않는다고 한다(Joseph Bankman, *supra* note 57, at 1764-1765).

[59] *Id.* at 1749.

요하게 된다.[60] 회사형태로 시작한 벤처기업의 경우에는 이러한 비용을 회피할 수 있으므로 처음부터 회사형태로 사업을 시작하게 된다고 한다.

(나) 株式買受選擇權(Stock Options)의 利用[61]

중요 종업원(key employees)에 대하여 현금대신 株式과 株式買受選擇權으로 보수를 지급하는 것은 매우 중요하다. 벤처캐피탈로부터 자금을 조달하는 신설기업은 회사설립 시 종업원에게 주식과 주식매수선택권을 부여하고 회사설립 후 새로 회사에 입사하는 종업원에 대해서도 주식과 주식매수선택권을 주게 된다. 이러한 회사의 성공 여부에 따라 그 가치가 결정되는 報酬(contingent compensation)는 창업자가 종업원의 근로의욕을 증진시킨다는 점에서 회사의 가치를 증가시킨다. 조합의 구조에서도 이러한 지분매수선택권의 부여가 이론상 가능하지만, 회사형태의 구조를 사용하여 주식매수선택권을 부여하는 이유는 다른 관점에서 설명되고 있다. 조직구조를 종업원에게 생소한 형태를 취하는 경우에는 이를 설명하기 위한 정보비용(information costs)이 매우 증가하게 되지만, 회사형태와 주식매수선택권을 사용하는 경우에는 종업원에게 매우 익숙한 제도이므로 많은 설명을 요하지 않는다는 현실적인 장점이 있다. 또한 조합지분에 대한 매수선택권을 이용할 경우에 매수선택권이 확정적으로 부여되면, 그 종업원은 미국 州稅法下에서 조세목적상 組合員(a partner)로 취급되므로 각종 세법상 서류제출과 부가적인 법률 및 회계비용을 벤처기업과 종업원에게 발생시킬 수 있다는 단점이 있다.

미국은 회사형태로 사업을 개시하는 벤처기업이 대부분이지만, 회사형태를 선택하더라도 조합과 유사하게 과세되는 S회사[62]와 유한책임회사(LLC)[63]가 있기 때문에 벤처기업이 회사를 선택하더라도 이중과세를 회피할 수 있는 장점이 있다.

---

[60] 전환에는 법률서비스 비용과 회계법인의 수수료 등이 소요된다.

[61] Joseph Bankman, *supra* note 57, at 1750-1753.

[62] 미국 내국세법 Subchapter S에 따라 과세되는 회사를 말한다. S회사는 회사의 이익에 대하여 법인세가 부과되지 않고, 이익이 배당되는지 여부에 관계없이 회사의 이익에 대하여 주주에게 직접 소득세가 부과된다. S회사로 인정받기 위해서는 ① 주주의 수가 75인 이하이고, ② 한 종류의 주식만 발행되어 있어야 하며, ③ 주주는 회사가 아닌 개인으로서 미국시민, 상속재산(estate), 신탁재산(trust) 등에 한정되어야 한다(임재연, 미국회사법, 박영사 (1995), 504-505면; Robert W. Emerson and John W. Hardwicke, *Business Law*, 3rd ed., Barron's Educational Series, Inc. (1997), pp. 305-306).

[63] 유한책임회사(limited liability company, LLC)는 주주의 유한책임이 인정되지만, 연방내국세청(IRS)이 과세목적상 조합(partnership)과 유사하게 과세하는 회사를 말한다. S회사와 달리 유한책임회사(LLC)는 주주의 수 및 단일종류의 주식 등의 제한을 받지 않을 뿐만 아니라, 개인이 아닌 회사, 조합, 유한책임회사 등도 주주가 될 수 있고 자회사도 보유할 수 있다. 또한 유한책임조합(limted partership)과 달리 투자자가 회사경영에 참여하여도 회사 채무에 대하여 무한책임을 지지 않는다(Robert W. Emerson and John W. Hardwicke, *supra* note 60, at 306).

(2) 우리나라

우리나라의 벤처기업은 주식회사 형태로 신설하여 사업을 시작하는 것이 대부분이다. 주식회사
는 대표적인 자본단체로서 거액의 고정자본을 요구하는 대규모적인 사업의 경영에 적합한 형태이
므로[64] 규모가 크지 않고 거액의 고정자본을 요구되지 않는 신설기업인 벤처기업에는 적합하지 않
을 수 있다는 근본적인 문제점이 제기될 수 있다. 특히 상법의 주식회사에 관한 규정은 주식회사
가 대규모 회사를 상정하여 규정한 취지의 목적상 강행규정이 많아 회사의 운영상 복잡한 내부구
조와 의사결정절차를 거쳐야 하는 점에서 신속한 의사결정이 필요한 벤처기업의 성격에 부합하지
않는 규정이 있을 수 있다. 특히 회사의 의사결정이 주식수를 기준으로 한 다수결에 의하지 않고
투자계약 또는 신주인수권계약이 의사결정 과정에 우선적으로 적용되도록 하는 벤처기업의 지배
구조상의 특징은 주식수에 따른 주주의 평등의결권을 기초로 한 주식회사의 본질과는 다른 것이
다. 창업자가 회사의 주식을 상당히 소유하기 때문에 소유와 경영이 분리되지 않는 소유적 경영자
에 의하여 폐쇄적으로 운영되는 것도 주식회사법의 본래의 운영형태와는 다른 양상인 것이다. 벤
처기업이 주식회사 형태를 채택함으로써 발생하는 법규정과 회사운영 현실의 괴리가 많이 있음에
도 불구하고, 벤처기업육성에관한특별조치법에서 상법상 주식회사의 최저자본금 5,000만 원을 벤
처기업인 주식회사의 경우에는 500만 원으로 할 수 있도록 하는 자본금 규모에 대한 특례[65]와 각
종 세제상의 감면혜택을 부여할 수 있는 조세에 대한 특례[66]를 규정하고 있을 뿐이다. 또한 회사
의 인력공급의 원활화를 위한 취지에서 벤처기업의 주식매수선택권에 대하여 벤처기업육성에관한
특별조치법에서 별도의 규정을 두고 있다.[67] 벤처기업에 대하여 이러한 특례를 규정하고 있기 때
문에 벤처기업의 해당 여부에 대한 확인이 필요하게 되고, 벤처기업이 더 이상 벤처기업에 해당하
지 않게 되는 경우에 기존의 특례를 지속하게 하는 규정까지 필요하게 된다.[68]

이러한 복잡한 특례규정은 벤처기업의 회사형태는 주식회사라고 하는 전제하에서 상법상 주식
회사에 관한 규정을 그대로 적용하기에는 벤처기업에 적합하지 규정이 있어서 벤처기업에 대한
예외를 규정하는 방식으로 문제를 해결하는 방법을 채택하고 있어서 발생한다. 근본적인 문제점
은 벤처기업이 물적회사의 대표적인 주식회사의 형태를 채택하고 있고 상법상 주식회사 규정은
회사의 규모나 단계, 사업위험의 차이 등을 고려하지 않고 주식회사 형태를 채택하는 모든 회사에

---

[64] 崔基元, 新會社法論, 博英社 (2000), 127면.
[65] 벤처기업육성에관한특별조치법 제10조의2 제1항.
[66] 벤처기업육성에관한특별조치법 제14조.
[67] 벤처기업육성에관한특별조치법 제16조의3.
[68] 벤처기업육성에관한특별조치법 제25조 (벤처기업의 해당 여부에 대한 확인), 제24조(벤처기업이었던 기업
    에 대한 주식발행등의 특례).

적용되는 엄격한 규정으로 되어 있다는 점에 있다. 이러한 문제점을 해결하기 위해서는 벤처기업이 벤처기업에 적합한 다른 회사형태를 이용하거나 회사형태가 아닌 조합 등의 다른 형태를 채택하는 등 기업형태의 선택을 달리하거나 상법상 주식회사 규정 중 벤처기업과 같은 소규모 신설회사에 적용하기 어렵거나 달리 적용하여야 할 필요가 있는 규정에 대해서는 일정한 기준[69]에 의하여 적용하지 않도록 하는 방법을 생각할 수 있다. 그러나 주식회사가 아닌 다른 회사형태 예컨대 유한회사의 활용[70]이나 조합의 경우에는 미국의 경우와 같이 주식회사를 선호하는 근본적인 이유를 간과한 것으로서 주식회사 형태가 갖는 장점을 활용할 수 없어서 회사규모의 확장 및 궁극적인 기업공개를 감안하면 적절하지 않다고 본다.[71] 따라서 주식회사 관련 법규정에 특례를 규정하는 방법이 보다 현실적인 방법이 될 수 있을 것으로 본다. 다른 대안으로는 상법상 주식회사 규정 중 회사의 규모에 따라 적용효과가 다를 것으로 예상되는 규정은 현재와 같은 강행규정이 아닌 임의규정으로 하거나 회사가 자율적으로 선택할 수 있도록 상법 규정에서 삭제하는 것도 생각할 수 있다. 주식을 기반으로 한 협회중개시장 등록 및 장외거래제도, 주식매수선택권제도 등 주식회사제도의 자본조달의 용이성 등으로 인하여 우리나라의 벤처기업도 미국과 같이 앞으로도 계속 주식회사 형태를 선택하여 사업을 하게 될 것으로 예상된다. 이 경우 미국에는 회사의 규모에 따라 내국세법상 규제를 달리하는 S회사(Corpration)[72]와 C 회사(Corpration)[73]가 있는 데 반하여, 우리

---

[69] 벤처기업과 같은 신설기업에만 상법상 주식회사 규정의 일부를 적용하지 않고자 하는 경우에는 회사 설립 후 수년이 경과되지 않은 회사를 기준으로 할 수도 있고 일반적으로 소규모회사에 적용상 예외를 인정하고자 하는 경우에는 회사의 규모를 기준으로 할 수도 있다.

[70] 산업자원부에서는 有限會社를 기술력 위주의 벤처기업이나 지식기반산업의 대표적인 기업조직으로 활성화하기 위한 방안으로서 有限會社의 사원수 제한을 50인 이하에서 300인 이하로 완화하고 有限會社에 대하여 이중과세를 방지하는 등 株式會社에 비해 세제상 혜택을 부여하는 방안을 추진하려고 하고 있으나(산업자원부, 산업기술드라이브 정책, 2000.7.11), 有限會社의 경우 주식매수선택권, 증권거래소 상장 또는 협회중개시장 등록을 고려할 때 有限會社에서 株式會社로의 조직변경이 용이하지 않으면 有限會社가 이용될 가능성은 낮다고 본다. 미국의 유한책임회사(LLC)는 조직변경 없이 주식매수선택권 부여나 증권거래소 상장 또는 나스닥상장이 가능하므로 우리나라의 有限會社의 요건완화, 세제지원만으로 미국의 유한책임회사와 같은 효과를 거둘 수 없으므로 미국의 유한책임회사제도에 대한 보다 면밀한 검토가 필요하다.

[71] 大杉謙一·樋原伸彦, ベンチャー 企業における 種類株式の 活用と法制, 商事法務 No. 1559 (2000.5), 28면에서 일본에서 벤처기업을 위한 조직형태로서 有限會社의 활용 및 새로운 조직형태의 창설은 적절하지 않고 株式會社法制度의 개선이 바람직한 방법이라는 견해를 제시하고 있다.

[72] 본장 주62 참조.

[73] 미국 내국세법 Subchapter C에 따라 과세되는 회사를 말한다. C회사는 회사의 이익에 대하여 법인세가 부과되며, 주주가 받는 이익배당에 대해서 소득세가 부과된다. 이러한 二重課稅를 피하고자 하는 회사는 S회사의 요건을 갖춘 경우에 S회사로 과세받는 것을 선택할 수 있다(Robert W. Hamilton, *The Law of Corporations* (1991), pp. 21-22, 453-454).

나라에는 이러한 규정이 없을 뿐만 아니라[74] 미국의 유한책임회사(LLC)[75]와 같은 주식회사와 조합의 중간형의 회사형태도 없어서 벤처기업이 회사형태 선택의 폭이 좁고 엄격한 규정을 준수하기 위한 기회비용이 크다. 벤처기업이 벤처기업 여부를 확인하려고 관련부처에 필요한 서류를 구비하여 제출하고 확인받는 시간을 사업의 성공을 위한 전략수립 등에 전념할 수 있도록 회사가 벤처기업인지 여부를 일정한 객관적 요건에 해당하면 선택할 수 있도록 규정하는 것이 현실적이 대안이 될 것으로 보인다. 법규정의 개정이 없는 상태에서 벤처기업가와 벤처캐피탈리스트는 현행법상 허용되는 범위 내에서 계약관계에 의하여 주식회사법의 적용상의 문제점을 해결할 수밖에 없다. 이 경우 미국의 閉鎖會社와 관련된 해석을 주식회사 형태의 벤처기업의 각종 계약관계를 해석하는 데 참고할 수 있을 것으로 보인다. 閉鎖會社는 주주들이 有限責任을 주장하기 어려운 경우가 발생하고,[76] 주식의 자유양도성이 제한되는 경우가 있으며,[77] 자금회수의 필요상 회사존속을 경우에 따라 종료하기를 원하는 경우가 있고,[78] 회사의 지배권이 경영진에게만 집중하는 것을 조정하고자 하는 경우가 있게 된다[79]는 특징이 있다.[80] 閉鎖會社는 조합과 유사한 이러한 특징을 갖고 있

---

[74] 미국의 경우 일단 벤처캐피탈리스트가 벤처기업에 투자하기 시작할 경우, 우선주식을 발행하게 되어 단일 종류의 주식을 발행하여야 한다는 S 회사로서의 요건과 주주가 개인이어야 한다는 요건을 충족시키지 못하여 더 이상 S회사로 선택하지 못하게 된다는 점에서 벤처캐피탈리스트의 투자 시 S회사의 선택문제는 중요한 사항이 아니게 된다.

[75] 본장 주 63 참조.

[76] 폐쇄회사가 금융기관으로부터 자금을 차입하는 경우에, 주주들이 회사차입금 반환채무에 대하여 보증하도록 금융기관이 요구하는 경우가 많다. 이러한 보증을 한 주주들은 회사차입금 반환채무에 대하여 무한책임을 지는 조합원과 유사한 지위에 있게 된다.

[77] 폐쇄회사의 주주들은 주주 간의 계약에 의하여 주식의 자유양도를 제한함으로써, 주주구성에 대한 통제권을 보유하는 경우가 많다. 주식양도를 통제하기 위하여 일반적으로 주주 간 계약에서 사용되는 방법은 優先買收權(right of first refusal)이다. 優先買收權이 규정된 경우에는 주식을 제3자에게 매도하고자 하는 자는 계약서에 정해진 기준 의하여 산정되는 가격으로 優先買收權者에게 주식의 賣渡請約을 하여야 하고, 賣渡請約을 받은 優先 買收權者가 그 주식의 매수를 거절하는 경우에 제3자에게 주식을 매도할 수 있다. 주식양도를 통제하기 위하여 주주 이외의 제3자에게 주식양도를 금지하는 규정을 두거나 회사 또는 다른 주주의 주식매수의무가 발생하는 요건을 규정하는 경우도 있다.

[78] 폐쇄회사의 주식은 현실적으로 양도가 어렵고 계약에 의하여 주주가 주식양도 제한을 받는 경우도 많기 때문에, 사망, 퇴직, 기타 사유의 발생 등으로 주주가 보유주식을 현금화하기를 원하는 경우에, 회사가 그 주주의 지분을 매수하도록 합의하는 경우가 많다. 회사에 주식을 매각하는 주주의 지분이 많을 경우에는 회사는 주식매수로 자금압박을 받게 되어 해산하거나 사업규모를 상당히 축소하게 될 수 있다. 이러한 점에서 회사의 주식매수의무에 관한 합의는 조합에서 조합원의 탈퇴와 유사하다. 그 결과 폐쇄회사에서도 주주가 조합원처럼 투자자금을 회수할 수 있게 된다.

[79] 폐쇄회사는 주주의 수가 얼마되지 않아 주주가 이사나 종업원으로 재직하는 경우가 많다. 이때 주주의 기능과 경영진으로서의 기능이 구별되지 않게 운영될 수 있다. 이러한 점에서 폐쇄회사의 주주는 자본공급과

으므로, 주식회사 형태의 벤처기업이 동업과 유사하게 운영될 때 생기는 문제해결에 閉鎖會社 法理를 참고할 수 있을 것으로 생각한다.

IV. 벤처캐피탈 契約에 의한 代理人費用의 輕減

1. 벤처캐피탈契約의 類型

벤처캐피탈契約은 계약에 따라 규정되는 요소가 상당히 다양하므로 일반적으로 논의되는 계약상 규정들이 모든 벤처캐피탈계약에 사용되는 것은 아니다. 따라서 실무에서 벤처캐피탈계약이 체결되는 형태를 이해하기 위해서는 계약의 유형을 분류하여 그 특징을 파악하는 것이 필요하다. Mark Suchman은 실증적인 분석을 통하여 미국의 벤처캐피탈契約(venture capital contracts)을 "6개의 群(6 distinctive neighborhoods)"으로 분류하였다[81].

첫째, "特異한 契約"(idiosyncratic contracts)은 다른 계약에서는 공통적으로 사용되고 있는 사항을 포함하고 있지 않거나 비표준적인 조건을 포함하는 계약형태로서, 예컨대, 普通株만으로 자금조달하거나[82] 주식소유권의 사적양도의 제한 등을 포함하는 계약을 말한다.

둘째, "脆弱한 契約"(weak contracts)은 투자자를 보호하기 위한 사항이 취약하게 규정된 단기적인 계약들이며, 투자자는 상대적으로 엄격한 누적적 이익배당으로 이익을 보장받지만 지분비율 희석방지(anti-dilution protection)와 우선매수권(first refusal right)은 포함하고 있지 않다. 통상 이러한 계약에는 벤처기업가에 의한 재량적인 주식환매규정(stock redemption provision)이 포함되어 있다. 이 경우 환매가액은 초기투자금액에 대한 일정이윤(premium)을 붙인 금액이지만 주식의 시장가격보다는 할인된 금액이며, 이러한 환매가액으로 주식을 상환할 수 있도록 규정한다.

경영을 구분하여 자본공급자에게는 주주로서의 지위를 인정하고 이사와 임원에게는 경영자로서 지위를 인정하는 회사법상의 원칙적인 구조를 수정하기를 원하는 경우가 많다. 특히 미국에서는 세금부담을 줄이기 위해 주주로서의 배당보다 이사나 종업원으로서의 보수형태로 회사의 투자수익을 분배받기를 원하는 경우가 많다고 한다. 폐쇄회사의 주주는 자신이 이사로서 선임되는 것을 보장하거나, 일정한 사안에 대하여 주주 또는 이사로서 거부권을 행사할 수 있도록 합의하는 경우가 있다. 이러한 합의는 회사법이 상정하는 회사의 지배구조를 주주 간의 합의로 수정한 것이 된다.

[80] Robert C. Clark, *Corporate Law*, Little, Brown and Company (1986), pp. 25-27.

[81] D. Gordon Smith, *supra* note 1, at 146-148. Mark Suchman은 California주와 관련이 있는 78개의 벤처캐피탈자금조달과 관련된 계약을 분석하여 6개의 군으로 계약유형을 분류하였다.

[82] 미국의 벤처캐피탈리스트는 자금공급의 대가로 전환우선주를 취득하는 것이 일반적이므로, 보통주만을 발행하여 벤처캐피탈리스트로부터 자금조달하는 경우는 이례적인 경우에 속한다.

셋째, "事前計劃된 契約"(pre-programmed contracts)으로서 이러한 계약은 합병할 수 있는 권한, 희석화 방지(anti-dilution) 권한, 주식환매 권한 등에 대한 사전일정, 중간목표(milestones), 비교기준(bench marks) 등을 규정하는 것을 선호하는 계약이다. 이러한 규정의 공통적인 목적은 회사가 성공할 경우에 벤처캐피탈리스트의 통제권을 약화시킬 수 있는 가능성을 사전에 제한하는 것이다.

넷째, "法規式 契約"(legalistic contracts)은 벤처캐피탈리스트와 기업가 간의 관계에 대해서 광범위하게 규정하기 때문에 법규처럼 자세하다. 회사가 성공하는 경우에 벤처캐피탈리스트의 이익을 보호하기 위하여 강제전환규정, 재량적인 주식환매규정, 복잡한 합병유발 사항(contingent merger) 등을 규정한다. 또한 회사가 경영이 잘 안 되는 경우에 대비하여 벤처캐피탈리스트의 이익을 보호하기 위하여 누적적 이익배당, 보증 및 진술(representations and warranties), 다수의 약정사항(covenants), 광범위한 희석화방지 등을 규정한다. 이러한 종류의 계약은 장기적 관점에서 양자의 관계를 포괄하기 때문에 추가 자금조달을 할 경우에 기존 투자자들이 우선매수권(first refusal right)을 보유한다.

다섯째, "閉鎖的 契約"(close contracts)은 벤처캐피탈리스트와 벤처기업가 간에 장기적 관계를 확립하기 위해서 퇴출(exit)을 어렵게 하는 것, 재량적 주식환매 제한, 보유지분을 공개매각을 위해 등록하는 것에 대한 엄격한 조건부과 등을 포함한다. 이러한 계약은 진입규제를 채택하는데, 엄격한 희석화방지(anti-dilution) 규정, 우선매수권(first refusal right)과 다수의 약정사항 (protective covenants)을 규정하고 있다.

여섯째, "柔軟한 契約"(flexible contracts)으로서 이 종류의 계약은 공통적인 사항(common terms)을 규정하고 있지 않다는 점에서 特異한 契約 및 脆弱한 契約과 유사하지만, 그러한 규정 결여가 관계설정의 유연성을 확보하기 위하여 의도적이라는 점에서 구별된다. 이러한 계약에서는 상당히 광범위한 규정들로서 다수의 진술(representations), 보증(warranties), 약정사항 (covenants), 재무보고(financial reporting) 의무, 등록권 등을 포함하므로, 이러한 점에서 당사자 등이 계약에 관련 의무사항을 상세히 규정하려고 하거나 할 수 있음에도 불구하고 상세한 사항을 규정하지 않았음을 암시한다.

Mark Suchman의 계약유형의 분석은 실무상 벤처캐피탈리스트와 벤처기업 간의 협상력의 차이에 의하여 다양한 유형의 계약이 체결될 수 있으며, 이 경우 관련 당사자의 권리보호의 수준에 차이가 나는 여러단계로 계약을 유형화할 수 있음을 보여준다.

우리나라의 경우도 다양한 형태의 계약이 이루어질 수 있으나, 표준적인 계약에서 사용되는 조항 중 계약서에 포함되지 않은 조항을 확인하고 그러한 조항이 규정되지 않음으로써 나타나는 효과는 Mark Suchman의 유형분류가 참고가 될 수 있을 것이다.

2. 契約에 의한 代理費用 輕減 관련 問題點

벤처기업에 대한 투자 시 벤처기업가나 벤처캐피탈리스트가 기회주의적으로 행동하는 것으로 인한 代理人費用 問題를 해결하기 위하여 미국에서는 일반적으로 株式買受契約書를 작성한다. 계약에 의하여 이러한 문제를 해결하려는 것은 회사법에 의한 규정만으로는 당사자 간의 이해관계를 충분히 조정하기 어렵기 때문이다. 그러나 株式買受契約書의 규정만으로 당사자의 권리 보호가 불충분한 경우에 이를 보완하는 방법이 필요하게 된다. 評判市場과 신디케이션에 의한 투자방법 등이 계약에 의한 권리보호의 한계를 보완하는 수단으로 사용된다. 이하에서 미국에서 논의되고 있는 評判市場과 신디케이션에 의한 대리비용 경감에 대해서 살펴본다.

(1) 情報化時代에 있어서 벤처캐피탈리스트의 評判[83]

벤처기업가의 이익을 보호하기 위한 사항을 계약서에 명시적으로 규정하는 것이 벤처기업가의 이익보호에 필요함에도 불구하고 일반적으로 계약서에 규정되는 사항은 벤처기업가의 이익을 보호하기에 충분하지 못한 경우가 많다. 이러한 현상에 대한 설명은 크게 두 가지로 구분할 수 있는데, 非合理性에 근거한 설명과 合理性에 근거한 설명으로 나누어진다. 첫째, 벤처기업가의 비합리적인 행동에 근거한 설명에 따르면 명시적인 계약조항이 벤처기업가의 이익을 보호하기에 필요한 사항을 충분히 규정하지 못하고 있는 이유는 벤처기업가의 賭博精神(Gambler's Mentality) 때문이라고 설명한다. 특히 벤처기업가가 벤처캐피탈리스트와 불균형적인 계약을 체결하는 것은 벤처기업가가 장래 사업전망에 대하여 비합리적으로 낙관적인 생각을 가지고 있기 때문이라고 한다. 이러한 설명은 벤처기업가는 기업가치 극대화를 위해서 합리적인 행동을 한다는 전제를 부인하는 입장이다.

이에 대하여 벤처캐피탈契約(venture capital contracts)의 합리적인 설명은 評判市場이 명시적인 계약조건을 넘어서 기업가를 보호한다는 이론이다.[84] 이러한 설명에서는 벤처캐피탈契約의 구조의 합리성을 이해하려면 評判市場이 계약의 이행에 미치는 영향을 이해하는 것이 매우 중요하다고 강조하게 된다. 일부의 벤처캐피탈리스트가 도박정신으로 인하여 자신의 권리보호에 필요한 사항을 계약서에 명시하지 않는 경우가 있을 수도 있으나, 모든 경우에 벤처기업가가 도박정신으로 일관하기 때문에 명시적인 권리확보를 하지 않는다고 설명하는 것은 지나친 견해로 보인다. 벤처기업가는 사업을 통하여 성공을 추구하는 기업가로서 기업이 성공하기 위해서는 경영진이 합리

---

[83] D. Gordon Smith, *supra* note 1, at 157-158, 174.

[84] *Id.* at 156.

적인 의사결정을 내릴 능력이 필수적인데, 사업성공 여부에 대한 판단능력이 결여된다고 평가되는 기업에 대해서는 경영진의 능력을 신뢰하기 어렵기 때문에 벤처캐피탈리스트가 투자를 거부하게 될 것이다. 이러한 점에서 명시적 계약조건이 불충분한 이유를 비합리적인 근거에서 설명하는 견해보다 합리적인 행동에 근거한 설명이 더 타당하다고 본다.

도덕적 해이와 역선택의 문제는 기업과 벤처캐피탈리스트와의 정보의 불균형으로 인하여 생긴다. 계약서에 당사자의 예상되는 행동을 모두 규정하는 것은 현실적으로 어렵기 때문에 명시적인 규정이 불충분한 경우가 발생하게 된다. 결국 당사자 간의 정보의 불균형을 해결하고 기회주의적으로 행동하는 것을 통제하기 위한 수단으로서 評判市場의 역할이 매우 중요하게 된다. 評判市場(market for reputation)이 효율적으로 기능을 하기 위해서는 벤처기업가에게 관련 정보를 신속히 그리고 정확히 제공하기 위한 체계가 필요한바, 인터넷은 評判市場을 효율적으로 만들기 위한 가능성을 지닌다.[85]

인터넷은 벤처캐피탈리스트의 評判市場의 효율성을 개선하는 데 있어서 다음과 같은 두 가지 기능을 한다. 첫째, 평판에 대한 정보를 집중화하는 데 이바지하고, 둘째, 정보를 전달하는 비용을 낮추므로 정보의 전달범위를 확대한다. 評判市場의 발달이 미비한 우리나라에서는 벤처캐피탈리스트의 실적 및 평판에 관한 자료를 공개하고 효율적으로 전달할 수 있는 인터넷을 이용한 정보공개 체제를 구축하고 벤처캐피탈리스트가 이러한 인터넷상에 부정확하거나 부실한 공시를 하지 않도록 통제하는 방안의 마련이 시급하다.

(2) 신디케이션 方式

투자대상의 선정에 있어서 신디케이션 方式[86]은 투자대상을 보다 선택을 잘 할 수 있게 한다.[87] 최초단계의 투자(first-round venture investment)에서 신디케이션 방식에 의할 경우 투자대상회사에 투자 여부에 대하여 보다 나은 의사결정을 할 수 있게 하는 장점이 있다고 한다. 이러한 설명의 근거로서 垂直的 構造(hierarchies)와 多頭構造(polyarchies)를 비교하면서, 투자가 일인

---

[85] 평판이 좋은 벤처캐피탈리스트의 지원을 받는 회사는 주식의 공개매각시 다른 회사보다 높은 가격을 받는다는 실증적 연구결과가 있다(Christopher B. Barry et al., *The Role of Venture Capital in the Creation of Public Companies: Evidence from the Going Public Process*, 27 J. Fin. Econ. 447, 464 (1994)).

[86] 신디케이션방식은 벤처캐피탈리스트가 특정 투자대상기업에 대한 투자 여부를 결정함에 있어서 그 투자대상기업에 공동으로 투자하고자 다른 벤처캐피탈리스트들이 있는 경우에만 투자하는 방식을 말한다.

[87] Joshua Lerner, *The Syndication of Venture Capital Investments*, 23 Financial Management 17 (1994).

의 의사결정에 의하여 이루어지는 조직인 多頭構造보다는 몇몇 독립적인 관찰자들의 의견이 일치하는 경우에만 투자하게 되어 있는 垂直的 構造의 조직이 보다 우월함을 제시하기도 한다.[88] 신디케이션방식에 의할 때, 대표 벤처캐피탈리스트(lead venture capitalist)의 투자의사 결정 시 다른 벤처캐피탈리스트들도 성공가능성이 있는 기업에 투자하려고 하는지 여부는 중요한 고려요소이다. 벤처캐피탈리스트가 다른 벤처캐피탈리스트와 신디케이션 방식에 의하여 최초단계의 투자를 할 경우 투자대상에 대한 정보의 불확실성을 해결하는 도구가 될 수 있다. 다른 벤처캐피탈리스트도 기꺼이 투자대상 회사에 투자하려고 한다는 사실은 대표 벤처캐피탈리스트(lead venture capitalist)가 투자를 결정하는 데 영향을 미치게 된다. 이러한 목적에서 최초단계의 투자 시에는 주로 경험있는 벤처캐피탈리스트가 비슷한 수준의 경험있는 벤처캐피탈리스트와 신디케이트하는 형태를 취한다.[89] 최초단계의 투자의사 결정에 다른 벤처캐피탈리스트로부터 의견을 수렴하려는 것이 신디케이션 상대방을 선택하는 중요한 동기가 되므로 의사결정에 도움을 줄 수 있는 경험있는 벤처캐피탈리스트를 상대방으로 선택하게 되는 것이다.

3. 美國法院의 傾向

일반적으로 미국에서는 벤처캐피탈리스트와 벤처기업 간의 소송은 현실적인 이유에서 거의 있을 수 없다고 보아 왔다. 그 이유는 벤처기업가는 까다롭다는 평판을 얻게 되어 벤처캐피탈리스트로부터 자금조달을 받을 수 없게 될 것을 우려하여 벤처캐피탈리스트를 상대로 소송을 제기하는 것을 주저하게 되고 벤처캐피탈리스트도 권한을 남용한다는 평판을 얻음으로써 자금지원을 얻게 될 고객인 벤처기업을 상실하게 될 것을 우려하기 때문이다. 소송이 제기된 사건에 대해서도 법원은 일반적으로 벤처캐피탈리스트와 기업가의 분쟁을 전적으로 계약상의 문제로 보고 있다.[90] 따라서 이러한 판례의 입장에 따르면 벤처캐피탈리스트는 벤처기업가에게 어떠한 특수한 충실의무를 부담하는 것이 아니라고 보게 된다. 다음에서 살펴보는 최근의 델라웨어 주의 두 개의 판결도 이러한 전통적인 입장을 따르고 있다.

---

[88] R.K. Sah and J.E. Stiglitz, *The Architecture of Economic Systems: Hierarchies and Polyarchies*, American Economic Review, 1986, September, pp.716–727(Joshua Lerner, *supra* note 88, at 17, 재인용).

[89] Joshua Lerner, *supra* note 87, at 17.

[90] D. Gordon Smith, *supra* note 1, at 153.

(1) 벤처캐피탈리스트의 벤처기업가에 대한 忠實義務를 否認한 判例

(가) 벤처캐피탈리스트에게 유리하게 한 判決

Orban v. Field [91] 사건: 이 판례는 Office Mart Holding Corp.의 설립자인 Orban이 회사의 경영권을 취득하게 된 벤처캐피탈리스트들을 상대로 소송을 제기한 사건에 대한 것이다. 이 사건에서 분쟁의 대상은 Office Mart와 Staples, Inc. 간의 주식 대주식 합병이었다. 합병계약의 조건에 따르면 Staples가 합병을 지분법(pooling of interests)으로 회계처리 할 수 있기 위해서는 Office Mart 각 종류(class)의 주주가 의결권의 90% 이상의 찬성으로 합병을 승인하는 것이 요구되었다. Office Mart의 보통주주 중 최대주주인 Orban은 보통주주가 합병에 대하여 한 푼도 지급받지 못하기 때문에 합병에 반대하였다. 청산우선순위에 의하여 우선주주가 전체 매입가격을 모두 차지하기 때문이었다. 우선주주들은 보통주식과 주식매수권증서(warrants)를 합하여 90% 이상 의결권을 행사할 수 있는 지분을 보유하고 있었다. 회사는 우선주주의 주식매수권 행사를 용이하게 하기 위하여 수권주식수를 늘리기 위한 정관의 개정과 주식매수권증서(warrants)를 행사하기 위한 자금을 공급하기 위해서 우선주식의 불비례적(non-pro-rata) 상환을 하였다. 이러한 조치의 결과로 Orban의 보통주식 지분율이 희석되어 10% 미만으로 줄어들어 모든 종류(class)의 주주의 합병승인을 받았다. Orban은 Office Mart의 이사들이 우선주주들의 주식매수권 행사를 용이하게 함으로써 Office Mart의 보통주주에 대한 충실의무(fiduciary duty)를 위반하였다고 주장하였다. 이러한 주장에 대하여 법원은 보통주주의 권리가 침해되기는 하였어도, 이사들은 우선주주의 계약상 권리를 존중함으로써 충실의무를 위반하지는 않았다고 판시하였다. 법원은 동 합병거래는 그 상황하에서는 최선의 거래로서 합리성을 지닌 것으로 보이며, 동 거래를 저지하기 위한 원고의 시도는 당해 상황에서는 적법한 수단에 의하여 좌절되었다고 하였다.

(나) 벤처기업가에 유리하게 한 判決

Equity-Linked Investors, L.P. v. Adams [92] 사건: 이 판례에서 Chancellor Allen은 벤처캐피탈리스트가 기업가를 상대로 충실의무위반이라고 제기한 사건에서 이를 부인하였다. Genta Incorporated는 몇 가지 유망한 기술을 보유한 생물공학 제약(bio-pharmaceutical) 회사였는데 이익을 내지 못하고 있었다. 회사는 운영자금이 소진되어 가자 새로운 자금원을 찾으려고 하였다. 이때 우선주식을 보유한 벤처캐피탈리스트는 회사의 청산을 원했지만, 보통주식을 보유하던 기업

---

[91] Orban v. Field, No. CIV.A.12820, 1997 WL 153831(Del. Ch. Apr. 1, 1997).

[92] Equity-Linked Investors, L.P. v. Adams, No. CIV.A. 15513, 1997 WL 225708 (Del. Ch. Apr. 25, 1997).

가는 향후 이익이 발생할 것을 기대하면서 사업을 계속하기를 원했다. 우선주식 조건에 청산을 강제할 권한이 규정되지 않았기 때문에, 우선주주들은 이사들이 추가 자금조달을 추진함으로써 충실의무를 위반하였다고 주장하였으나, 법원은 이를 받아들이지 않았다. 법원은 우선주주에게 부여되는 특별한 보호는 본질상 계약에 의한 것이므로, 일반적으로 보통주주와 우선주주의 이익이 충돌하는 경우에 보통주주의 이익을 우선주주의 이익보다 선호하는 것은 이사회의 재량에 의한 판단사항이라고 하였다.

상기 두 판례에서 법원은 벤처캐피탈리스트와 벤처기업가 사이의 계약관계를 존중하여 당사자 간에 합의된 협상내용을 강제하려는 경향을 보여 주고 있다. 상기 판례들은 델라웨어주 판례이지만 미국의 회사법의 해석 및 적용에 델라웨어주 판례가 다른 주에서도 많이 참고가 되고 있는 만큼 상기 판례를 통하여 벤처캐피탈리스트와 벤처기업가 간의 관계에 대한 미국 법원의 경향을 볼 수 있다.

(2) 투자관련 契約條項의 解釋과 關聯된 判例

벤처기업의 자금사정 악화로 인한 추가자금 조달과 관련하여 계약조항의 해석과 관련된 각주의 하급심 판례는 추가자금 지원과 관련한 당사자의 이해관계 대립 시 적용 가능한 법원리를 모색하는 데 참고할 수 있을 것이다.

Macksey v. Egan [93] 사건은 자금사정 악화로 추가자금을 벤처캐피탈리스트로부터 지원받는 투자계약과 관련하여 투자계약 조항상 자금지원에 최선의 노력을 한다고 하는 조항(best efforts clause)의 해석문제를 다루었다.

[事實關係]

원고인 Macksey는 Extravision 회사의 초기 투자자 중에 일원인데, 동회사는 초기에 어느 정도 성공을 거두었지만 은행차입금에 대한 이자지급 채무도 불이행하게 될 정도로 자금사정이 악화되었다. 추가자금이 필요하게 된 동 회사는 벤처캐피탈리스트인 피고 Egan과 Burr로부터 자금지원을 받기로 하고 피고인 투자자들과 회사 및 창업자 간에 투자자계약(Investors Agreement)을 체결하였다. 동 계약에서 자금지원의 방법으로 회사가 은행으로부터 추가로 차입하는 690,000 달러에 대하여 피고가 현금으로 담보를 제공하고 피고는 회사가 공개매수의 방법으로 회사주식의

---

[93] Macksey v. Egan, 633 N.E. 2d 408 (Mass. App. Ct. 1994).

60%를 취득하는 데 소요되는 자금을 은행으로부터 차입하는 것에 대한 담보를 제공하기로 하였다. 회사는 공개매수로 취득한 주식을 피고에게 양도하기로 하였다. 동계약서에는 "각 투자자는 회사가 공개매수를 수행하도록 하기 위하여 최선의 노력을 다한다"는 조항이 규정되어 있었다. 동 계약에 따라 690,000달러의 차입과 피고의 담보제공이 이루어졌으며, 원고는 회사의 공개매수제의에 응하였으나 대금이 지급되기 전에 회사가 자본잠식 상태에 있는 것이 밝혀져 델라웨어주법에 따라 공개매수에 의한 주식취득이 불법이 되어 회사의 주식취득이 불가능하여졌다. 원고는 피고를 상대로 투자자계약상의 계획에 따라 주식을 매수할 것을 청구하면서 피고는 계약상 의무를 이행하기 위한 최선의 노력을 다하여야 하는 조항에 따라 회사에 대하여 공개매수를 완료하기 위하여 필요한 자금을 공급하여야 한다고 주장하였다. 이에 대하여 피고는 계약서 내용에 따라 회사가 공개매수를 할 수 있도록 최선의 노력을 다하여야 하지만 동 의무는 공개매수를 위한 모든 노력을 다하였으나 공개매수가 법률상 허용되지 않기 때문에 진행할 수 없는 경우에는 최선의 노력을 다하지 못한 의무위반이 아니라는 점과 원고는 투자자계약의 당사자가 아니고 附隨的 受益者(incidental beneficiary)에 불과하므로 소를 제기할 당사자적격이 없다는 점을 항변으로 주장하였다.

[判決要旨]

이 사건에서 법원은 피고는 공개매수를 위한 절차적인 노력을 이행하였으며, 공개매수절차가 위법하여 수행할 수 없는 경우에 회사를 구제하기 위한 추가적인 자금지원 의무는 없다고 판시하였다. 또한 계약은 회사와 피고가 당사자이고 원고는 附隨的 受益者에 불과하다고 하였다.

Capital Investments, Inc. v. Whitehall Packing Company, Inc.[94] 사건에서 벤처캐피탈리스트와 벤처기업 간에 투자와 관련된 계약에서 계약조항 상호 간에 불일치로 인하여 계약내용이 불명확한 경우에 해석방법의 문제를 다루었다.

[事實關係]

사업시설의 취득을 위하여 자금이 필요하게 된 Whitehall Packing Company, Inc.(이하 "Whitehall"이라 약칭함)은 Capital Investment, Inc.(이하 "Capital"이라 약칭함)으로부터 자금을 차입하면서 Capital이 초안을 작성한 계약조건에 따라 5명의 이사 중 2명을 Capital이 지명한 자를 선임하기로 하는 조건에 대하여 이사회의 승인을 얻어 "제1담보부채권 및 보통주식매수권증

---

[94] Capital Investments, Inc. v. Whitehall Packing Company, Inc., 280 N.W. 2d 254(Wis. 1979).

서에 관한 계약"(Agreement Respecting First Mortgage Notes and Warrants for the Purchase of Common Stock)이라는 명칭의 자금조달계약을 1972. 11. 16. 체결하였다. 동 계약의 자금지원 조건은 Whitehall이 Capital과 3개의 투자회사로부터 100만 달러를 차입하고, 차입의 대가로서 Whitehall은 만기 1985. 12. 12., 연리 11%의 擔保附債券(mortgage note)과 액면가 100달러인 회사의 보통주 436주에 대한 주식매수권증서(stock purchase warrants)를 발행하기로 하였다. 동계약에서 Capital은 50만 달러에 해당하는 담보부채권과 242주의 보통주에 대한 주식매수권증서를 받도록 명시하고 있었다. 1975. 3. 31. Whitehall은 차입금을 상환하여 담보부채권은 소멸되었으며, 1976. 3. 6. Capital은 보유하고 있던 주식매수권 전부를 행사하여 242주의 보통주를 매입하였다. 1976. 6.에 개최된 이사회와 주주총회에서 Capital측 대표는 이사로 재선임되지 못하였다. Capital은 이사선임조항에 관한 계약위반으로 Whitehall을 상대로 특정이행명령을 신청하였다. 원고는 동 계약 제5조 및 제5.1항은 2명의 이사를 Capital이 선임하도록 하는 의무가 "주식매수권을 행사하여 매수한 주식을 주식매수자가 보유하는 동안" 유효하므로 피고가 동 조항을 위반하였다고 주장한 반면, 피고는 동계약 제14조는 "본 계약상의 모든 약정, 합의, 진술 및 보증은 채권 또는 주식매수권 증서가 발행되어 있는 동안에 한하여 각 당사자를 구속하고 당사자에게 효력이 있다"고 규정되어 있으므로 이사선임조항의 구속력도 제14조에 따라 종료되었다고 항변하였다.

[判決要旨]

이 사건에서 법원은 본 계약서에는 계약종료에 대하여 불명확하게 규정하고 있으며, 이러한 불명확한 조항에 대해서는 법원은 계약에 내재하는 계약내용을 명확히 하기 위하여 당사자의 의도를 고려하여야 하며 불명확한 점은 계약서안을 작성하지 않은 당사자에 유리하게 해석하여야 한다고 판시하였다. 법원은 Capital이 계약서안을 작성하였고 본 계약의 목적은 일시적인 자금부족 기간 동안 회사에 대한 자금지원을 하는 것이므로, 계약서 규정은 Capital의 회사에 대한 투자를 보호하기 위한 것이어서 투자자금이 상환되면 Capital의 회사에 대한 지배권의 목적도 상실되는 것으로 보았다. 법원은 폐쇄적인 회사가 계약상의 의무를 이행한 후에도 영구적으로 회사의 지배권을 포기하도록 합의할 가능성은 희박하다고 하였다. 원고가 일반규정에 대하여 특별규정이 우선한다고 주장한 것에 대하여[95] 법원은 본 사건에서 특별규정우선의 원칙을 적용하게 되면 당사자의 의도에 반하는 해석을 지지하게 되고 공서약속에 반하는 불합리한 결과를 조장하게 될 것이므로 특별규정우선의 원칙은 적용이 없다고 하였다.

---

[95] 원고는 제5.1항이 이사선임에 관하여 특별히 규정하고 있고 제14조는 단지 계약종료에 관한 일반규정이므로 제5.1항의 규정이 우선하여야 한다고 주장하였다.

V. 株式買受契約書(Stock Purchase Agreement)의 主要項目

벤처캐피탈리스트와 벤처기업 간의 관계는 주로 株式買受契約書에 의하여 규정된다. 미국의 경우 대리인비용과 불확실성의 문제를 해결하기 위하여 당사자 간의 이해관계가 대립될 수 있는 사항에 대하여 株式買受契約書에 상세히 규정하지만, 우리나라의 경우에는 株式買受契約書에 매수대상 주식수 및 매수금액과 벤처기업의 보고사항은 규정하지만 미국처럼 상세히 이해대립 가능성이 있는 사항을 규정하고 있지 않다.[96] 미국의 경우 株式買受契約을 체결하기 전에 중요한 계약사항에 대하여 당사자 간에 협의하고 이를 확인하는 수단으로서 契約條件記載書(term sheet)를 통상 사용한다. 契約條件記載書에는 앞으로 체결할 株式買受契約書에 기재할 사항과 중요한 투자조건을 기재하는 것이 일반적이다. 미국에서 株式買受契約書나 契約條件記載書에 주로 사용하는 조항을 먼저 검토한 후 이러한 조항을 우리나라에서 사용할 경우에 법적인 문제점을 살펴보고자 한다.

1. 稀釋防止(Antidilution) 條項

(1) 미국의 경우

(가) 稀釋化의 問題點

미국의 경우 벤처기업의 자금조달과 관련하여 희석화(Dilution)가 문제되는 것은 두 가지 경우이다.

첫째, 연방 및 주의 증권시장 규제자는 희석화가 공시되도록 하는 데 관심이 있는데, 이와 관련된 규제는 대차대조표 기준(balance-sheet test)인 주당 순장부가치(net book value per share)에 초점을 맞추고 있다. 사모설명서나 사업설명서(prospectus)에는 반드시 발행되는 주식이 자금조달 절차를 종료한 후에 가치에 변화가 있는지를 반드시 기재하도록 하고 있다. 예컨대, 투자자가 주당 10달러를 납입한 경우, 절차종료 직후의 순장부가치가 주당 $5로 되는 경우에는 50%의 희석화가 일어나게 된다.[97]

둘째, 신주인수권(warrant), 주식매수선택권(option), 전환우선주(convertible preferred) 등 파생증권(derivative securities)을 발행한 경우에 가치 희석화의 방지가 필요하게 된다. 이러한 필요는 기준이 되는 보통주의 가치가 하락하는 현상이 일어날 경우에 상기 증권을 보유한 자가 원

---

[96] 일본에서는 벤처캐피탈리스트가 벤처기업에 투자할 때 투자계약이 체결되지 않고 있다. 그 이유는 일본에서는 벤처캐피탈간에 경쟁이 심하여 벤처캐피탈리스트가 투자계약 체결을 제안할 경우 벤처기업가는 투자계약을 요구하지 않는 다른 벤처캐피탈을 선택하기 때문이라고 한다(大杉謙一・樋原伸彦, 전게논문, 24 면).

[97] Joseph W. Bartlett, *supra* note 15, at 90-91.

래의 상태와 같이 자신의 권리의 가치를 유지하게 하기 위한 것이다. 자금조달과 관련하여 이러한 의미에서 희석화가 일어날 수 있는 경우는 자본의 재구성(recapitalization)에 해당하는 주식배당, 주식분할, 주식병합 등이 있는 경우와 후기 자금조달 단계(later round of financing)에서 초기 자금조달 단계(earlier round of rounds)보다 낮은 가격으로 자금조달하는 경우가 있다. 후자의 예는 초기 자금단계에서 전환우선주를 주당 1달러에 전환할 수 있도록 발행하였으나, 나중에 자금이 더 필요한 경우에 후기 자금조달 단계에서 주당 0.75달러로 보통주를 발행하는 경우에 전환우선주 보유자에게 일어나는 희석화이다.[98]

(나) 稀釋化에 대한 防止 條項[99]

株式買受契約書에서 稀釋化 防止條項의 대상은 주로 후기 자금조달 단계에서 초기 자금조달 단계보다 저가로 자금조달을 함으로써 주식가치의 희석화가 일어나는 경우이다. 이러한 목적에서 이용되는 희석화를 방지하는 조항의 규정방법으로는 全額調整方式(Full Ratchet)과 加重平均方式(Weighted Average)의 두 가지가 있다. 全額調整方式 規定은 단 한 주라도 전환가격보다 저가에 발행되거나 주식을 살 수 있는 권리의 단 하나라도 전환가격보다 저가에 발행되면 현존하는 우선주의 전환가격은 자동적으로 그러한 저가로 변경되는 것을 말한다. 이러한 규정은 저가 발행되는 주식의 물량이 전체 발행된 주식에서 차지하는 비중을 고려하지 않고 단 한 주라도 저가 발행되면 기존 우선주의 전환가격 전체를 저가로 변경한다는 점에서 창업자의 지분이 지나치게 줄어들 수 있는 문제점이 있다. 좀 더 완화된 형태의 희석화 방지조항은 加重平均方式에 의한 규정이다. 이러한 규정의 핵심은 전환가격의 조정은 저가발행 사실뿐 아니라 저가발행으로 조달된 자금의 양까지도 고려해서 결정된다는 점이다. 加重平均方式에 의할 경우 저가로 발행된 주식이 소량일 경우에는 전환가격이 조금 하향조정되지만 저가로 발행된 주식이 다량일 경우에는 전환가격은 희석화의 정도에 상응하도록 많이 하향조정된다. 加重平均方式에 의한 전환가액조정 공식은 일반적으로 다음과 같이 표현된다.

$$(A + C) \div (A + D) \times 구전환가격 = 신전환가격$$

A = 저가 거래가 있기 전 발행주식 총수

C = 구전환가격의 적용 시 발행되었을 주식의 수[100]

D = 저가로 발행된 주식의 수

---

[98] Joseph W. Bartlett, *supra* note 15, at 91.

[99] *Id.* at 92-93.

[100] 저가발행한 주식의 대가로 수령한 금액전부를 구전환가격으로 나누어 산정한 주식수로서, 주식이 저가로 발행되지 않고 구전환가격으로 발행되었다고 가정하였을 경우 주식발행으로 수령한 금액에 대해서 발행가능한 주식수를 말한다.

全額調整方式과 加重平均方式의 가장 중요한 차이점은 全額調整方式은 전환가격의 조정이 저가 발행 주식수의 영향력을 고려하지 않고 저가발행이 발생하면 전환주식보유자의 모든 주식의 전환 가격을 저가로 변경하는 강력한 방법이지만, 加重平均方式은 저가발행된 주식의 양을 고려하여 저가 발행된 주식의 양에 상응하는 정도의 전환가격의 조정을 하게 되는 것이다.[101]

全額調整方式은 벤처기업가에게 보다 불리한 조항이고 加重平均方式이 벤처기업가의 입장에서 는 상대적으로 유리한 조항이므로, 투자조건에 관한 협상력에 따라 양자 중 하나가 선택되게 된다.

(2) 우리나라의 경우

우리나라의 경우 벤처캐피탈리스트와 벤처기업 간의 株式引受契約書에서 통상 稀釋化 防止條項 및 구체적인 방지방식을 규정하지 않고, 주식의 수량변경과 관련하여 벤처기업이 벤처캐피탈리스 트와 사전협의를 하여야 할 사항 정도로 규정하는 것이 대부분이다. 현재의 우리나라 실무관행에 의할 경우 벤처기업이 벤처캐피탈리스트로부터 자금을 공급받은 후 벤처기업은 증자 등 벤처캐피 탈리스트의 주식가치를 희석화하는 행위에 대하여 법적으로 사전협의 의무 이외에 거의 제한을 받지 않는다. 우리나라는 미국과 달리 벤처캐피탈리스트의 투자에 대한 대가로 통상 전환우선주 를 받는 것이 아니라 보통주식을 받고 있기 때문에, 보통주식의 증가나 저가발행 시 희석화의 문 제는 일어날 수 있으나 전환가격보다 저가의 주식발행으로 인한 전환가격의 조정의 문제는 아직 까지 일어나지 않고 있다. 그러나 지배권 조정에 관한 당사자 간의 이해조정에 대한 인식이 제고 되고 전환주식의 사용이 활성화되는 경우에는 전환가격 조정에 관한 희석화 방지조항이 필요하게 될 것이며 그 경우 전환가격 조정에 관한 당사자 간의 합의의 유효성이 문제될 것이다.

商法上 轉換株式을 발행하기 위해서는 정관에 전환주식의 전환조건 및 전환으로 인하여 발행할 주식의 수와 내용을 기재하여야 한다.[102] 이러한 상법규정과 관련하여 전환조건 및 전환으로 인하 여 발행할 주식의 수를 주식가치 희석을 방지하기 위하여 당사자 간의 합의된 공식으로 변경하기

---

[101] 全額調整方式과 加重平均方式을 적용한 결과의 차이를 예를 들면 다음과 같다. 벤처기업의 발행주식 총수 가 보통주10000주이고 벤처캐피탈리스트가 전환주식 10000주를 전환가격 1000원에 보유하고 있는 경우 에, 벤처기업이 보통주 1000주를 추가로 발행하면서 발행가격을 500원으로 전환가격보다 저가로 발행한 사례를 상정하면, 전액조정방식에 의하면 신전환가격은 500으로 되어 전환주식으로 받게 될 보통주식의 수는 2배로 늘어나게 된다. 이 경우 가중평균방식을 적용할 경우에 신전환가격은 950원 [= (10000+500) ÷ (10000+1000) × 1000]이 된다. 동일한 사례에 전액조정방식의 경우 신전환가격(500원)과 가중평균방 식의 경우 신전환가격(950원)이 450원의 차이가 있게 된다.

[102] 상법 제346조 제1항. 또한 전환주식 발행사항은 정관에 기재하여야 할 뿐 아니라, 전환주식을 발행하려면 전환의 조건 및 전환으로 인하여 발행할 주식의 내용은 주식청약서 또는 신주인수권증서와 주권에 기재하 고, 설립등기시에 이를 등기하여 공시하여야 한다(상법 제347조, 제356조 8호, 제317조 제2항 7호).

로 하는 계약이 유효한지 여부와 정관에 희석방지를 위하여 전환조건 및 전환으로 인하여 발행할 주식의 수가 일정한 사유의 발생 시 자동적으로 조정되는 것으로 규정한 경우 그 정관조항의 유효성 여부에 대한 검토가 필요하게 된다.

먼저 전환조건 및 전환으로 인하여 발행할 주식의 수가 희석화 방지조항에 따라 변경될 수 있도록 하는 주식매수계약서의 희석화 방지합의는 주식가치의 희석화를 방지하기 위한 당사자 간의 합의로서 유효하다고 생각한다. 전환주식의 발행 후 주식분할 또는 주식병합이 이루어지면 전환가치의 보전을 위하여 전환조건 및 전환으로 인하여 발행할 주식의 수의 조정이 필요한 것과 같이 이러한 합의는 허용된다고 보아야 한다. 그러나 주식매수계약서는 거래 당사자 간에 채권적 효력만을 갖기 때문에, 회사에 대한 효력을 갖기 위해서는 상법상 전환주식에 대한 요건은 별도로 갖추어야 한다.

다음으로 상법상 전환주식 발행의 요건을 갖추기 위하여 희석화 방지조항을 전환조건 및 전환으로 인하여 발행한 주식의 내용으로서 정관, 주식청약서 또는 신주인수권증서, 주권 등에 기재한 경우에 그 기재의 유효성이 문제된다. 이러한 기재를 하는 경우에는 전환조건이 희석화 방지사유가 발생되는지 여부에 따른 조건부로 기재되는 것과 유사하게 되어 전환조건이 주식발행 시에 확정적이지 못하고 희석방지 사유가 발생하였는지는 전환권을 행사할 때 확인하여야 하는 문제가 발생한다. 이러한 희석화 방지조항에 따른 전환조건 기재가 허용되지 않는다고 해석하는 경우에는 희석화 방지조항에 따른 권리를 행사하기 위해서는 희석화 방지조항에 따른 전환조건으로 변경하기 위하여 정관에 규정된 현재의 전환조건 및 전환으로 인하여 발행할 주식의 수를 변경하기 위한 정관변경을 하여야 하며 주권과 주식청약서 또는 신주인수권증서의 기재사항의 변경이 필요하게 된다. 결국 희석화 방지조항의 정관기재의 유효성을 인정하지 않는 경우에 희석화 방지조항의 행사가 매우 복잡하게 된다. 이러한 문제를 간명하게 해결하기 위해서는 희석화 방지조항에 따른 전환조건의 변경내용을 정관, 주권, 주식청약서 또는 신주인수권증서에 기재한 경우에는 유효한 전환조건의 기재로 보고 전환으로 인하여 발행될 주식의 수도 이러한 조건에 따라 변경된다고 보는 것이 필요하다.

2. 支配構造에 관한 條項

(1) 미국의 경우

(가) 理事選任 條項
契約條件記載書(term sheet)에 관하여 협상할 때, 이사선임이 중요한 지배권 관련 사항이 된다.

契約條件記載書에 벤처캐피탈리스트가 선임하는 이사가 전체 이사수의 과반수를 차지하지 못하는 경우에도, 경영성과가 일정한 기준에 미치지 못하는 경우 또는 경영진의 보수를 결정하는 경우와 같이 일정한 사유가 발생하면 지배권이 이전되도록 규정할 수 있는데 이를 支配權의 變更(control flip) 條項이라고 한다. 이러한 규정이 있을 경우 支配權變更은 정해진 기준(benchmarks)이 충족되지 않거나 株式買受契約의 계약사항을 위반한 경우 등에 일어난다.[103]

(나) 種類投票(Class Voting)

種類投票는 주식의 의결권을 주식의 종류별로 구분하여 이사선임 결의 시 각 종류의 주주가 각각 일정수의 이사를 선임할 수 있도록 하는 것을 말한다. 예컨대, 종류A 주식을 보유하는 주주가 3인의 이사를 선임하고 종류B 주식을 보유하는 주주는 2인의 이사를 선임할 수 있도록 하는 것과 같은 제도가 종류투표제도이며, 미국의 각 주의 회사법에서는 이러한 종류투표제도가 당연히 인정되고 있다.[104] 종류투표제는 주주의 수가 적고 주식의 유통이 이루어지기 어려운 폐쇄회사에 주로 활용되고 있다. 종류투표제는 벤처기업가와 벤처캐피탈리스트가 각각 이사를 선임할 수 있도록 하고자 하는 경우에 사용된다.[105] 종류투표제가 가능하기 위해서는 이사선임권이 다른 종류주식의 발행이 가능하여야 한다. 미국의 경우 벤처기업이 자금조달 방법으로 종류주식의 발행뿐 아니라 동일 종류주식 내에서의 여러 조(Series)로 나누어 주식을 발행하는 시리즈발행의 방법 등 다양한 주식발행 방법을 사용하는 것이 허용된다.

(2) 우리나라의 경우

(가) 支配權變更 條項

우리나라에서 株式買受契約書나 株主間契約書에 支配權變更에 관한 조항이 규정되었을 경우 그 법적효력 여부가 문제되나, 이러한 합의사항은 주주 간 계약으로서 계약당사자인 주주 간에는 유효한 것으로 볼 수 있을 것이다.

支配權變更 條項의 회사에 대한 효력과 관련하여 상법상 支配權變更 條項의 효력을 검토하려면, 미국에서는 벤처기업의 자금조달 시 의결권이 있는 전환우선주를 발행하는데 우리나라의 경우에도 의결권 있는 전환우선주의 발행이 가능한지와 의결권 있는 전환우선주의 의결권을 전환이 되

[103] Joseph W. Bartlett, *supra* note 15, at 94-95.
[104] 델라웨어 일반회사법 제151조, 모범사업회사법 6.01조 및 6.02조, 8.04조, 캘리포니아주 회사법 194.5조, 뉴욕주 사업회사법 703조.
[105] 大杉謙一·樋原伸彦, 전게논문, 17면.

었을 경우 발행할 보통주의 의결권 수를 기준으로 정할 수 있는지를 살펴보아야 할 것이다. 우리 나라의 경우 우선주는 통상 무의결권주식으로 발행하는데, 상법은 우선주에 대하여 의결권이 없는 주식으로 발행할 수 있다고 규정하고 있으며[106] 우선주가 반드시 무의결권 주식으로 발행되어야 하는 것은 아니다. 따라서 의결권이 있는 전환우선주의 발행은 가능한 것으로 본다. 그러면 보통주로의 전환권이 있는 우선주의 의결권은 우선주의 주식수를 기준으로 산정하여야 하는 것인지 전환으로 발행할 보통주의 주식수를 기준으로 정하여야 하는지 문제된다. 미국의 경우 전환우선주주는 전환으로 인하여 취득할 보통주식을 기준으로 의결권을 행사한다고 규정하는 것이 대부분인데, 우리나라의 경우 의결권행사에 관한 이러한 합의가 유효한 것인지 의문이 생길 수 있다. 우리 상법은 전환주식의 경우 의결권행사에 대하여 전혀 언급이 없어서 해석상 논란이 생길 우려가 있을 수 있으나, 현재까지 우선주식은 무의결권 주식으로 발행하였고 이 경우 우선주에서 보통주로 전환하기 전의 전환주식은 우선주로서 의결권이 없었기 때문에 실무상 거의 문제가 되지 않았던 것으로 보인다. 향후 벤처기업의 자금조달 시 의결권 있는 轉換優先株式을 발행하면서 지배권과 관련하여 의결권을 행사하려고 하는 경우에는 의결권수의 결정기준을 명확히 하여야 할 것이다. 상법 규정상 전환주식의 의결권 수에 대한 별도의 규정이 없지만 1株1議決權의 원칙상(상법 제369조 제1항) 이 경우에 의결권수는 전환우선주의 주식수를 기준으로 정하여야 할 것으로 해석될 수 있다. 만약 회사의 정관으로 전환가능 우선주의 의결권은 전환으로 인하여 발행할 보통주를 기준으로 전환 전에도 행사할 수 있다고 규정한다면 그 규정은 상법이 "이익이나 이자의 배당 또는 잔여재산의 분배에 관하여 내용이 다른 수종의 주식을 발행할 수 있다(상법 제344조 제1항)"고 규정하여 수종의 주식의 발행 사유를 특정하고 있는 점과 상법상 주식에 관한 규정은 강행규정이라고 해석하는 한 이러한 정관의 규정은 상법상 허용되지 않는 '의결권 수를 달리하는' 종류의 주식을 규정한 것이므로 무효라고 하여야 할 것이다. 그러나 이러한 해석을 할 경우 여러가지 혼합된 주식(hybrid securities)을 발행하여 원활하게 자금조달을 할 수 있는 미국과는 달리 우리나라 벤처기업의 자금조달의 선택의 폭을 좁히는 결과를 초래하게 된다.

현행법상 무의결권 우선주만을 발행하여 자금을 조달한다면 우선주주는 우선배당을 받는 경우에는 의결권이 없으므로, 우선적 배당을 받고 있는 한 우선주주가 지배권 변경사유가 발생한 경우에 재임 중인 이사를 해임하고 새로운 이사를 선임하려면 보통주주의 협조가 없이는 불가능하다. 보통주주가 계약을 위반하여 지배권 변경에 협조하지 않는 경우에는 결국 계약상 채무불이행으로서 손해배상으로 해결할 수밖에 없게 되는데, 이러한 해결방법은 벤처캐피탈리스트가 의도하던 것과는 전혀 다른 것이다.

---

[106] 상법 제370조 1항.

　　또한 무의결권 우선주주가 우선배당을 받지 못하는 경우에는 보통주주와 마찬가지로 의결권을 행사할 수 있으나, 이러한 무의결권 우선주주의 의결권부활은 지배권변경 조항과는 구별된다. 지배권변경 조항은 지배권 변경사유가 발생하지 않는한 보통주주가 이사의 대부분을 선임하고 우선주주는 소수의 이사를 선임하며, 지배권 변경사유가 발생한 경우에만 우선주주가 이사회의 지배권을 갖을 수 있을 인원을 이사로 선임하도록 한다. 무의결권주식의 의결권부활은 의결권이 부활되는 경우에 우선주주의 주식수가 전체 발행주식수의 과반수이면 우선주주는 언제든지 과반수의 이사를 선임할 수 있으며, 벤처기업가는 우선주식을 발행할 경우 우선적 배당을 하지 못할 가능성이 있으면 지배권이전 가능성 때문에 과반수의 주식을 우선주로 발행하기 어렵게 되는 문제가 생긴다.

(나) 種類投票制

　　종류투표제는 벤처캐피탈리스트와 벤처기업가가 각각 자신을 대표할 이사를 선임할 수 있다는 점에서 벤처기업의 지배권을 규율할 수 있는 매우 유용한 제도이지만, 종류투표제는 이사선임 시 각 종류의 주주가 별도로 의결권을 행사하도록 하는 종류의 주식이 인정되어야만 가능한 제도이기 때문에 현행 상법상 허용되지 않는 것으로 해석된다. 이는 우리나라 상법이 종류주식의 내용을 '이익이나 이자의 배당 또는 잔여재산의 분배에 관하여 내용이 다른 주식'으로 한정하여 재산적 내용이 다른 종류주식만을 허용하고 있으며 상법에서 규정하고 있는 종류주식 이외의 종류주식의 발행은 허용되지 않는 것으로 해석하기 때문이다. 상법은 무의결권주식에 대하여 규정하고 있으나, 배당우선주식에 한하여 무의결권주식의 발행이 허용되고 무의결권주식은 우선적배당을 실시하지 않는 경우에 의결권을 행사할 수 있다는 점에 대해서만 규정하고 있으며, 동 조항은 강행규정으로 해석되고 있다.(상법 370조, 상법 344조) 이러한 우선주에 관한 규정은 배당우선주식에 대한 의결권부여 여부를 선택할 수 있도록 허용하는 규정에 불과하므로 이사선임 사안에 대한 의결권행사의 차등을 두는 종류투표제가 현행 무의결권주식 규정으로 허용된다고 해석할 수는 없다. 또한 이익배당에 관하여 종류가 다른 주식을 발행한 경우 종류 간의 이해대립이 있는 경우 종류주주총회의 특별결의를 하도록 하고 있으나, 이는 이사선임에 관하여 각 종류의 주주가 별도로 의결권을 행사하는 종류투표제와 다르다.

　　종류투표제가 허용되지 아니하는 현행법하에서 주주간 계약에 의하여 그와 유사한 효과를 거둘 수 있으나,[107] 주주간 계약은 종류투표제와 달리 상법상 효력이 인정되지 않고 계약당사자에 대한

---

[107]　주주간 계약에서 이사선임을 위한 주주총회에서 벤처기업가는 벤처캐피탈리스트가 추천한 이사후보자에 찬성표를 행사하고 벤처캐피탈리스트는 벤처기업가가 추천한 이사후보자에게 찬성표를 행사하도록 의결

채권적 효력에 의하여 규율되므로 위약금액수를 고액으로 하여 계약위반을 억제하려고 하더라도 당사자의 계약위반의 가능성으로 인한 불안은 여전히 존재하게 된다.

(다) 商法 관련조항 改正의 必要性

주식은 회사에 대한 지배권을 행사할 수 있는 수단인 동시에 회사가 자금조달을 하는 매개체이기도 하다. 벤처기업의 자금조달을 위하여 필요한 여러 종류의 주식을 발행하고 발행된 주식의 종류에 따라 지배권을 행사할 수 있는 조건을 다르게 할 수 있도록 하는 것은 자금조달에 필요한 법적인 기반으로 볼 수 있으므로, 지배권에 관한 주주 간의 약정을 반영하는 정관규정의 유효성을 상법상 인정하는 방안을 고려해 볼 수 있을 것이다. 또한 종류투표의 효과를 거두기 위한 주주 간 계약에 의한 당사자 간의 합의사항에 대하여 상법상 그 효력이 인정되지 않는 문제점을 해결하기 위하여 종류투표제의 사용을 인정하는 방향으로 상법을 개정하는 것을 고려할 필요가 있다. 특히 미국은 정관에서 실질적인 주식의 조건은 규정하지 않은 종류의 주식을 규정하고, 이사회에서 당해 발행시점에 그 종류에 "조"(Series)를 필요에 따라 창설하고 각조 상호 간의 실질적인 발행조건을 달리 할 수 있는 권한을 부여할 수 있다. 주식을 여러 조로 나누어 발행하는 것은 시장상황에 따라 주가, 배당, 잔여재산분배, 의결권, 기타 조건 등을 적합하게 혼합하여 사용함으로써 자본조달의 원활을 기할 수 있는 장점이 있다.[108] 우리나라의 경우 투자방식에 의한 자금조달을 조장하기 위해서는 자금조달 수요자와 공급자의 이해관계에 맞게 기민하게 조정할 수 있는 주식제도가 주식회사 전반에 대하여 도입되기가 곤란하다면 적어도 벤처기업에 대해서는 종류투표제 및 각조 발행의 도입을 고려하는 것이 필요할 것이다.

3. 登錄權(Registration Rights)에 관한 條項[109]

(1) 미국의 경우

登錄權은 주주가 회사에 대하여 자신의 주식을 공모할 수 있도록 등록을 요구할 수 있는 권리로서, 주주가 투자자금을 회수하기 위하여 회사에 대하여 등록을 개시하도록 요구하는 '登錄要求權(Demand Rights)과 회사가 주도하는 등록 시 주주가 자신의 주식도 등록대상에 포함시켜 줄

권행사의무를 약정하는 방법을 사용하게 된다.

[108] Robert W. Hamilton, *The Law of Corporations* (1991), pp. 133-134.

[109] Joseph W. Bartlett, *supra* note 15, at 96-97.

것을 요구하는 '登錄便乘要求權(Piggyback Rights)의 두 가지로 구분할 수 있다. 登錄權은 벤처기업과 같은 비상장회사의 소수주주가 취할 수 있는 유일한 자금회수 수단이 될 수 있으므로, 통상 契約條件記載書에는 登錄權에 관한 사항이 규정된다. 미국에서 신설회사는 주주의 선택에 따라 상환할 수 있는 상환주식을 발행할 수 있지만, 이러한 주주의 권리가 성공적으로 행사된 경우는 거의 없다. 아직 발전단계에 있는 회사는 현금 또는 채권자와의 합의문제를 별론으로 하더라도 주식을 상환할 법적인 권한(legal power)이 없을 수 있다. 회사공개를 지연하고 있는 지배적인 주주인 창업자에 대하여 회사를 공개하도록 강제할 수 있는 법적 수단은 등록권 행사를 위협수단으로서 사용하는 것 외에는 없다. 공개를 통하여 투자자의 주식을 현금화하는 것은 합의사항일 뿐 아니라 성공을 가늠하는 기준(benchmark)이라는 사실이 중요하다. 창업자가 공개에 협조하지 않을 경우 반드시 소송을 제기할 필요는 없다. 最初公募(IPO)가 적기에 실현되지 않을 경우에 주식지분의 조정이 일어나게 할 수도 있는 것이다.

登錄權은 사실상 3당사자 간에 합의가 필요한 사항임에도 불구하고 3당사자 중 2당사자만 협상 및 서명하는 계약으로 볼 수 있다. 자기인수 공모(self-underwritten offerings)를 제외하고 주식의 신규발행 또는 구주의 매출(primary or secondary offering)은 발행자, 매도인인 주주, 주간사회사[110]를 필요로 한다. 그러나 등록권 합의가 서명될 시점에는 주간사회사가 사실상 개입할 수 없으므로, 당사자들은 주간사회사가 요구하게 될 사항을 예상하여야만 한다. 일반적으로 주간사회사들은 초기단계의 회사의 구주매출(second offering)을 선호하지 않는다. 시장은 주식매도의 수익금이 전부 생산적인 목적에 사용되기를 바라며 외부자에게 누출되는 것을 바라지 않는다. 주간사는 주식이 시장의 가격보다 다소 저가로 발행되기를 원한다. 주간사는 주식매도 후 신주의 주가가 약간 오르면 성공한 것으로 판단되기 때문이다. 만약 주가가 하락하면 주간사에 의하여 모집된 매수인들이 싫어할 것이다. 주가가 많이 오르면, 회사는 주간사회사가 거래를 적정가격으로 하지 못하였다고 불평할 것이다. 따라서 주간사회사는 자신이 주간사로서 공개한 주식의 매도 후 신주가 즉시 시장에 들어와 주식의 수요보다 공급을 늘리는 것을 원치 않는다. 이러한 이유에서 등록권 합의에서 매도제한이 필요하게 된다.[111] 합의에 의한 매도제한이 있는 경우에는 통상 회사는 회사 이외의 매도인이 매도하는 주식수를 줄이는 권한 및 Rule 144에 의한 제한된 주식(restricted shares)을 매도할 수 있는 내부자가 통상 180일간 매도를 하지 않을 것을 합의할 것을 요구할 권한을 가지게 된다.

---

[110] 주간사회사는 總額引受 또는 募集周旋(best-efforts)에 의한 인수 중 하나의 방식으로 最初公募 업무를 하게 된다.
[111] 이러한 매도제한을 미국에서는 haircut 이나 hold back이라고 한다.

주식을 공개매도 물량에 포함시키도록 하는 것만이 주식을 매도하는 유일한 방법은 아니다. 제한이 있는 주식(restricted securities)의 소유자는, 현금화의 제약 때문에 할인되기는 하지만, 사적 거래에 의하여 주식을 매도할 수 있다. 일단 회사가 공개되고 난 후에는 Rule 144에 따라 주식을 조금씩 팔 수도 있다. 이미 공개된 회사에서는 제한주식의 소유자에 대한 등록권은 주식 보유자가 Rule 144의 보유기간 만료 전에 매도하기 원하는 경우나 동 규칙에 규정된 물량 또는 방법에 따라 조금씩 매도할 수 없는 경우가 아니면 불필요한 규정이 된다.

(2) 우리나라의 경우

우리나라의 경우에 유가증권의 모집가액 또는 매출가액의 총액이 재정경제부령이 정하는 금액 이상인 경우에는 발행인이 당해 유가증권에 관하여 유가증권신고서를 금융감독위원회에 제출하여 수리되지 아니하면 모집 또는 매출을 할 수 없다.[112] 또한 비상장법인으로서 유가증권을 모집 또는 매출하고자 하는 법인은 발행인이 금융감독위원회에 등록하여야 한다.[113] 증권거래법상 유가증권신고서의 제출의무자와 등록의 주체가 발행인으로 되어 있기 때문에 소수주주가 자신을 주식을 매출하고자 하여도 발행인이 유가증권신고서를 제출하고 법인을 등록하지 않으면 매출을 할 수 없게 된다. 또한 일반투자자에 대한 매출이 원활하게 이루어지기 위해서는 그 주식을 증권거래소에 상장하거나 협회중개시장에 등록하여야 하나 이 두 가지 모두 회사의 협조가 없이는 불가능하다.[114] 회사의 지배권을 가지지 못하는 소수주주는 회사주식의 공모 여부를 결정할 수 없게 되어 지배주주의 공개시기결정 여부 및 이에 따른 유가증권신고서 제출시기에 따라 공모에 의한 투자자금의 회수가 가능하게 된다. 상장 또는 등록의 시기결정에 대하여 벤처기업가와 벤처캐피탈리스트 간의 의견이 일치하지 않을 수 있으며, 증권거래법상 회사는 상장법인 또는 협회등록법인이 된 후에는 여러가지 신고의무와 공시의무를 부담하게 되며(증권거래법 제186조) 증자 시 우리사주조합에 소정비율의 주식을 우선배정할 의무를 부담하게 되어(증권거래법 제191조의7) 소수주주가 다수주주의 의사에 반하여 기업공개에 협조할 것을 요구하기는 매우 어렵게 된다. 이러한 점에서 미국의 경우와 마찬가지로 소수주주가 공모를 통해서 투자자금 회수가 가능하기 위해서는 등록권

---

[112] 증권거래법 제8조, 증권거래법시행규칙 제2조는 유가증권신고서를 제출하여야 하는 금액기준을 당해 유가증권의 모집가액 또는 매출가액과 과거 2년간 동일한 종류의 유가증권의 모집 또는 매출로서 그 신고서를 제출하지 아니한 모집가액 또는 매출가액이 10억원 이상인 경우와 과거 6개월간의 동일 유가증권에 대한 권유대상자를 합산하는 경우 그 합산대상 권유금액이 10억원 이상인 경우로 규정하고 있다.
[113] 증권거래법 제3조 2호.
[114] 김건식, 주식발행을 통한 자금조달과 중소기업, 30면. 유가증권 상장규정 3조, 協會仲介市場 運營規程 제6조 및 제6조의4.

에 관한 사항으로서 登錄要求權과 登錄便乘要求權이 투자관련 계약서에 포함될 필요가 있다.

현재 우리나라의 벤처기업에 대한 투자와 관련한 신주인수계약서에서 登錄要求權이나 登錄便乘要求權을 명시적으로 규정하기 않고 있다. 다만 신주인수계약서에서 기업공개의무와 관련한 규정을 두고 있으며 동 기업공개의무 규정은 2가지 형태로 나누어진다.[115] 첫번째 유형은 벤처기업이 장외시장(KOSDAQ)등록 또는 증권거래소시장에 상장될 수 있도록 기업공개에 최선을 다하여야 한다고 규정하는 유형이다.[116] 두번째 유형은 등록요건상 제한이 없는 한 일정기간 내에 KOSDAQ 등록을 하고, 조속한 기간 내에 증권거래소 상장을 할 수 있도록 기업공개를 성실히 추진한다고 규정하는 유형이다.[117] 첫번째 유형의 규정은 상장 또는 등록을 위하여 단순히 협력할 의무만을 규정할 뿐이어서 이러한 규정에 따라 주주가 회사를 상대로 모집 또는 매출을 요구할 수 있는 권리 또는 유가증권신고서 제출을 요구할 수 있는 권리가 발생한다고 보기 어렵다. 두번째 유형의 규정은 회사가 KOSDAQ 등록요건을 충족할 수 있는 경우에는 일정기간 내에 반드시 등록하여야 하는 의무를 부담하도록 하는 규정이므로, 벤처기업이 등록요건을 갖출 수 있음에도 불구하고 등록을 위한 필요한 절차를 밟지 않는 경우에 주주는 회사를 상대로 등록절차 이행을 요구할 수 있다. 그러나 상기 두 가지 유형 모두 일정한 기간을 정하고 그 기간이 경과한 후에 주주는 회사에 대하여 자신의 주식에 대하여 유가증권신고서를 제출하도록 요구할 권리를 발생시키거나 회사가 유가증권신고서를 제출하는 경우에 자신의 주식을 신고대상 유가증권에 포함시켜 줄 것을 요구할 권리를 발생하게 하지 않는다. 벤처캐피탈리스트가 일정한 기간이 경과하거나 벤처기업이 회사의 주식을 공모하려는 경우 자신의 주식을 모집 또는 매출하기 위하여 유가증권신고서를 제출하도록 벤처기업에 요구할 수 있는 권리를 계약서에 명시하는 것은 벤처기업으로부터 공개에 대한 막연한 협력을 기대하거나 공개시기의 결정 여부에 대한 벤처기업가와 벤처캐피탈리스트 간의 잠재적인 이익충돌에 대한 해결방법을 명확히 규정하지 못함으로 인하여 발생하는 문제점을 해결하는

---

[115] 우리나라에서 벤처캐피탈리스트가 벤처기업에 투자하는 경우에 사용하는 계약서는 일반적으로 신주인수계약서라는 명칭을 사용하며 경우에 따라 주식인수계약서라는 명칭을 사용한다. 최근에는 일부 벤처캐피탈리스트가 투자계약서라는 명칭도 사용하고 있다. 기업공개의무에 대한 유형의 분류는 현재 벤처캐피탈리스트가 사용하고 있는 6개의 계약서 를 비교하여 도출한 것이다.

[116] 본 유형의 전형적인 조항은 다음과 같다.
"기업공개의 의무: 투자기업과 투자자는 투자기업의 주식이 KOSDAQ등록 또는 증권거래소시장에 상장될 수 있도록 기업공개에 최선을 다하여야 한다."

[117] 본 유형의 전형적인 조항은 다음과 같다.
"기업공개의무: 투자업체나 창업자는 관련 법규정의 개정에 다른 제한이 없는 한 0000년도까지 KOSDAQ등록을 하며, 가능한한 조속한 기간내에 투자업체의 주식을 증권거래소에 상장할 수 있도록 기업공개를 성실히 추진하기로 한다."

방법이 될 수 있다. 미국의 경우와 같이 구체적으로 登錄要求權 또는 登錄便乘要求權을 계약서에 규정하는 것이 벤처캐피탈리스트가 벤처기업의 기업공개 지연에 대하여 효율적으로 대처할 수 있는 방법이 될 것으로 본다. 또한 登錄要求權 또는 登錄便乘要求權을 계약서에 명시할 경우 동 권리의 행사로 인한 추가비용의 부담주체를 명시하여 비용부담자를 분명히 하여야 할 것이다.

4. 벤처캐피탈리스트가 投資로 取得하는 有價證券의 種類[118]

(1) 미국의 경우

契約條件記載書의 상단에는 일반적으로 벤처캐피탈리스트가 취득하게 될 유가증권을 규정한다. 벤처캐피탈리스트가 취득할 수 있는 유가증권의 종류는 다양하며, 여러가지 유형을 결합한 혼합 유가증권(hybrid securities)을 취득하도록 규정할 수도 있다. 벤처캐피탈리스트가 선택할 수 있는 유가증권으로서는 보통주식(common stock), 신주인수권(warrants), 우선주식(preferred stock) 등이 있으나, 미국에서는 轉換優先株式이 가장 일반적으로 사용된다. 우선주식이 선호되는 이유는 투자자와 창업자의 주가를 차별할 수 있는 근거로 사용할 수 있다는 점[119]과 현금투자자 (cash investors)와 비현금투자자(noncash investors) 간의 관계를 조정할 수 있는 편리한 수단으로 우선주를 사용할 수 있는 편의성[120]이 있기 때문이다. 벤처기업의 자금조달에 일반적으로 사용되는 우선주는 마치 전환된 것처럼 보통주와 동등하게 의결권을 갖는 것으로 규정하는 것이 관행이다.[121] 이 경우 우선주는 이익배당에서의 우선권을 가지는 것 외에 보통주의 배당에는 참가하지 않는 비참가적 우선주의 형태를 취한다. 또한 벤처캐피탈리스트는 통상 비누적적 우선주를 취

---

[118] Joseph W. Bartlett, *supra* note 15, at 81–85 참조.

[119] 소위 "잔여재산을 전부 차지하는 우선주("eat'em up" preferred)"의 설명과 관련된 논점이다. 창업자에게 보통주를 저가에 발행하고 투자자에게 우선주를 고가에 발행하는 경우에 창업자는 우선주와 보통주의 발행가액의 차액만큼을 보수로 지급받은 것으로 보아 당해 차액이 과세소득으로 인식되어야 하는가 하는 문제가 발생한다. 우선주가가 잔여재산분배 시 출자액에 해당하는 금액만큼 우선분배를 받을 수 있는 경우에는 우선주주가 청산 시 회사가치의 거의 전부를 차지할 수 있게 되어 있는 점이 우선주의 발행가액에 반영되어 있는 것이므로, 우선주보다 저가로 발행한 보통주주에게 과세소득이 발생하지 않는 것으로 보아야 한다고 한다(Joseph W. Bartlett, *supra* note 15, at 56–58 참조).

[120] 현금투자자에게 우선주주의 권리로서 특별의결권(special voting rights), 희석화 방지규정 (antidilution provisions), 지배권 이전(control shift), 특별가중 거부권규정(supermajority veto provisions) 등과 같은 특권을 부여하도록 규정할 수 있다.

[121] 미국의 경우 우선주는 의결권 있는 우선주, 무의결권 우선주, 특정한 사안에 대한 의결권만 있는 우선주, 특정한 사실이 발생한 경우에 의결권이 있는 우선주 등으로 발행할 수 있다.

득한다. 이러한 비누적적 배당으로 인한 문제점을 보완하기 위하여 벤처기업은 우선주주에 대하여 우선주식이나 보통주식을 정기적 또는 비정기적 株式配當으로 지급할 수 있도록 규정할 수 있다. 창업자가 목표를 달성하지 못한 경우에는 이사회가 우선주주에게 추가적으로 주식을 부여하는 결의를 함으로써 투자자를 보상할 수 있을 것이다. 이 경우 세법상 주의할 점이 발생한다. 배당으로 취득한 우선주식[122]은 내국세법상 제306조 주식(Section 306 stock)에 해당되어 주식의 매도시 자본이득이 통상소득(ordinary income)으로 과세된다. 또한 내국세법상 제305(b) 및 (c)에 따라 회사가 주주에게 불비례적으로 주식을 분배하는 시점에 과세대상행위가 발생한 것으로 할 수 있다.

잔여재산에 대한 우선분배권은 일반적으로 벤처기업이 실패할 경우 담보권자 및 채권자에 대한 청산재산 분배 후 남을 재산이 거의 없을 것이기 때문에 중요한 사항이 아니지만,[123] 파산 시 재산분배의 법정 우선순위(rule of absolute priority)에도 불구하고 주주들의 원활한 협조를 위하여 주주에게 재산의 일부를 지급하는 경우에는 잔여재산 우선분배권은 중요하게 될 수 있다. 또한 우선주식을 발행한 회사가 다른 회사에 합병될 때 잔여재산 우선분배권이 중요하게 된다. 이 경우 창업자는 합병 전에 우선주가 보통주로 전환 또는 자동전환되어야 한다고 주장하는 반면, 우선주주인 투자자는 회사매각 대금이 적절하면 자발적으로 전환할 것이며 매각대금의 잔여재산에 대한 우선분배권에도 미치지 못할 경우에는 자신들을 보호할 권리가 있다고 주장하게 될 것이다.

最初公募(IPO)의 직전에 우선주를 자동전환하도록 하는 것이 필요하다. 最初公募(IPO)를 하려면 대차대조표의 기재사항을 깨끗이 하고(clean up the balance sheet) 특정한 종류의 주식에 부여된 특권을 말소하는 것이 일반적으로 필요하기 때문에 우선주주를 설득해야 하는 경험이 많은 변호사일수록 자동전환 조항의 가치를 중요하게 생각한다고 한다.[124]

---

[122] 소위 전형적인 "우선주식 과세유보(preferred-stock bailout)"에 해당함. 우선주식 과세유보는 보통주주가 우선주식을 비과세로 분배받은 후 당해 우선주식을 제3자에게 매도하고 당해 주식매도로 얻은 이익을 자본이득으로 신고하는 것을 말한다. 우선주식 과세유보는 1954년 이전에 유리한 장기 자본이득 세율의 적용을 받으면서 회사의 이익을 분배받는 수단으로 사용되었다. 즉 현금배당으로 인한 통상 소득과세를 회피하는 수단으로 우선주식배당이라는 우회적인 방법을 사용한 것이다. 미국 내국세법 306조는 우선주식 과세유보를 방지하기 위하여 과세유보 가능성이 있는 주식을 "제306조 주식"(Section 306 Stock)으로 규정하고 동 주식의 매도, 환매, 기타 처분으로 인한 소득은 자본이득이 아닌 통상소득으로 인식하도록 규정하고 있다(Peter P. Weidenbruch, Jr. and Karen C. Burke, *Federal Income Taxation of Corporations and Stockholders*, West Publishing Co. (1989), p. 185; Stephen Schwarz and Daniel J. Lathrope, *Corporate and Partnership Taxation*, West Publishing Co. (1991), p. 179).

[123] 전통적으로 우선주식은 이익배당 우선권과 잔여재산 분배시 우선권을 가지는 것으로서, 이중 잔여재산분배 우선권은 청산시 보통주주가 분배받기 전에 우선주주가 우선주의 액면가에 해당하는 잔여재산을 우선적으로 배분받을 권리를 말한다.

[124] Joseph W. Bartlett, *supra* note 15, at 85.

(2) 우리나라의 경우

우리나라는 주식인수계약서상 벤처캐피탈리스트가 벤처기업의 투자로 취득하게 되는 주식은 일반적으로 記名式 普通株式으로 규정하고 있으며, 우선주식은 거의 사용되고 있지 않다. 그 이유는 두 가지로 추정이 된다. 첫 번째 이유는 우리나라의 경우 우선주식의 경우 무의결권 우선주 이외에 의결권 있는 우선주를 발행한 경우가 거의 없기 때문에 우선주를 일반인은 무의결권 우선주와 동일한 개념으로 인식하는 경향이 있으므로 우선주로 발행하면 의결권이 없게 되어 회사의 운영에 대한 통제권을 갖지 못하게 될 우려와 벤처캐피탈 담당실무자들이 우선주의 발행은 복잡하고 번거롭다는 인식을 갖기 때문이다. 또 하나의 이유는 회사의 초기 단계에서는 배당이 거의 이루어지지 않기 때문에 우선적 배당이라는 것이 거의 의미가 없으므로 투자자로서는 이러한 무의결권 우선주식을 선호할 이유가 없기 때문이다. 일본에서도 벤처캐피탈이 벤처기업에 투자할 때, 우선주식이 아닌 보통주식을 발행하는 경우가 대부분이다. 일본에서 우선주식 발행을 기피하는 이유는 회사의 지배권을 상실하는 데 대한 창업자의 거부감 때문이라고 설명하는 견해가 있다. 동 견해에 따르면 일본에서는 경영자층의 전직가능성이 적으며 창업 시에 어느 정도의 자기자본을 준비하지 않으면 안 되고 最初公募(IPO)시장이 정비되어 있지 있지 않다는 3가지 점에서 벤처기업가가 경영권을 양도하도록 하는 인센티브를 부여하지 못하고 있으므로 투자자에게 경영권의 이전을 가능하게 하는 종류주식 제도가 발달하지 않았다고 한다.[125] 일본에서의 우선주식 기피의 이유는 벤처기업의 자본조달과 관련하여 유사한 사회적 배경하에 있는 우리나라의 벤처기업이 보통주식을 선호하는 이유를 설명하는 데 참고가 될 것으로 생각한다.

우리 상법의 해석상 우선주는 의결권 있는 우선주로 발행할 수도 있으며, 우선주의 특수한 형태로 전환우선주를 발행할 수 있다고 본다. 따라서 전환우선주에는 무의결권 전환우선주와 의결권 있는 전환우선주의 두 가지 형태의 발행이 전부 가능하다고 본다. 다만 미국의 경우처럼 전환우선주의 의결권이 당사자의 계약에 의하여 특정한 사안 또는 특정한 조건이 성취되는 경우에만 부여하는 경우, 즉 지배권이전의 경우는 수종의 주식이 이익의 배당 또는 잔여재산의 분배에 관하여 다른 종류의 주식으로 발행하는 경우만 허용하고 있기 때문에(상법 제344조 제1항) 의결권의 행사조건을 다르게 부여한 주식을 발행할 수 있도록 하기 위해서는 현행법상 수종의 주식의 개념으로는 불가능하다. 따라서 입법론적으로 볼때 지배권이전이 가능한 전환우선주를 발행할 수 있으려면 조건부 의결권 부여가 가능한 우선주의 발행이 가능하도록 수종의 주식의 범위를 확장하여 규정하여야 할 것으로 생각한다.

무의결권 전환우선주 또는 의결권 있는 전환우선주를 발행한 경우에 일정한 사유의 발생 시 자

---

125 大杉謙一·樋原伸彦, 전게논문, 24-25 면.

동적으로 보통주로 전환되도록 하는 전환주식의 자동전환을 규정하는 것은 현행법상 허용되는가?
상법상 전환주식은 전환권이 주주에게 부여된 주식을 말하며[126] 전환권이 회사에 부여된 것은 전
환주식이 아니고 특히 일정한 기한의 도래 또는 조건의 성취로 인하여 당연히 다른 종류의 주식으
로 전환되는 기한부우선주 또는 조건부우선주는 전환주식과 구별된다. 수종의 주식을 발행한 경
우에는 정관에 다른 정함이 없는 경우에도 합병으로 인한 주식의 배정에 관하여 특수한 정함을 할
수 있으므로(상법 제344조 제3항) 합병 시 우선주가 보통주로 자동전환되도록 하여 전환된 보통
주를 기준으로 주식을 배정하도록 하는 계약조항은 정관에 규정이 없더라도 유효하게 이행할 수
있으므로 해석상 이러한 우선주의 발행이 가능하다고 본다. 다만 이러한 우선주를 상법상 전환주
식을 전환권이 주주에게 부여된 것에 한정하여 규정하고 있기 때문에 전환주식의 일종이 아닌 조
건부우선주로 해석하여야 하는 한계를 지닌다. 그러나 最初公募(IPO) 직전에 전환주식을 보통주
로 자동전환하도록 하는 계약조항은 상법상 근거가 없기 때문에 상법상 발행근거가 없으므로 허
용되지 않는 것으로 해석될 수 있다. 한편 最初公募(IPO) 시 우선주주에게 보통주로 전환의무를
지도록 하는 규정은 당사자 간에 채권적 효력만이 있다고 본다. 입법론적으로 미국의 경우처럼 전
환우선주에 자동전환 조건이 붙어 있는 것으로 해석할 수 있으려면 현재의 전환주식의 규정을 전
환권이 누구에게 부여되어 있는지 불문하거나 자동전환조항이 있는 경우에도 전환주식의 범위에
포함시킬 수 있도록 전환주식의 범위를 확장할 필요가 있다. 회사가 전환권을 갖는 우선주나 자동
전환조건이 붙은 우선주라도 전환으로 일어나는 사실상의 효과는 차이가 없는 것이므로, 현재와
같이 전환주식의 범위를 협소하게 규정하여 이러한 주식을 전환주식으로 인정하지 않기 때문에
우선주의 소각 및 보통주의 제3자 배정형식의 신주발행으로 복잡한 절차를 거쳐 발행하게 할 실
익이 없다고 보기 때문이다. 결국 最初公募時 전환주식의 자동전환조항의 효력을 당사자 간의 채
권적 효력의 범위를 넘어서 회사법상 인정하려면 이러한 조항이 들어 있는 우선주도 전환주식의
일종으로서 전환우선주로 보아야 가능하다. 이러한 문제는 일정한 기한의 도래나 조건의 성취로
우선주가 자동적으로 보통주로 전환되도록 하는 기한부 또는 조건부 우선주의 효력문제와는 차이
가 있다. 자동전환조항이 규정된 전환주식의 경우에는 전환주식의 효력과 해제조건부 우선주식의
효력이 결합될 경우에 법적효력이 문제되는 경우이므로, 단순히 해제조건부 우선주식의 효력만이
문제되는 경우와는 구별된다. 전환주식의 경우 전환기간 동안 전환권을 행사하지 않으면 우선주
식으로 유지되지만 해제조건부 우선주식의 경우 해제조건이 성취되면 보통주로 전환된다. 상법의
해석상 解除條件附優先株 또는 期限附優先株의 효력은 인정된다.[127] 또한 최근 회사의 정관에 우

---

[126] 崔基元, 전게서, 236 면.
[127] 崔基元, 전게서, 230면; 鄭東潤, 會社法, 法文社 (1999), 194-195면; 이태로·이철송, 회사법강의, 박영

선주식의 발행 시 이사회결의로 존속기간을 정할 수 있으며, 이 기간의 만료와 동시에 보통주식으로 전환된다는 규정을 두는 경우가 있다.[128] 이러한 정관규정은 일종의 자동전환조항인데, 동 규정의 유효성이 인정된다면 최초공모 시 자동전환조항을 규정한 전환주식의 경우는 전환주식의 종기에 대한 특수한 해제조건을 규정한 것으로 보아 그 효력을 인정하는 것이 바람직하다고 본다. 상법의 전환주식의 규정을 엄격하게 해석하여, 전환주식은 주주가 전환기간 내에 전환권을 행사하여 전환청구를 하여야 전환가능한 주식으로 한정하는 경우에는 자동전환조건이 붙은 전환주식이 아닌 것이 된다. 그러나 전환주식에 자동전환 조항을 붙인 경우에는 자동전환사유가 발생할 경우에 전환되는 것에 대하여 주주가 사전에 동의한 것으로 볼 수 있으므로 이러한 조항이 주주에게 예측하지 못한 불이익을 주는 것은 아니므로, 전환주식의 경우 특정사유 발생 시 전환주식이 자동적으로 보통주식으로 전환되도록 하는 합의도 상법상 유효하다고 해석할 수 있다고 본다. 이러한 해석은 상법상 전환청구의 절차에 관한 규정을 절대적 강행규정으로 보지 않아야 가능하다.

5. 中間目標(Milestone) 達成 關聯 條項

(1) 미국의 경우

中間目標(Milestone)는 段階的 資金供給(staged financing)과 유사하나 다음과 같은 점에서 구별된다. 中間目標는 계약서에 명시적인 합의사항으로서 중간목표의 달성 시 벤처펀드는 반드시 약정한 금액을 투자하여야 하지만, 段階的 資金供給은 계약서에 명시적 합의사항은 아니므로 특정한 목표사항의 달성 여부와 관계없이 다음 단계의 자금공급 여부를 벤처펀드가 평가한 결과에 따라 자유롭게 결정할 수 있다. 다만 단계적 자금공급에서는 사업성과가 좋을 경우 벤처기업가는 다음 단계에도 벤처캐피탈리스트가 계속 투자에 참여할 것이라고 묵시적으로 기대할 수 있을 뿐이다. 통상 계약서에서 중간목표에 관한 사항을 규정할 경우에는 매수청약된 주식전체의 수회로 나누어 분할매수 하는 것으로 규정한다. 이 경우 계약체결 시에는 매수청약된 주식수의 일부만 납입하고, 여러 단계로 나누어진 각 중간목표를 달성한 경우에는 나머지 주식에 대한 대금을 납입할 의무를 부담하지만 각 중간목표를 달성하지 못한 경우에는 그 중간목표 이후의 나머지 주식에 대한 납입을 하지 않아도 되는 것으로 규정한다. 특히 각 중간목표에는 목표달성의 기한을 정하여 일정한 기일 이내에 목표를 달성하도록 하는 것이 일반적이며, 사업에 따라 중간목표 사항이 차이가 있지만 제조업의 경우에는 프로토타입(working prototype)의 제작완료, 최초 제품모델의 제작

사 (1999), 225면.
[128] 上場會社 標準定款(2004.2.2개정) 제8조의2 제7항.

완료 등을 중간목표로 사용한다.

중간목표 달성에 따른 분할투자를 규정하는 이유는 사업초기 단계는 사업의 성공 여부가 매우 불투명하기 때문에 중간목표를 달성하는 데 필요한 최소한의 자금만 투자하고, 중간목표 달성으로 불확실성이 감소되는 경우에 추후투자를 할 수 있도록 하는 데 있다. 벤처기업가의 입장에서는 중간목표를 달성하기 위하여 노력하여야 하지만 동시에 중간목표 달성 시 반드시 예정된 자금을 공급받을 수 있는 권리가 있다. 중간목표에 관한 규정은 중간목표 달성이 벤처기업가와 벤처캐피탈리스트 간의 이해관계를 연결시키는 작용을 한다.

(2) 우리나라의 경우

우리나라에서는 벤처캐피탈리스트가 주식인수계약서에 중간목표 관련 조항을 규정하고 있지 않다. 중간목표 달성에 따른 자금 추가공급을 규정하는 것은 벤처캐피탈리스트와 벤처기업가 간의 이해관계를 연결시키는 중요한 기능을 하는 만큼 향후 이러한 중단목표 관련 조항이 이용될 가능성이 있다. 또한 자금의 단계적 공급이 묵시적인 관행으로 정착되는 것과 달리 중간목표 관련 조항은 명시적인 계약상의 의무로 자금의 추가공급에 관한 당사자의 권리관계를 명백히 하는 장점이 있다.

이러한 중간목표 달성 조항을 우리나라에서도 활용하려면 법률상 두 가지 문제점이 있다. 첫째, 현행법상 중간목표 달성 시 신주발행으로 추가자금의 공급을 받으려면 벤처캐피탈리스트에 대한 신주발행은 제3자에 대하여 신주인수권을 부여하는 것이 되므로 벤처기업의 정관에 주주의 신주권을 제한하는 규정이 있어야 가능할 것이다.[129] 이 경우 특정 벤처캐피탈리스트를 제3자 신주인수권 부여대상으로 특정하여 정관에 명시하는 것은 가능하나 '벤처캐피탈리스트(중소기업창업투자회사, 중소기업창업투자조합, 신기술사업금융업자, 신기술사업투자조합, 엔젤투자자 및 엔젤투자조합 등)로부터 투자자금을 유치하기 위한 경우'와 같은 형태로 주주의 신주인수권 제한사유로 정관에 열거하는 것이 허용되는가 하는 문제점이 있다. '종업원 · 임원 등'에게는 신주인수권을 부여할 수 있다는 정도의 규정을 정관에 두고 그 후 실제로 신주를 발행할 때에 이사회의 결의로 그

---

[129] 벤처캐피탈리스트에 대하여 주식을 배정하는 방법으로서 의도적으로 실권주를 발생시키는 편법을 생각할 수 있다. 즉 주주에게 배정할 주식 중 벤처캐피탈리스트에 대하여 배정할 주식수에 해당하는 만큼 실권주를 발생시키고, 이러한 실권주를 특정 벤처캐피탈리스트에게 배정하는 방법을 사용할 수 있다. 통상 실권주의 처리는 이사회에서 임의로 결정할 수 있도록 정관에 규정하고 있으므로 이러한 방법이 가능하게 된다. 그러나 이러한 편법은 신주인수권 제한은 정관에 의해서만 가능하도록 하고 있는 상법의 규정의 취지를 회피하기 위한 것으로 바람직하지 않은 방법이라고 본다.

구체안을 정하여도 무방하므로 위와 같은 형태의 주주의 신주인수권 제한도 가능하다고 본다.[130] 또한 주주의 신주인수권 제한사유로서 벤처캐피탈리스트로부터 투자자금을 유치하기 위한 경우가 정관에 기재되어 있지 않은 경우에는 주주총회 특별결의로 정관변경을 하여야 한다.

둘째, 추가자금 공급 시 계약서상의 벤처캐피탈리스트에 대해서는 계약상 규정된 발행가액으로 주식을 발행하고 동시에 다른 제3자에 대해서는 다른 발행가액으로 주식을 발행할 수 있는가? 회사가 증자를 하면서 증자되는 주식의 일부는 벤처캐피탈리스트에게는 중간목표 달성 시 약속한 발행가액으로 주식을 발행하고 나머지는 다른 제3자에 대하여 다른 발행가액으로 주식을 발행하고자 하는 경우에 발생하는 문제이다. 실제로 우리나라에서는 증자분의 전부를 특정 벤처캐피탈리스트에게 배정하는 경우보다 일부를 특정 벤처캐피탈리스트에게 배정하고 나머지는 다른 투자자나 기존 주주에게 배정하는 경우가 일반적인 것 같다. 우리나라에서는 주식발행 시 시리즈발행 제도가 없기 때문에, 같은 회차의 동일한 종류의 주식에 대하여 발행가격을 달리하여 주식을 발행하는 것이 가능하려면 이사회에서 신주의 발행가액을 정할 때 주주별로 발행가액을 다르게 정하는 것이 허용되어야 한다. 발행가액은 회사의 자산상태와 수익력 등에 비추어 공정하게 결정되어야 구주주의 이익을 해치지 않게 된다는 입장에서 보면, 회사의 자산상태와 수익력을 감안한 공정한 발행가액은 단일하여야 한다는 주장도 가능하게 된다. 회사에 초기에 투자하여 회사의 자금조달에 기여한 벤처캐피탈리스트에게 기존 투자계약에서 약속한 발행가액으로 중간목표 달성 시 신주발행을 하는 것은 초기 기여분을 인정한다는 취지에서 다른 제3자에 대한 발행가액보다 저가인 경우에도 합리적인 차별 근거가 있는 만큼 허용된다고 해석하는 것이 타당하다고 본다.[131]

6. 株式讓渡制限

(1) 미국의 경우

미국에서 株式買受契約書에서 주로 사용되는 주식양도제한 방법은 優先買受權(right of first refusal)과 賣渡參加規定(tag-along)이다. 優先買受權은 회사나 다른 주주 또는 양자에 모두 부

---

[130] 상법 第418條 第2項 단서는 정관으로 제3자에게 신주인수권을 부여할 수 있는 경우를 "新技術의 도입, 財務構造 改善 등 會社의 經營上 目的을 達成하기 위하여 필요한 경우에 한한다"고 주주의 신주인수권 제한 사유를 한정하고 있다. 중간목표를 달성한 경우에 투자자금을 유치하기 위하여 벤처캐피탈리스트에게 신주인수권을 부여하는 것은 투자자금을 유치하기 위한 경영상의 목적을 달성하기 위한 것으로 볼 수 있다고 생각한다.

[131] 다만, 이러한 발행가액 차별을 보다 합리화하기 위해서는 미국의 경우와 같이 시리즈발행을 도입하는 것을 고려해 볼 필요가 있다.

여되는 것으로서 제3자에게 주식을 양도하고자 하는 주주는 먼저 우선매수권자에게 일정한 기간 내에 매수할 것을 청구하여야 한다.[132] 賣渡參加規定은 주주 중에서 일정한 지분률 이상을 제3자에게 매도하려는 자가 있는 경우에 기존의 주주들이 자신의 지분율에 따라 동일한 조건으로 당해 제3자에게 자신의 주식을 매도하기 위하여 참가할 수 있도록 하는 규정이다. 賣渡參加規定은 주주의 제3자에 대한 주식양도를 직접 제한하는 것은 아니지만 매도참가규정으로 주식양도 시 매도참가를 원하는 주주를 참가시켜야 할 의무가 발생한다는 점에서 매도수량 및 방식에 제한이 가해지는 것이다.

미국에서 株式讓渡制限 約定의 효력에 대한 법의 태도는 주마다 차이가 있다.[133] 제한약정의 효력에 대하여 상세히 규정하는 회사법을 가진 주에서는 법원의 판결에서 그 유효성을 판단하는 기준을 제시하고 있다. 법원은 제한약정의 유효요건으로서 "合理性(reasonabless)"과 주주의 "認知(notice)"의 두 가지를 제시하고 있다. 델라웨어주법은 우선매수권이나 동의권조항의 유효성을 명시적으로 인정하고 있다.[134] 제정법에 양도제한에 관한 상세한 규정을 두지 않은 경우에는 결국 법원이 제한약정이 합리적인지 여부를 판단하여 그 유효성 여부를 판단하여야 한다. 우선매수권 조항은 합리적이라고 보는 것이 보통이다. 법원이 유효하다고 판단하는 제한약정의 이행을 담보하기 위해서 경우에 따라 특정이행이나 손해배상 청구가 가능하고, 약정에 위반하여 양도된 주식은 회사에 다시 양도될 때까지 이익배당이나 의결권행사가 중지된다는 규정을 정관에 규정하는 경우가 있는데 법원은 그러한 규정도 유효하다고 보고 있다.

(2) 우리나라의 경우

주식인수계약 등에서 사용되는 주식양도제한 규정은 벤처캐피탈리스트와 벤처기업가 간의 계약이라는 점에서 계약법적 원리가 적용되지만, 주식양도에 관한 회사법적 원리도 동시에 적용되므로 양원리가 충돌하는 경우에 주식양도제한에 관한 당사자 간의 약정이 회사법적 원리에 의하여 그 법적효력이 문제될 수가 있다. 상법은 주식의 自由讓渡性을 원칙으로 하면서 예외적으로 주식양도를 제한하는 방법으로 정관이 정하는 바에 따라 이사회의 승인을 얻도록 하는 것을 허용하고 있다(상법 제335조 제1항 단서). 동조에 따른 주식양도제한의 취지는 소규모의 주식회사에서 주주 상호 간의 인적 신뢰관계를 존중하여 회사가 바라지 않는 주주의 참여를 막아 회사경영의 안정을

[132] Robert C. Clark, *supra* note 80, at 765.

[133] 김건식, "주식발행을 통한 자금조달과 중소기업," 16면.

[134] Delaware General Corporation Law §202 (c)(1), §202(e).

도모하기 위하여 인정된 것이라고 한다.[135] 상법에 규정된 이사회승인을 통한 양도제한을 정관에 규정하는 방법 이외에 다른 방법에 의한 양도제한 규정을 정관에 규정하는 것이 허용되는지 여부가 문제된다. 優先買受權과 賣渡參加規定의 효력 여부를 정면으로 다룬 문헌은 없으나, 현행법의 해석상 이사회가 아닌 주주총회 또는 대표이사의 승인을 얻도록 하는 규정은 무효라고 해석되며, 정관에 양도금지를 규정하는 것도 효력이 없다고 한다.[136] 이러한 해석에 따르면 優先買受權과 賣渡參加規定에 의한 주식양도제한을 정관에 규정하더라도 이는 상법에 규정된 이사회승인을 통한 양도제한 이외의 방법이므로 허용되지 않는 것으로 보게 될 것이다.

그러면 정관에 의한 제한이 아닌 계약에 의한 제한의 효력은 인정되는가? 양도를 제한하는 계약은 주주 간에 체결되는 경우와 주주와 회사 간에 체결되는 경우 두 가지로 구분할 수 있다. 통설은 두 가지 경우에 모두 채권적 효력만 인정하고 있다.[137] 통설에 따르면 주주가 그러한 약정에 위반하여 양도한 경우에 양수인의 선의, 악의와 관계없이 양도자체는 유효하고 양도인이 계약위반에 따른 손해배상책임을 질 뿐이다. 이 경우 손해의 입증은 극히 어렵다. 당사자 간의 계약으로 손해배상액을 예정할 수 있으나 그 금액이 부당히 과다한 경우에는 법원이 감액할 수 있다(민법 제398조).

통설의 태도는 상법의 주식양도제한 금지규정을 폐쇄회사의 수요를 가급적 수용하는 방향으로 해석한 것으로 볼 수 있다. 그러나 상법의 규정과 그 규정에 대한 통설의 입장은 양도제한 약정에는 여러가지 유형이 있을 수 있으며 그 각 유형별로 주주의 투하자본 회수의 기회를 제한하는 정도에 차이가 있다는 점을 무시하고 이사회의 승인을 얻도록 하는 것을 유일한 양도제한 방법으로 인정함으로써 투자형태에 따라 다양한 양도제한의 필요가 있는 폐쇄회사의 현실적 수요를 충족시키지 못하게 되어 다른 방법에 의한 양도제한의 필요성이 있는 경우[138]에도 그 실효성을 확보할 수 있는 방법을 찾기 어렵다.

우리나라의 벤처캐피탈리스트인 創業投資會社 등이 벤처기업에 출자 시 체결하는 주식인수계약에서는 거의 예외 없이 벤처기업가와 출자인인 創業投資會社 등의 株式讓渡를 制限하는 優先買受權 등의 규정이 들어 있다.[139] 그러나 이러한 양도제한 규정은 계약당사자에 대한 채권적 효력만

[135] 崔基元, 전게서, 311면.
[136] 崔基元, 전게서, 311면; 孫珠瓚·鄭東潤, 註釋 商法(Ⅲ), 韓國司法行政學會 (1999), 77면; 鄭東潤, 전게서, 232면.
[137] 김건식, "주식발행을 통한 자금조달과 중소기업," 16-17면 참조.
[138] 사업준비를 위하여 회사설립 후 일정기간 예컨대 3년 동안 주주의 주식양도를 금지하는 기간에 의한 양도제한은 주주의 변동이 바람직하지 않다고 생각하는 경우에 필요할 수도 있으나 현행법상 이러한 양도제한은 정관에 규정할 수 없다.
[139] 우리나라의 벤처기업에 대한 투자관련 계약서에서는 미국의 경우와 같이 賣渡參加規定을 규정하는 경우

있으므로 회사에 대하여 대항할 수 없는 문제가 있다. 이러한 문제를 근본적으로 해결하기 위해서는 이사회의 승인을 요구하는 양도제한 방법 이외의 합리적인 양도제한 약정도 정관에 규정되는 경우에는 유효한 것으로 인정하는 상법개정이 필요하다.

7. 從業員 關聯 規定

(1) 미국의 경우

벤처캐피탈리스트가 벤처기업에 투자 시 투자관련 계약서에 포함시키는 핵심 종업원 관련 규정의 내용은 첫째, 고용계약 체결내용의 규제에 관한 사항, 둘째, 주식의 확정적 부여에 관한 사항, 셋째, 주식매수선택권 관련 사항의 세 가지로 세분할 수 있다. 핵심종업원에 관한 사항이 투자관련 계약서에 포함되는 이유는 벤처기업의 경우 유형자산이 거의 없고 회사의 기업가치는 인적 자원인 핵심적인 종업원의 역량에 의하여 결정되므로 핵심종업원의 변동이 있을 경우 벤처기업의 성공 여부 및 장래 기업가치에 심각한 영향을 미칠 수 있기 때문이다.

첫째, 고용계약 체결내용의 규제와 관련하여 종업원의 보수의 지급기준이 사업계획서의 예산과 일치하여야 하며 퇴직 후 일정기간 동안 종업원의 경업금지의무 및 종업원의 유인금지의무를 규정하는 내용을 포함하는 고용계약을 체결하도록 투자관련 계약서에 명시하게 된다. 핵심종업원에 대한 보수 지급기준 조항을 규정하는 이유는 종업원에 대하여 과다한 보수를 지급함으로써 회사의 자금을 유용하는 것을 방지하고자 함에 있다. 이러한 보수 지급기준 조항은 창업자와 그와 밀접한 관계에 있는 기술자 등이 회사의 성공이 불확실한 점을 인식하여 보수의 형태로 회사자금을 과다하게 지급받으려는 것을 방지함으로써, 경영진의 도덕적 해이에 대한 보호수단으로 사용될 수 있다. 퇴직 후 종업원의 경업금지의무 및 종업원의 유인금지의무를 규정하는 이유는 핵심기술 또는 노하우를 가진 종업원이 퇴직 후 경쟁사업을 개시하거나 기존 회사의 종업원을 유인하게 되면 벤처기업의 성공에 큰 장애가 될 수 있으며, 결국 투자자인 벤처캐피탈리스트에게 투자대상기업의 성공의 장애로 인한 손실이 발생할 수 있기 때문이다.

둘째, 주식의 확정적 부여에 관한 사항으로서 종업원과 회사 간에 주식환매계약을 체결할 것을 규정하도록 하면서, 동 계약의 내용으로 주식의 확정적 부여 일정 및 수량, 기업공개 전에 퇴직하는 종업원에게 부여된 모든 주식을 회사가 매수할 수 있는 권리를 부여하는 조항, 회사의 주식매수 시 확정적 부여된 주식에 대한 매수가격과 비확정적 부여 주식에 대한 매수가격 산정방법 등을

___
는 없는 것으로 보인다. 본인이 개인적으로 수집한 벤처캐피탈리스트의 투자관련 계약서에는 賣渡參加規定을 규정한 경우는 없다.

규정한다. 확정적 부여제도는 종업원이 회사가 어느 정도 발전할 단계까지 재직하지 아니 할 경우 부여받은 주식전부를 회사에 매각해야 할 수도 있기 때문에 회사초기에 근무하던 핵심적인 종업원이 투자자금의 회수가 가능하기 전에 회사를 떠나려고 하는 동기를 제한하려는 것이 주된 목적이다. 이직률이 특히 높은 벤처기업의 특성상 확정적 부여제도는 회사의 기업가치를 보전하는 하나의 수단이 될 수 있을 것으로 본다.

셋째, 주식매수선택권에 관한 조항으로서 주식매수선택권으로 부여할 수 있는 주식의 수량한도 및 주식매수선택권의 부여권자에 관한 사항을 규정한다. 주식매수선택권 부여는 주주의 신주인수권을 제한하는 것으로서 주식가치의 희석화가 일어날 수 있기 때문에 투자자는 종업원에게 부여되는 주식매수선택권의 발행한도를 투자관련계약서에 명시하여 일정한 한도 내에서의 주식가치의 희석화의 가능성을 인정하는 동시에 이를 초과하는 주식매수선택권 부여를 허용하지 않는 것이다. 미국에서는 주식매수선택권을 비교적 자유롭게 부여하기 때문에 핵심종업원뿐만 아니라 창업자 및 그와 밀접한 관계에 있는 자가 주식매수선택권을 받는 경우가 있고 그 경우 주식매수선택권 부여한도가 계약에 명시되지 않으면 주식매수청구권을 과다하게 부여하여 투자자의 투자지분을 희석화시키기 위하여 창업자 등이 이를 악용하는 경우가 발생할 수 있기 때문이다. 종업원에게 주식매수선택권을 부여하는 경우에 부여방법이 자의적으로 결정되지 않도록 하기 위하여 이사회의 보수위원회가 이를 결정하도록 하는 부여권자의 제한을 규정하는 경우가 있다. 회사의 성과와 종업원의 보수를 효율적으로 연계시키기 위하여 주식매수선택권을 부여하는바, 벤처캐피탈리스트가 보수위원회에 영향을 미칠 수 있으면 주식매수선택권의 부여가 효율적으로 될 수 있도록 통제하는 것도 가능하다.

(2) 우리나라의 경우

우리나라의 주식인수계약서에는 종업원과 관련하여 핵심종업원에 대한 고용계약 체결내용, 주식의 확정적 부여, 주식매수선택권 등을 명시적으로 규정하지 않고 있다. 미국의 경우와 같이 벤처기업의 핵심적인 자산이 인적 자원이라는 전제하에 핵심인력 유출과 유출된 인력이 새로운 경쟁기업을 창업하는 것에 대하여 벤처캐피탈리스트의 투자조건에 명시하여야 할 정도로 중요한 사항이라고 인식하지 않는 것으로 보인다. 다만, 간접적으로 주식의 종류 및 수량, 소유의 변경의 경우에 벤처캐피탈리스트와 사전에 협의하여야 할 사항으로 규정하는 계약이 많으나 주식매수선택권의 부여자체가 주식의 수량에 변경을 가져오는 사항으로 보아야 할지 분명하지 않고 주식매수선택권 부여가 주식수량에 변경을 가져오는 사항이라 하더라도 사전협의 사항에 불과하여 사전협의 절차 시 벤처기업과 벤처캐피탈리스트 간의 의견이 일치하지 아니하더라도 벤처기업은 주식매수선택권을 부여할 수 있다. 통상 우리나라의 주식인수계약서에서는 주식매수선택권의 한도를 자세히 규정하지 않고 있으므로, 벤처기업이 벤처캐피탈리스트의 의사에 반하여 주식매수선택권을 부여함으로써 주식가치를 희석화하는 행위를 통제하기에는 불충분하다. 이러한 구조하에서는 벤처기업은 법률상 한도 및 요건을 충족하는 한 주식매수선택권을 자유롭게 부여할 수 있게 된다. 미국과 달리 우리나라에서는 법률상 주식매수선택권에 대하여 엄격하게 통제하고 있어서 벤처기업이 주식매수선택권 부여의 효율성을 저해하는 측면이 있으나, 계약관계에서 주식매수선택권 부여에 관한 제한 조항이 사용되고 있지 않은 관계로 법률에 주식매수선택권에 대한 규제를 두는 것이 어느 정도 투자자에 대한 보호기능의 역할을 할 수도 있다. 아래에서 구체적으로 현행법상 주식매수선택권 관련 규정과 주식인수계약서 규정 간의 관계를 살펴보고자 한다.

(가) 法律上 株式買受選擇權의 附與限度

현행 법률상 주식매수선택권의 부여한도에 관한 규제를 살펴보면, 상법에 의한 주식회사 일반에 관한 주식매수선택권 부여한도를 특별법에 의하여 상장기업, 협회등록법인, 벤처기업에 대하여 각각 특례를 인정하여 확대하는 구조를 취하고 있다. 벤처기업의 경우 주식매수선택권을 부여할 수 있는 한도는 발행주식 총수의 50%까지이므로, 벤처캐피탈리스트가 투자 시 주식인수계약서에 주식매수선택권 부여한도에 관하여 별도의 규정을 하지 않은 경우에는 투자자의 기존지분은 주식매수선택권이 최대한 부여될 경우 66.6%까지 희석화될 수 있다.[140] 벤처캐피탈리스트는 자신의 의사에 반한 주식매수선택권 부여로 투자지분의 희석화가 일어나지 않도록 하기 위해서는, 주식인수계약서에 벤처기업육성에관한특별조치법에서 규정하는 한도보다 적은 주식매수선택권 부여한도를 규정할 필요가 있다.

(나) 株式買受選擇權 附與對象者

벤처기업육성에관한특별조치법에서 벤처기업[141]은 회사의 임직원이 아닌 자에게도 주식매수선택권을 부여할 수 있도록 부여대상자를 확대하고 있으나, 증권거래법과 같이 최대주주 및 그 특수관계인과 주요주주 및 그 특수관계인을 주식매수선택권 부여대상에서 제외하고 있다.[142] 벤처기업의 경우 주권상장법인 및 협회등록법인과 동일하게 최대주주 및 주요주주와 그 특수관계인을 주

---

[140] 발행주식 총수의 50%까지 제3자에게 주식매수선택권이 부여한 후, 동 주식매수선택권이 행사되면 기존 주주의 지분은 [100 / (100 + 50)] = 66.6%로 희석된다.

[141] 주권상장법인 및 협회등록법인인 벤처기업은 동법의 주식매수선택권규정의 적용대상에서 제외된다 (벤처기업육성에 관한 특별조치법 제16조의3 제1항).

[142] 벤처기업육성에관한특별조치법 제16조의3 제1항, 동법시행령 제11조의3 제3항, 제4항.

식매수선택권 부여대상자에서 제외하고 있는 것은 적절하지 못한 것으로 생각된다. 주식매수선택권을 도입한 취지가 개인의 이익과 회사의 이익을 일치시켜 인센티브를 부여하려는 것임에도 불구하고,[143] 주요주주 또는 최대주주가 창업자 또는 핵심기술자인 경우에 그들에게 적절한 인센티브를 부여하는 보수체계의 설정이 제한되기 때문이다. 이러한 법률상 주식매수선택권 부여대상자의 제한이 있으면, 창업자를 포함한 경영진에게 회사의 성공과 자신의 보수를 일치시키기 위한 방법으로서 현금보수는 적게 하고 주식매수선택권을 부여하는 보수체계를 통하여 창업자의 기회주의적인 행동을 통제하려는 수단의 사용이 어렵게 된다. 또한 벤처기업은 위험성이 매우 큰 만큼 가족 또는 친인척이 회사경영에 참가하는 경우가 발생하며 창업초기에 필요한 자금을 가족 또는 친지로부터 조달하는 경우도 자주 발생하므로, 최대주주와 주요주주의 특수관계인을 주식매수선택권 부여대상에서 제외하는 것도 적절치 못하다.[144] 창업 초기 단계의 벤처기업과 이미 투자자금 회수단계를 거친 주권상장법인 또는 협회등록법인을 동일한 차원에서 주식매수선택권 부여대상을 규정하고 있는 것은 벤처기업과 기존기업과의 자금조달 및 회사경영 참가자의 범위를 이해하지 못하고 있는 것으로 생각된다.

(다) 株式買受選擇權의 행사가격 및 행사기간

벤처기업과 주권상장법인 및 협회등록법인의 주식매수선택권의 행사가격은 주식매수선택권 부여일을 기준으로 상속세 및 증여세법 제63조의 규정을 준용하여 평가한 당해 주식의 시가와 당해 주식의 권면액 이상의 가액으로 정하여야 한다.[145] 주식매수선택권은 주식매수선택권 부여를 결의한 주주총회 결의일로부터 3년이 경과하여야 행사할 수 있으며,[146] 주식매수선택권은 주식매수선택권을 부여하는 주주총회의 결의일로부터 2년 이상 재직 또는 재임하여야 행사할 수 있다.[147] 그러나 주식매수선택권의 행사가격은 주식액면가 이상의 요건만 갖추면 당사자들이 회사의 장래가치의 현가에 대한 판단에 따라 적절한 금액으로 정하도록 하는 것이 적절한 방법이라고 생각한다. 그 이유는 상속세 및 증여세법 제63조에 의하여 산정한 주식시가를 초과하도록 요구하는 것은 시가산정방식이 장래가치를 기준으로 한 것이 아니라 과거의 실적 및 자산을 기초로 한 것이어서 벤

---

[143] 배재광, 벤처기업 창업에서 코스닥 등록까지, 전자신문사 (1999), 140면.
[144] 특수관계인의 배제가 부적절한 예로서 최대주주의 아들이지만 회사의 직원인 경우라면 당연히 주식매수선택권의 부여가 가능하여야 하는 점을 들고 있는 견해가 있다(배재광, 전게서, 141면).
[145] 벤처기업육성에관한특별조치법시행령 제11조의3 제2항, 증권거래법시행령 제84조의6 제3항, 증권거래법시행규칙 제36조의8 제1항.
[146] 벤처기업육성에관한특별조치법 제16조의3 제3항, 증권거래법 제189조의4 제4항.
[147] 상법 제340조 제1항, 증권거래법 제189조의4 제4항, 벤처기업육성에관한특별조치법 제16조의3 제3항.

처기업의 특성상 성장성 및 위험이 큰 사업의 시가산정에 적절한 방식으로는 의문이 제기되기 때문이다. 주식매수선택권의 행사기간을 동 권리의 부여를 결의한 주주총회 결의일로부터 3년이 경과하여야 행사가 가능하도록 하는 규정도 지나친 규제라는 비판과 함께, 회사와 주식매수선택권을 부여받는 자 간에 자율적으로 정하도록 법을 개정하거나 의무보유기간을 1년 정도로 단축하는 것이 필요하다는 지적이 있다.[148] 이러한 견해는 자금조달의 필요에 따라 투자자에게 주식과 함께 주식매수선택권을 부여하는 것을 가능하게 한다는 점, 벤처기업의 경우 회사의 장래에 성공 여부 및 주가에 대한 위험이 매우 높아서 주식매수선택권 행사시기를 투자자나 종업원이 적기라고 판단하는 시점에 행사할 수 있도록 할 필요가 있다는 점, 회사의 자금조달 일정에 따라 적기에 주식매수선택권을 행사할 수 있도록 할 수 있다는 점 등을 고려할 때 매우 적절한 지적이라고 생각한다.

(라) 株式買受選擇權 規定의 問題點

미국의 경우에는 우리나라와 달리 정관에 주식매수선택권 제도를 규정하고 있으면 매수선택권의 부여방법, 부여대상, 행사가격, 행사기간, 재직기간 요건 등의 제한이 없이 정관의 규정에 따라 부여할 수 있도록 하고 있으므로 주식매수선택권 제도의 활용이 매우 자유롭다.[149] 그러나 우리나라에서는 주식매수선택권의 부여한도, 부여대상자, 부여방법, 행사가격 및 행사방법 등이 매우 엄격하게 규정되어 있다. 이러한 현행법하에서는 주식매수선택권이 자금조달의 편의 및 종업원과 회사의 이해관계를 연계시키기 위한 인센티브를 제공하는 수단으로서의 기능과 효율성이 보장되기보다는, 오히려 지나친 규제로 인하여 자금조달의 유연성이 제한되고 종업원에 대한 인센티브를 부여하기 위하여 변형된 주식매수선택권을 부여하는 방법을 사용할 수 없게 되는 문제점이 있다. 또한 법률상 규정된 한도나 대상의 범위를 위반한 경우의 주식매수선택권 부여의 효력과 법률에 규정된 행사방법 및 행사가격을 위반한 경우의 처리방법 등에 대하여 현행법상 규정이 없으므로, 당사자 간에 계약으로 현행법상의 주식매수선택권과 다른 내용의 주식매수선택권을 규정한 경우에 그 효력에 대하여 논란의 여지가 있을 수 있다. 따라서 주식매수선택권은 회사의 정관에 근거규정이 있는 경우에 회사가 자유롭게 부여할 수 있도록 하는 것이 바람직하다고 생각되며, 주주배정에 의한 기존주주에 대한 비례적인 주식매수선택권 부여가 아니어서 주식매수선택권 부여로 주주의 신주인수권 제한이 생기는 문제는, 일반적인 주주의 신주인수권 제한의 경우와 같이 다루면 될 것으로 보인다.

---

[148] 배재광, 벤처기업 창업에서 코스닥 등록까지, 전자신문사 (1999), 145면.
[149] Delaware General Corporation Law §157.

제2절 投資後 投資對象 벤처기업 運營 關聯 法的關係

I. 벤처캐피탈리스트와 벤처기업가의 法的關係

1. 附加的 寄與로 인한 法的關係

벤처캐피탈리스트는 투자대상회사(portfolio company)에 단순히 자금만을 제공하는 것이 아니라, 세 가지 중요한 附加的인 寄與(additional contributions)를 한다. 經營支援機能(management assistance), 강력한 監視 및 統制機能(intensive monitoring and control), 名聲的 資本 (reputational capital)[150]의 提供 등이 그러한 부가적인 기여이다.[151] 이러한 附加的 寄與는 투자 후 투자대상 벤처기업의 운영단계에서 벤처기업과 벤처캐피탈리스트 간의 이해관계에 중요한 영향을 미치는 요소이다. 미국에서는 벤처기업이 벤처캐피탈리스트를 선택하는 데 있어서 附加的 寄與 제공능력을 매우 중요한 요소로서 고려한다.

첫째, 經營支援機能은 벤처캐피탈리스트가 투자대상 회사에 대하여 경영상의 지원을 하는 것을 말한다. 이 기능은 경영컨설팅 회사가 고객에 대하여 경영자문을 제공하는 것과 유사하다. 벤처캐피탈리스트는 신생회사(start-up)를 성장시켜 본 경험을 이용하여 이러한 經營支援機能을 수행하게 된다. 투자대상회사와 동일 산업이나 연관 산업에 투자한 경험에서 얻은 시장지식을 이용하여, 벤처캐피탈리스트는 투자대상회사가 필요로 하는 경영지원을 하게 되는 것이다.[152] 벤처캐피탈리스트는 투자대상 회사가 적절한 인력을 구하기 어려운 경우에 그 회사가 필요로 하는 경영진과 기술인력을 찾는 것을 도울 수 있으며, 투자대상 회사가 시제품 개발에서 생산, 마케팅, 판매에 이르기까지 예상되는 문제점을 극복하는 데 조력할 수 있다.[153]

둘째, 벤처캐피탈리스트는 벤처기업의 지분을 소유하기 때문에 벤처기업가의 성과(performance)를 감시할 강력한 동기(incentives)를 갖고 있다. 또한 벤처캐피탈리스트는 감시·통제기능을 수행할 수 있는 강력한 통제수단을 보유한다. 이러한 통제수단 중의 하나는 단계적 자금지원이다. 이 방법을 사용하면 최초투자로 제공하는 자금이 투자대상 기업의 사업계획 전부를 실행해 옮기

---

[150] 名聲的 資本(reputational capital)은 과거의 거래, 경험, 실적 등으로 좋은 評判이 형성된 상태를 말한다.

[151] Bernard S. Black and Ronald J. Gilson, *Venture Capital and the Structure of Capital Markets: Banks Versus Stock Markets*, 47 J. Fin. Econ. 246 (1998).

[152] Bernard S. Black and Ronald J. Gilson, *supra* note 151, at 252.

[153] *Id.* at 253.

기에는 충분하지 못하게 되어, 반드시 추가적 자금지원이 필요하게 된다. 벤처캐피탈리스트는 추가적 자금지원 여부를 결정할 때 투자대상 회사의 성과를 확인함으로써 감시 · 통제기능을 수행할 수 있다. 다른 통제수단은 벤처캐피탈 계약에 규정된다. 계약상 벤처캐피탈스트는 일반적으로 轉換社債 또는 轉換優先株를 자금투자의 대가로 받는데, 이미 보통주로 전환된 것과 마찬가지로 의결권을 행사할 수 있도록 계약에서 규정한다. 또한 벤처캐피탈 펀드는 일반적으로 의결권에 비례하여 산정한 수보다 많은 수의 이사를 선임할 권한을 보유하고 있으며[154], 이러한 이사회 통제권한을 사용하여 최고경영자의 성과가 좋지 못한 경우에는 이를 교체할 수 있게 된다. 벤처캐피탈리스트가 이사회 통제권한을 갖고 있지 못한 경우에도 벤처기업의 중요한 운영상의 의사결정시 거부권을 행사할 수 있는 권리를 투자자의 권리에 관한 계약(investor rights agreement)에서 규정하고 있다.[155]

셋째, 名聲的 資本은 투자은행이 기업공개 시 주간사회사로서 명성을 제공하는 것처럼 벤처캐피탈리스트가 名聲的 媒介體(reputational intermediary)[156]로서의 역할을 하는 것을 말한다. 이러한 특성 때문에 거래상대방이 벤처캐피탈리스트의 자금지원 사실을 알면, 투자대상 회사의 거래상 신용이 증가한다. 예컨대, 벤처캐피탈리스트가 투자대상 회사에 투자한 사실은 그 회사의 성공가능성을 알리는 신호로서 역할을 하므로, 유능한 인력이 그러한 회사에 취업할 가능성이 높아진다. 회사에 대한 공급자(suppliers)와 고객도 이러한 회사와 거래하는 것을 보다 신뢰할 수 있게 된다. 벤처캐피탈리스트의 명성은 회사가 향후 주식을 공개하는 경우에도 도움이 된다.[157]

벤처캐피탈리스트의 附加的 寄與는 다른 측면에서 보면 벤처기업의 지배구조가 벤처캐피탈리스트의 적극적인 개입을 허용하는 구조로 되어 있기 때문에 가능하다. 이러한 점에서 벤처캐피탈의 지원을 받는 회사가 높은 수익을 올리는 이유 중의 하나가 효율적인 지배구조를 갖고 있기 때문이라고 설명하기도 한다. 벤처캐피탈의 지원을 받는 회사의 支配構造(governance structure)는 초기단계의 회사에 투자할 경우에 생기는 계약상의 중요한 문제인 不確實性(uncertainty), 情報의 不均衡(information asymmetry), 代理人費用(agency costs)으로 인한 문제를 해결하는 데 적절한 구조로 되어 있다. 첫째, 단계적 투자를 이용하여, 벤처기업가에게 기업의 성과를 올리기 위한 중요한 동기를 제공하고 회사의 장래성과 및 기업가의 성향에 대한 정보의 불균형을 줄이게 된다. 둘째, 벤처캐피탈리스트는 자신의 지분을 초과하는 통제권을 갖는다. 이사회에 상당한 대표권을

---

[154] 일반적으로 이사수의 절대다수를 차지함.

[155] Bernard S. Black and Ronald J. Gilson, *supra* note 151, at 253.

[156] 이미 좋은 評判이 형성되어 있는 자가 아직 신용을 쌓지 못한 회사에 대하여 거래등을 주선함으로써, 간접적으로 자신의 評判을 이용할 수 있도록 할 경우에 名聲을 제공한 자를 말한다.

[157] Bernard S. Black and Ronald J. Gilson, *supra* note 151, at 254.

갖고 이사회의 통제권을 갖으며, 최고경영자(CEO)를 교체할 힘을 갖고, 투자자 권리계약 (investors rights agreement)상 약정사항(covenants)을 통하여 중요한 경영상의 의사결정에 대하여 승인할 권한을 갖는다. 이러한 지분을 초과한 통제권 때문에 기업가는 성공적인 기업공개로 통제권을 회복하려고 하는 동기를 갖게 된다. 셋째, 기업가는 단계적으로 주식을 확정적 부여받는다는 조건을 감수해야 한다. 주식의 단계적 부여는 지분을 초과하는 통제권과 결부되어 회사의 성과를 올리기 위한 강력한 동기를 부여한다.[158] 그러나 最初公募(IPO) 전에 벤처캐피탈리스트가 적극적인 역할을 하는 것과 달리, 最初公募(IPO) 직후에는 그 지배구조가 情報의 不均衡이나 代理人費用의 문제를 해결하기보다는 오히려 이를 심화시키는 구조로 되어 있다.[159] 最初公募로 주식이 다수의 투자자에게 분산됨으로써 代理人問題는 심화된다. 또한 벤처캐피탈리스트가 투자대상 회사의 운영에 적극적으로 개입하는 것과 달리 주간사회사(underwriter)는 일단 회사가 공개되고 나면 그 회사의 운영에 대하여 특별한 역할을 하지 않는다.

2. 企業支配構造와 관련한 問題點

미국의 기업지배구조와 관련한 입장들은 세 가지 중의 하나로 구분할 수 있다. 첫째, 株主中心의 모델(shareholder model)[160], 둘째, 利害關係者 모델(stakeholders model)[161], 셋째, 주주모델과 이해관계자 모델의 절충형태인 會社의 最善의 利益을 고려하는 모델 (best interest of

---

[158] Ronald J. Gilson, *Understanding the Choice between Public and Private Equity Financing of Early Stage Companies: A Comment on Barry and Turki*, 2 J. Small & Emerging Bus. L. 128-129 (1998).

[159] *Id.* at 129.

[160] 주주중심의 모델에서는 이사는 주주의 이익을 극대화하기 위하여 노력하여야 하는 점을 강조한다. 주주중심의 모델에 대한 설명은 John H. Matheson & Brent A. Olson, *Corporate Cooperation, Relationship Management, and the Trialogical Imperative for Corporate Law*, 78 Minn. L. Rev. 1443, 1462 (1994); Richard A. Posner, *The Ethical and Political Basis of the Efficiency Norm in Common Law Adjudication*, 8 Hofstra L. Rev. 487, 491-497 (1980) 참조.

[161] 이해관계자 모델에서는 이사와 임원은 모든 회사의 구성원 즉 이해관계자에 대해서 충실의무(fiduciary duty)를 진다고 한다. 이해관계자 모델에 대한 설명은 Marleen A. O'Connor, *The Human Capital Era: Reconceptualizing Corporate Law to Facilitate Labor-Management Cooperation*, 78 Cornell L. Rev. 899, 954-955 (1993); Joseph W. Singer, *The Reliance Interest in Property*, 40 Stan. L. Rev. 611 (1988); Charles Hansen, *Other Constituency Statutes: A Search for Perspective*, 46 Bus. Law. 1355 (1991); David Millon, *Theoretical and Practical Framework for Enforcing Corporate Constituency Statutes*, 70 Tex. L. Rev. 579, 635-636 (1992) 참조.

corporation as a whole)[162]이다. 셋째 모델의 근거는 이사는 어느 특정 이해관계자를 우위에 둘 것이 아니라 회사전체로서의 이익을 우선해야 한다는 것이다.

1980년대 기업인수가 성행한 후에, 다수의 주에서는 이사에게 회사에 대한 의사결정 시 주주 이외의 자에 대한 이익(nonshareholder interests)을 고려할 수 있는 권한을 부여하는 입법을 하였다.[163] 이러한 주주 이외의 구성원을 고려하도록 한 입법(nonsharholder constituency statutes)은 이사가 "全體로서 會社의 最善의 利益(the best interests of the corporation as a whole)"을 고려할 수 있는 권리를 명문화하였다. 이러한 입법을 한 주에서 일반적으로 이러한 기준은 공개회사의 회사지배에 관한 모델로 받아들여지고 있다.

그러나 이러한 기준이 폐쇄회사의 이사에게도 확장되는지는 불명확하다. 공개회사와는 달리 다수의 주에서 폐쇄회사의 이사는 비지배주주를 보호하기 위한 救濟立法(remedial legislation)의 적용을 받는다.[164] 비지배주주는 폐쇄회사에서 의견의 대립이 전개되는 경우에 특히 위험을 입기

---

[162] 회사의 최선의 이익을 고려하는 모델에 대한 설명은 Steven M. H. Wallman, *The Proper Interpretation of Corporation of Corporate Constituency Statutes and Formulation of Director Duties*, 21 Stetson L. Rev. 163, 167 (1991) 참조.

[163] Ariz. Rev. Stat. Ann. § 10-1202. A (1996) ; Conn. Gen. Stat. § 33-313(e) (1995); Fla. Stat. Ann. § 607.0830 (3) (1993); Ga. Code Ann. § 14-2-202(b)(5) (1994); Haw. Rev. Stat. § 415-35(b)(1990); Idaho Code § 30-1602(1996); 805 Ill. Comp. Stat. Ann. 5/8.85 (1993); Ind. Code § 23-1-35-1(d) (1995); Iowa Code Ann. § 491.101(B) (1991); Ky. Rev. Stat. Ann. § 271B.12-210(4) (1996); La. Rev. Stat. Ann. § 12:92(G) (1994); Me. Rev. Stat. Ann. tit. 13-A, § 716 (1996); Mass. Gen. Laws ch. 156B, § 65 (1996); Minn. Stat. § 302A.251 (1997); Miss. Code Ann. § 79-4-8.30(d) (1996); Mo. Ann. Stat. § 351.347 (1991); Neb. Rev. Stat. § 21-2045(1)(c) (1991); N.J. Stat. Ann. §14A: 6-1 (1990); N.M. Stat. Ann. § 53-11-35(D) (1990); N.Y. Bus. Corp. Law § 717(b) (1997); Ohio Rev. Code Ann. § 1701.59(E) (1992); Or. Rev. Stat. § 60.357 (5) (1988); 15 Pa. Cons. Stat. § 515-16 (1992); R.I. Gen. Laws § 7-5.2-8(a) (1992); S.D. Codified Laws § 47-33-4 (1991); Tenn. Code Ann. § 48-103-204 (1995); Va. Code Ann. § 13.1-727.1 (1993); Wis. Stat. Ann. § 180.0827 (1992); Wyo. Stat. Ann. § 17-16-830 (1989).

[164] Ala. Code § 10-2B-14.30 A (1994) ; Ark. Code Gen. Ann. §4-27-1430 (1996); Cal. Corp. Code. § 1800(b) (4) (1990); Colo. Rev. Stat. Ann. § 7-114-301 (1996); Ga. Code Ann. § 14-2-940 (1994); Idaho Code § 30-1-97 (1996); Iowa Code Ann. § 490.1430 (1991); Md. Code. Ann. Corps. & Ass'ns § 3-413 (1993); Mich. Comp. Laws Ann. § 450.1489 (1990); Miss. Code Ann. § 79-4-14.30 (1996); Mo. Ann. Stat. § 351.494 (1991); Mont. Code Ann. § 35-1-938 (1995); Neb. Rev. Stat. § 21-20,162 (1995); N.H. Rev. Stat. Ann. § 293-A:14.30 (1996); N.J. Stat. Ann. §14A:12-7 (1996); N.M. Stat. Ann. § 53-16-16 (1983); N.Y. Bus. Corp. Law § 1104-a(a)(1) (1986); Or. Rev. Stat. § 60.661 (1993); Pa. Stat. Ann. tit. 11A § 14.30 (1995); Va. Code Ann. § 13.1-747 (1997); Wash. Rev. Code Ann. § 23B.14.300 (1997); W. Va. Code § 31-1-41

때문에, 이러한 입법은 지배주주의 불법적, 억압적 또는 사기적 행위(illegal, oppressive or fraudulent conduct)에 대한 解散에 의한 救濟(relief of dissolution)를 법정구제수단(a statutory remedy)으로 허용하는 것으로 규정하고 있다.

이러한 救濟的 解散을 적용함에 있어서, 특정의 행위가 비자발적 해산을 허용할 정도로 충분히 억압적인가를 결정하기 위하여 뉴욕주 법원은 "合理的 期待基準"(the reasonable expectation test)-폐쇄회사의 지배주주는 비지배주주의 객관적으로 합리적인 기대를 저버리지 않도록 행동할 것을 요구됨-을 채택하였다.[165]

폐쇄회사와 관련된 대부분의 경우에는, 합리적 기대기준의 적용은 회사의 최선의 이익을 고려하는 모델과 양립할 수 있다. 불법적이거나 사기적인 행위의 경우 양기준은 일치할 수 있으나, 억압적인 행위는 억압적이라는 개념이 모호함으로 인해 양기준이 상충하는 경우가 생길 수 있다. 폐쇄회사의 지배주주가 회사의 최선의 이익을 위해 선의(good faith)로 한 결정이 비지배주주의 합리적 기대에 반하는지 여부에 대하여 폐쇄회사의 지배주주는 "최선의 추측(best guess)"을 하여야 하며, 만약 이러한 추측이 틀린 경우에는 그러한 결정으로 인해 회사의 해산을 초래할 수 있다.[166]

그러나 폐쇄회사의 최선의 이익을 위하여 선의로 한 결정에 대하여 합리적 기대기준을 적용하는 것은 부당하다. 특히, 합리적 기대기준을 신생 기업가적 회사(start-up entrepreneurial firms)[167]에 적용하는 것은 부적절하다. 성숙한 폐쇄회사와 달리 기업가적 기업의 궁극적 목적 중의 하나는 공개회사가 되는 것이다. 공개회사가 되면 기업가적 회사는 더 이상 합리적 기대기준의 적용대상이 되지 않게 된다. 따라서, 초기의 폐쇄회사의 단계에 있는 동안 의사결정의 능력을 제한함으로써 기업가적 기업의 성장을 제한하는 것은 비합리적이다. 시장에서 장기적인 경쟁력을 확보하기 위해서 기업가적 기업은 모든 이해관계자의 최선의 이익을 비교교량할 수 있는 권리가 부여되어야 한다. 기업가적 기업의 지배주주의 선의의 결정이 억압적이라고 인정되면, 주주이외의 구성원을 고려하는 입법에 의해서 인정된 기준이 합리적 기대기준보다 우월적으로 적용되어야 한다.[168]

(1996); Wis. Stat. Ann. § 180.1430 (1992); Wyo. Stat. Ann. § 17-16-1430 (1989).

[165] *In re* Kemp & Beatley, Inc., 473 N.E. 2d 1173 (N.Y. 1984).

[166] Brian S. Cohen, *Corporate Governance for the Entrepreneur*, St. John's L. Rev. 128-129 (1997).

[167] "기업가적 기업(entrepreneurial firms)"은 개인의 통제하에서 급격한 성장기에 있는 폐쇄회사를 의미한다(Brian S. Cohen, *supra* note 163, at 129).

[168] Brian S. Cohen, *supra* note 166, at 125-130 참조.

(1) 合理的 期待基準을 適用한 判例[169]

In re Kemp & Beatley, Inc.[170]에서 법원은 非自發的 解散을 야기하는 억압적 행동에 대한 적절한 기준을 설시하였다. 본 사건에서 해산을 청구한 원고는 피고인 폐쇄회사에 장기간 근무해 온 두 명의 핵심근로자였다. 원고들은 총 사외발행주식의 20.33%를 보유하고 있었으며, 8명의 주주 중 2명이었다. 연말에 주주들에게 배당하는 것과 주주가 퇴직하는 경우에 퇴직자의 주식을 회사가 매수하는 것은 회사의 오래된 관행이었다. 원고들이 회사를 퇴직하였을 때(주식은 계속 보유하였지만), 회사는 기존의 정책을 바꾸어 더 이상 주주의 지위에서 수익을 얻는 것이 아니라 회사에 제공한 역무에 대하여 수익을 얻는 구조로 바꾸었다. 이러한 정책의 변경으로 원고는 자신의 투자로부터 수익을 얻을 수 있는 기회를 박탈당하였다. 그 결과 원고는 New York Business Corporation Law section 1104-a에 따라 해산을 청구하였다. 원고들은 이사들의 "사기적이고 억압적인(fraudulent and oppressive)" 행동으로 인해 자신들의 주식이 "사실상 가치없는 자산(a virtually worthless asset)"이 되었다고 주장하였다. 억압적 행위에 대한 판단에서, 항소심 법원은 원고에게 유리하게 판결한 사실심법원의 판결을 認容하였다. 다수의 주주가 소수주주에게 보다 유리한 대안을 제시하지 않았으므로, 법원은 공평한 결과를 위하여 소수주주가 요구하지는 않았더라도 주식매수청구권(buyout option)을 인정해야 한다고 판시하였다. 이러한 판결을 함에 있어서, 법원은 "합리적 기대(reasonable expectations)" 분석을 사용하였다. 소수주주의 해산신청을 심리함에 있어서, 법원은 기업활동에 개시할 때 다수주주가 알았거나 알고 있어야 했던 소주주의 합리적인 기대가 무엇인지를 살펴보아야 한다. 객관적으로 보아야 할 이러한 기대는 그러한 상황하에서 합리적이어야 하며 신청자의 합작 여부 결정에 핵심적이어야 한다. 그러나 실망 그 자체로는 해산의 근거가 될 수 없기 때문에, 이러한 기대에는 회사의 성공을 위한 단순한 희망(hope) 또는 열망(desire)은 고려하여서는 안 된다.

(2) 合理的 期待基準의 適用에 대한 反論

벤처기업과 같은 회사에 합리적 기대기준의 적용에 대하여 다음과 같은 근거에서 반론이 제기되고 있다. 기업가의 사업에 대한 중요한 동기 중의 하나는 "자유(freedom)"이다. 그들은 사업의

---

[169] 뉴욕주 이외에서 합리적 기대기준을 적용한 판례로는 Stefano v. Coppock, 705 P. 2d 443,446 n.3 (Alaska 1985); Smith v. Leonard, 876 S.W. 2d 266, 272 (Ark. 1994); Bauer v. Bauer, 54 Cal. Rptr. 2d 377, 381 (Cal. Ct. App. 1996); Retzer v. Retzer, 578 So. 2d 580, 594 (Miss. 1990); Balvik v. Sylvester, 411 N.W. 2d 1141, 1145 (Pa. Commw. Ct. 1992).

[170] In re Kemp & Beatley, Inc., 473 N.E. 2d 1173(N.Y. 1984).

개시 및 하나의 제국을 향하여 업무를 함에 있어서 독립성과 자율성을 가질 수 있는 자유를 소중히 여긴다. 기업가는 비지배주주의 간섭 없이 자신의 사업계획에 따라 아이디어를 채택하고 이를 실행해 옮길 수 있는 자유가 필요하다. 기업가는 종업원, 고객, 동료 소유자를 고려할 수 있는 자유가 있어야 한다. 칭찬할 만한 일에 대하여 종업원을 보상할 수 있는 자유가 있어야 한다.[171] 이러한 자유를 추구함에는 위험감수(risk-taking)가 수반된다.[172] 회사의 전략을 결정함에는 위험이 중요한 요소로 고려된다. 폐쇄회사의 다수지분을 보유하는 기업가는 단기적인 이익을 회사와 회사의 미래를 위하여 사용할 수 있는 통제되지 않은 대권을 보유하여야 한다.

합리적 기대기준을 기업가에 대한 유일한 판단의 기준으로 사용하는 것은 거부되어야 한다.[173] 합리적 기대기준은 지배주주의 결정이 회사의 재산을 약탈하고 빼돌리는 진정한 의미에서의 억압적인 상황에는 적용이 가능하다. 그러나, 양자가 선의로 행동하고 있는 경우에는, 회사의 지배의 상태는 회사와 회사의 미래에 도움이 되는지에 초점을 맞추어야 한다. 합리적 기대기준은 다른 이해관계자들인 종업원, 채권자, 지역사회의 이익을 무시하면서 주주를 최우선으로 대우하는 것이다.[174] 주주 이외의 구성원의 이익을 고려하도록 하는 법률에 따르는 것을 최우선으로 하는 것은 의사결정으로 인한 부당한 두려움이 없이 필요한 회사의 의사결정을 할 수 있는 자유를 기업가에게 주는 것이다.

(3) 우리나라의 경우

우리나라 상법상 소수주주를 억압하게 되는 방향으로 이사회에서 의사결정을 하는 것이 이사에게 허용되는지 여부 및 허용되지 않는다면 이에 대한 구제수단은 무엇인지 살펴볼 필요가 있다. 그 이유는 벤처기업은 폐쇄회사로서 소수주주의 이익에 반하는 의사결정이 있을 경우 주식의 처분에 의하여 투자자금을 회수하는 방법을 사용하여 자신의 이익을 보호하기가 사실상 곤란하므로 지배주주의 소수주주의 이익을 억압하는 의사결정으로부터 소수주주의 이익을 보호할 필요가 있는 한편, 벤처기업가는 지배주주로서 회사의 장래를 위하여 소수주주를 포함한 주주가 현재는 손해를 보더라도 회사 전체적인 입장에서 최선이라고 생각되는 의사결정을 하여야 할 경우가 생길

---

[171] Brian S. Cohen, *supra* note 167, at 147-150.

[172] Walter Adams and James W. Brock, *Predation, "Rationality" and Judicial Somnambulance*, 64 U. Cin. L. Rev. 811, 866 (1996).

[173] Sandra K. Miller, *Should the Definition of Oppressive Conduct by Majority Shareholders Exclude a Consideration of Ethical Conduct and Business Purpose?*, 97 Dick. L. Rev. 227, 233 (1993).

[174] Sandra K. Miller, *What Remedies Should Be Made Available to the Dissatisfied Participant in a Limited Liability Company?*, 44 Am. U. L. Rev. 465, 533 (1994).

수 있기 때문이다. 이러한 경우 소주주주의 이익과 회사의 이익이 상충되므로 이사는 누구의 이익을 우선하여 의사결정을 하여야 하는가 하는 것이 문제된다. 이러한 문제를 검토하기 위하여 먼저 기업지배구조와 관련하여 우리나라는 주주 중심의 모델, 이해관계자 모델, 회사의 최선의 이익을 고려하는 모델의 세 가지 중 어느 것에 해당하는지 살펴볼 필요가 있다. 그 이유는 이사의 의사결정의 타당성 또는 적법성이 세 가지 모델 중 어느 입장을 취하는지 여부에 따라 차이가 있을 수 있기 때문이다.

상법상 이사는 회사의 기관인 이사회의 구성원으로서 이사회에서 회사의 업무집행에 관한 의사결정에 참여할 권한을 갖는다.[175] 또한 이사는 회사로부터 법률행위 기타의 사무를 위임받은 자로서 이사와 회사의 관계는 準委任이다.[176] 따라서 이사는 회사의 수임인으로서 위임인이 회사의 업무를 처리함에 있어서 善管注意義務를 부담한다(민법 제681조). 또한 상법에서는 '이사는 법령과 정관의 규정에 따라 회사를 위하여 직무를 충실하게 수행하여야 한다'라고 규정하여 이사의 忠實義務를 명문화하고 있다.[177] 이사는 위임인인 회사에 대하여 善管注意義務를 내지 忠實義務를 부담한다는 점에서 상법의 입장은 회사의 최선의 이익을 고려하는 모델에 해당한다고 보는 것이 법문에 충실한 해석이라고 할 수 있을 것이다. 그러나 이사는 주주총회에서 선임하도록 되어 있고(상법 제382조 제1항), 주주는 1주마다 1개의 의결권을 가지므로(상법 제369조 제1항) 의결권 행사에 관한 주주 간에 특별한 합의가 없는 한 이사회는 지배주주가 선임한 이사가 과반수를 차지하게 될 것이다. 이러한 이사의 선임구조를 보면 이사는 자신을 선임한 지배주주의 이익을 위하여 행동할 수 있는 가능성이 매우 높다. 따라서 이사선임과 관련한 상법의 구조의 실질은 지배주주의 이익을 보호하기에 적합한 것이다. 즉 이사의 행동에 대한 다른 통제수단이 없게 되면 이사는 소수주주의 이익을 무시하는 결정을 할 수도 있는 구조인 것이다.[178]

상법은 주식회사의 경우 폐쇄회사와 공개회사를 구별하지 않고 있으며, 폐쇄회사의 소수주주에게 지배주주의 불법적, 억압적 또는 사기적 행위를 이유로 법원에 해산을 청구할 권리를 인정하지 않고 있다.[179] 그러나 폐쇄회사의 성격과 유사한 인적회사인 합명회사와 합자회사의 경우에는 각

---

[175] 崔基元, 전게서, 526면.

[176] 상법 제382조 제2항.

[177] 상법 제382조의3.

[178] 주주중심의 모델에 의하면 이러한 경우에 소수주주도 주주이므로 주주로서 소수주주의 이익도 보호하여야 하므로 소수주주의 이익을 억압하는 이사의 행위에 대한 구제수단을 부여하는 것이 정당화될 것이다.

[179] 상법은 100분의 10이상에 해당하는 주식을 보유하는 주주에게 주식회사에 대한 해산판결을 청구할 수 있는 권한을 부여하고 있지만 해산판결을 청구할 수 있는 사유로 회사의 업무가 현저한 정돈상태를 계속하여 회복할 수 없는 손해가 생긴 때 또는 생길 염려가 있는 때와 회사재산의 관리 또는 처분의 현저한 실당으로 인하여 회사의 존립을 위태롭게 한 때로 한정하고 있어서 회사에 대한 손해나 회사의 존립을 위태롭

사원은 부득이한 사유가 있는 경우에 회사의 해산을 법원에 청구할 수 있도록 되어 있다(상법 제 241조 제1항). 부득이한 사유란 사원 간의 불화가 극심하여 그 상태로는 회사의 존속이 곤란한 경우로서 일부사원의 제명, 퇴사, 지분양도나 총 사원의 동의에 의한 해산이 곤란한 경우를 말한다고 한다.[180] 주식회사의 경우에는 제명이나 퇴사제도가 없고, 지분양도도 폐쇄회사의 소수주주의 지분을 양수하려는 자는 쉽게 발견하기 어려우며, 지배주주가 동의하지 않는 경우에 주주총회의 결의로 해산하는 것도 불가능하다. 상법 규정에 따르면 소수주주는 자신의 이익이 지배주주에 의하여 억압되는 경우 이러한 억압만을 이유로 하는 주식회사의 해산을 법원에 청구할 수 있는 권리가 없다.[181] 그러나 인적회사와 달리 폐쇄회사인 주식회사의 소수주주는 지배주주가 자신을 억압하는 행동을 하는 경우에 출자한 지분을 회수할 수 있는 방법이 없어서, 공개회사의 주주와 달리 비상장 또는 비등록 회사의 소수주주에 대한 지배주주의 억압을 통제하는 수단으로 소수주주가 법원에 해산청구 또는 회사에 대하여 주식매수청구권을 행사할 수 있도록 하는 것을 입법론적으로 검토할 필요가 있다. 입법론적으로 지배주주의 억압적 행동에 대한 소수주주의 해산청구권의 도입을 고려하는 경우에 합리적 기대기준과 회사의 최선의 이익을 고려하는 모델과의 관계에 대한 미국법상의 해석이론을 참고할 수 있을 것이다. 이 경우 지배주주와 소수주주가 모두 선의로 행동한 경우에는 회사의 이익에 최대한 부합하는 지배주주의 결정이 비록 소수주주에 대한 억압적인 행동이 되더라도 이 경우에는 회사의 최선의 이익이라는 기준을 적용하여 합리적 기대기준의 적용을 제한할 수 있을 것으로 본다.

3. 段階的 資金支援(staged capital infusions)과 關聯된 法的問題

(1) 槪 觀

단계적 자금지원은 벤처캐피탈리스트가 투자대상 벤처기업의 사업계획상 필요한 모든 자금을 일시에 전부 투자하지 않고, 투자를 여러 단계로 구분하여 각 단계별로 벤처캐피탈리스트가 주기적으로 투자대상 회사에 대한 재평가를 실시하여 다음 단계에 추가적인 자금지원을 계속할지 여

게 하는 경우가 아닌 소수주주에 대한 손해발생이나 억압은 주식회사의 해산판결의 청구사유로는 규정하지 않고 있다.

[180] 崔基元, 전게서, 103면.

[181] 따라서 미국의 경우와 같이 폐쇄회사의 소수주주의 억압에 대한 구제적 해산의 권리를 소수주주에게 부여함으로써 발생하는 문제는 현행법상 문제가 되지 않는다. 소수주주에게 구제적 해산청구권을 부여할 수 있을 정도로 억압적인 행위인가를 결정하기 위한 기준이 "합리적 기대기준"도 구제적 해산청구권이 우리 상법상 인정되지 않으므로 현행법의 해석상 문제되지 않는다.

부를 결정하는 방식에 의한 자금지원 방식을 말한다.

　단계적 자금지원은 벤처캐피탈리스트에게 사업의 성공 여부에 대한 전망이 불투명한 경우에 사업을 포기할 수 있는 선택권(the right to abandon a project)을 부여한다. 벤처캐피탈리스트가 사업포기 선택권을 갖는 것이 중요한 이유는 벤처기업가는 자금을 계속 지원받는다면 실패하고 있는 사업이라도 투자를 중단하는 것이 사실상 매우 어렵기 때문이다. 단계적 자금지원은 벤처기업가 투자된 자금을 남용하는 것에 대하여 통제하는 수단으로 두 가지 형태를 사용한다. 첫째, 자금조달 요건이 더욱 엄격하게 되어 경영진의 지분이 감소하게 된다. 둘째, 단계적 자금지원 구조는 벤처캐피탈리스트가 사업을 중단하게 할 수 있게 한다.[182]

　단계적 자금지원은 벤처캐피탈리스트가 벤처기업가에 대하여 사용할 수 있는 가장 강력한 통제수단이다. 벤처기업에 대한 단계적 자금지원은 벤처캐피탈리스트가 투자대상사업을 포기할 선택권을 유지하면서 정보를 수집하고 회사의 발전상태를 감시하도록 하는 기능을 한다.[183] 단계적 자금지원을 하는 목적은 위험이 높고 고수익을 목적으로 하는 투자에서 벤처캐피탈리스트와 벤처기업가 간의 잠재적인 대리인비용과 정보의 불균형으로 인한 기회주의적인 행동을 통제하기 위한 것이다. 일반적으로 벤처캐피탈리스트와 벤처기업가 간의 계약에서 단계적 자금지원을 규정함으로써 이러한 잠재적인 대리인비용에 대한 통제를 하게 된다.[184]

(2) 順機能

　단계적 자금지원의 기능은 투자와 관련한 불확실성으로 인한 위험을 투자자로부터 벤처기업가로 이전시키는 기능과 투자대상 회사의 사업에 대한 기대가치를 증가시키는 기능의 두 가지로 크게 구분할 수 있다.[185] 첫째, 단계적 자금지원은 투자와 관련한 외부적 불확실성(exogenous uncertainty)으로 인한 위험을 투자자로부터 벤처기업가에게 이전한다. 초기단계의 벤처기업에 대한 투자는 기술성 및 사업성이 아직 입증되지 못한 위험성이 매우 큰 사업에 대한 투자이므로, 투자의 성공 여부에 대한 불확실성이 매우 크다. 단계적 지금지원은 사업에 필요한 모든 자금을 일시에 전부 투자하지 않고, 사업의 성공에 필요한 각 단계별 가시적인 성과의 달성이 확인된 경우에 다음 단계의 자금지원을 계속하는 의사결정 과정을 거치게 된다. 단계적 자금공급은 투자자

---

[182]　William A. Sahlman, *The Structure and Governance of Venture-Capital Organizations*, 27 J. of Fin. Econ. 507 (1990).

[183]　Paul Gompers and Josh Lerner, *The Venture Capital Cycle*, MIT Press (1999), p. 139.

[184]　*Id.* at 168.

[185]　Theodore Baum and Ronald J. Gilson, *The Legal Infrastructure of the German Venture Capital Market: Barriers to Replication the U.S. Template*, Working Paper (1999), pp. 91-94.

에게 투자를 포기할 선택권(option to abandon)을 부여하는 것이다. 따라서 각 단계의 투자의 성공 여부에 대한 불확실성으로 인한 위험은 투자자로부터 벤처기업가에게 이전되는 것이다.

둘째, 단계적 자금지원이 투자대상 회사의 사업의 기대가치를 증가시키는 기능을 하는 것은 대리인문제를 줄이는 것과 정보의 불균형을 줄이는 것에 의하여 가능하다. 먼저 단계적 자금지원은 벤처기업가의 회사운영과 관련한 대리인문제를 줄이는 기능을 한다. 단계적 자금지원이 회사운영과 관련한 적극적인 기능을 하기 위해서는 투자에 따른 불확실성을 투자자로부터 벤처기업가에게 전가시키는 것만으로는 부족하다. 투자에 대한 포기선택권(option to abandon)을 벤처기업가로부터 벤처캐피탈리스트에 이전시키는 것만으로는 투자에 대한 기대가치를 증가시키는 못하고 전체적인 투자로 인한 기대가치는 변함이 없기 때문이다.[186] 단계적 자금지원을 통하여 사업성과에 대하여 벤처캐피탈리스트와 벤처기업가의 이해관계를 일치시키게 된다. 벤처기업이 중간목표를 달성하지 못하는 경우에 벤처캐피탈리스트는 다음 단계의 자금지원을 거부하거나 다음 단계의 자금지원시 자금지원의 기초가 되는 회사에 대한 가치를 낮게 평가하게 된다. 따라서 벤처기업가는 중간목표를 달성하기 위하여 노력하게 되는 동기를 갖게 된다. 벤처캐피탈리스트가 자금지원을 거절하거나 회사의 가치평가를 낮게 하는 경우에 벤처기업가는 다른 자금조달원을 물색하려고 할 수도 있으나, 벤처캐피탈리스트와의 전체적인 계약상의 구도에 의하여 그러한 자금조달이 용이하지 않게 된다. 단계적 자금지원과 관련한 계약상 구도 중의 하나가 優先買收權(right of first refusal)이다. 우선매수권이 있는 경우에는 다른 투자자들은 그 전단계의 투자자들이 투자대상회사의 성과에 만족하지 못하였기 때문에 자신들이 투자권유를 받고 있는 것을 알게 된다. 또한 향후 자금조달에 있어서의 우선매수권은 잠재적 다른 투자자에 대하여 투자를 주저하게 하는 역할을 하게 된다. 향후 투자조건이 좋은 경우에는 우선매수권이 있는 전 단계 투자자가 일부 또는 전부를 투자하게 되어 자신들이 투자할 수 있는 금액이 상당부분 감축되게 된다. 또한 잠재적 투자자들은 '낙찰자의 저주'(winner's curse)의 문제에 봉착할 수도 있다. 잠재적 투자자들은 투자가격이 유리한 경우에는 기존의 투자자들이 투자하였을 것이기 때문에 투자대상 사업에 대하여 보다 정보를 많이 보유하고 있는 기존의 투자자들이 투자가 매력적이지 못하다고 생각하는 경우에만 자신들이 투자할 수 있는 기회가 부여되는 것을 예상할 수 있기 때문이다. 단계적 자금지원은 사업을 계속할지 여부에 대한 결정권한을 벤처기업가로부터 벤처캐피탈리스트로 이전시키기 때문에 대리인비용을 감소시키게 된다. 투자대상회사의 벤처기업가의 이해관계는 매수선택권(option)과 유사한 성격을 가지고 있으므로 벤처기업가는 자신에게는 유리하지만 벤처캐피탈리스트에게는 불

---

[186] 포기선택권(option to abandon)의 가치평가에 대해서는 Richard A. Brealey and Stewart C. Myers, *Principles of Corporate Finance*, McGraw-Hill Companies (1996), pp. 592-598 참조.

리하게 되는 조건하에서도 계속 사업을 수행하게 될 수도 있다. 사업계속 여부에 대한 결정권을 벤처캐피탈리스트에게 이전시킴으로써 이러한 대리인비용을 감소시킬 수 있게 된다.

또한 단계적 자금지원은 벤처캐피탈리스트와 벤처기업가 간의 정보의 불균형으로 인한 정보의 격차를 보완하는 역할을 함으로써 투자대상 사업의 기대가치를 증가시키게 된다. 정보의 불균형을 줄이는 기능은 다음의 두 가지 방면에서 가능하게 된다. 첫째, 단계적 자금지원에 의한 동기유발 구조는 역선택의 문제를 해결하기 위한 수단이 된다. 벤처캐피탈리스트는 좋은 기업가와 나쁜 기업가를 구별하여 투자하여야 하나 벤처기업가가 자신의 능력에 대하여 벤처캐피탈리스트보다 정확한 정보를 보유하는 상황하에서 투자의사 결정을 하여야 한다. 벤처기업가가 단계적 자금지원에 의한 강력한 동기유발 구조를 기꺼이 수용한다면, 이는 벤처기업가가 외부에서 감지하기 어려운 기업가로서 좋은 자질을 갖고 있음을 보여 주는 단서가 될 수 있다. 초기단계의 고도 기술을 바탕으로 한 회사의 경우에는 성과에 대한 과거의 실적이나 사업의 기술성이 입증된 바가 없기 때문에 기업가의 실력을 확인하기 곤란하다. 이러한 점에서 이러한 단서는 매우 중요하다. 둘째, 단계적 자금지원은 벤처기업가가 사업계획서에 제시한 사업성과에 대한 예측의 신뢰성에 영향을 주게 되어 정보의 불균형을 줄이게 한다. 사업에 대한 예측은 투자대상회사의 가치평가에 중요한 영향을 주고 벤처캐피탈리스트의 투자에 대한 가격결정에 영향을 미치는 요소이다. 사업성과에 대한 예측에 입각한 중간목표를 달성하지 못한 경우에 벤처캐피탈리스트가 포기선택권을 행사할 수 있게 하도록 하는 계약상을 구조를 채택하는 경우에는 벤처기업가는 사업전망에 대한 예측을 신뢰할 수 있게 하게 될 것이다.

벤처캐피탈리스트는 정보의 불균형이 매우 크고 감시가 중요한 기능을 하는 초기단계의 회사에 집중적으로 투자를 한다. 따라서 벤처캐피탈리스트는 투자대상 회사를 감시하여 장래의 투자 수익이 부정적으로 평가되는 경우에 추가적인 자금지원을 중단할 수 있어야 한다. 벤처기업가는 회사의 순현재가치(NPV)[187]가 마이너스라는 사실을 알면서도 사업을 중단하지 않고 계속하기를 원할 수 있다. 벤처기업가는 주주들에게 손실을 입히면서도 자신의 평판을 높이는 전략을 추가할 우려도 있다. 이러한 대리인비용은 유형자산이 적을수록, 투자선택권(growth options)[188]이 증가할수록, 자산의 특정성[189]이 클수록 증가하게 된다.

실증적인 연구에서도 자금공급의 주기 및 감시의 강도는 예상되는 대리인비용과 반비례함을 보여준다.[190] 동 연구에 따르면 초기단계의 회사는 후기단계의 회사보다 훨씬 작은 규모의 자금을

---

[187] 순현재가치(NPV)는 net present value를 말한다.
[188] 앞의 제4장 제1절 II의 각주 10 참조.
[189] 앞의 제4장 제1절 II의 각주 11 참조.
[190] Paul Gompers and Josh Lerner, *supra* note 183, at 139.

공급받는다. 유형자산의 증가는 자금조달 주기를 증가시키며 감시강도를 약화시킨다. 회사가치에 있어서 미래의 투자기회의 역할이 중요하게 될수록 자금공급 주기가 짧아지게 된다. 또한 연구개발 의존도가 높을수록 자금공급 주기가 짧아진다.[191] 따라서 벤처캐피탈리스트와 벤처기업가 간의 계약에서 각 단계별 자금공급 규모 및 자금공급 주기(duration of investment)는 유형자산의 비중, 장래의 투자의사 결정기회의 다과, 자산의 특정성, 연구개발 의존도를 고려하여 적절한 규모 및 주기를 정하여야 할 것이다.

(3) 逆機能

단계적 자금지원은 투자의 계속 여부에 대한 의사결정권을 벤처기업가로부터 벤처캐피탈리스트에게 이전하는 것으로서 벤처기업가의 대리인문제를 포함한 기회주의적인 행동을 통제하는 역할을 한다. 그러나 투자계속 여부에 대한 의사결정 권한을 보유한 벤처캐피탈리스트는 매우 강력한 통제수단을 보유하게 되어 벤처캐피탈리스트가 기회주의적으로 행동할 수 있는 문제가 있다. 예컨대, 단계적 자금지원이 우선매수권과 결합될 경우 후속 자금지원 단계에서 벤처캐피탈리스트가 가격협상을 하는 데 있어서 기회주의적으로 행동할 경우가 생길 수 있다. 즉 다른 통제수단이 결부되지 않는다면 단계적 자금지원은 기회주의적으로 행동할 수 있는 기회를 벤처기업가로부터 벤처캐피탈리스트에게 이전한 것에 불과하게 된다. 이러한 경우에 벤처캐피탈리스트가 의사결정을 기회주의적으로 하지 않도록 시장(market forces)에 의하여 통제할 필요가 있다.[192]

(4) 우리나라의 경우

우리나라의 경우 벤처캐피탈리스트는 주식인수계약서나 신주인수계약서에서 중간목표를 명시적으로 규정하는 경우가 없으며, 단계적 자금공급과 관련되는 규정으로 볼 수 있는 것은 자금의 용도를 사업계획서에서 정한 사업계획의 수행에 소요되는 비용에만 한정하고 이에 대한 적절한 기록을 비치하도록 하는 조항 정도가 전부이다. 엄격히 말하면 자금의 용도를 사업계획의 수행에 한정하는 규정은 단계적 자금공급을 전제로 하는 것이 아니라 투자된 자금이 다른 용도로 전용되는 것을 막기 위한 것이며, 각 단계의 성과가 다음 단계의 자금공급 여부와 결부되는 형태는 아니다.

우리나라의 경우에도 사업계획서에서 사업에 필요한 총 자금규모를 여러 단계로 구분하고 자금지원을 각 단계별로 나누어 수회에 걸쳐 시행할 것을 예상하면서 현 단계에서 달성하고자 하는 성과목표를 기재하고, 주식인수계약서나 신주인수계약서에서 사업계획서의 내용대로 사업을 수행하

---

[191] Paul Gompers and Josh Lerner, *supra* note 183, at 140.

[192] Theodore Baum and Ronald J. Gilson, *supra* note 185, at 94-95.

기로 하는 규정이 있으면, 사업계획서의 내용과 주식인수계약서 등의 규정이 결합됨으로써 단계적 자금공급에서 달성하고자 하는 목적을 달성할 수는 있을 것으로 본다. 그러나 단계적 자금공급을 분명히 하기 위해서는 미국의 경우와 같이 주식인수계약서 등에 중간목표를 명시하거나 단계적 자금공급을 명시하는 것이 필요하다. 단계적 자금공급의 핵심은 사업에 소요되는 자금을 일시에 전부 공급하는 것이 아니라 각 단계의 중간목표를 달성하는 데 소요되는 자금만을 공급하여 목표달성을 위하여 노력하도록 하는 동기유발을 함과 동시에 벤처기업가의 기회주의적인 행동을 막는 데 있는 만큼, 각 단계에 필요한 자금의 범위를 넘어서 자금을 과도하게 공급하게 되는 경우에는 벤처기업가의 기회주의적인 행동을 통제하는 수단으로서의 역할을 제대로 할 수 없게 된다. 우리나라의 경우 벤처기업이 최근 벤처기업에 대한 투자의 급격한 확대로 인하여 투기목적으로 투자하는 자금이 급증하게 되어 단계적 목표를 달성하기 위한 최소한의 자금의 범위를 넘어서서 과도한 자금을 보유하는 벤처기업이 생기고 있다. 이러한 형태의 자금공급은 단계적 자금공급을 통하여 벤처기업의 기회주의적인 행동을 통제하고자 하는 목적을 달성하기 어렵게 하고 벤처기업의 사업의 성공에 대한 동기유발보다는 투기적 목적으로 자금을 사용하는 것을 가능케 함으로써 대리인 문제를 심화시키는 문제점이 있다.

한편 벤처기업이 사업계획상의 자금용도를 위반하지 않도록 하고 자금사용 내역을 기록에 의하여 통제하는 방법은 소극적으로 벤처기업가를 감시하는 방법이지만, 단계적 자금지원에 의하여 중간목표를 달성하거나 일정한 성과를 성취하도록 하는 것은 벤처기업가의 적극적인 동기유발을 목적으로 한다는 점에서 차이가 있다. 특히 자금의 용도를 준수하더라도 예상한 중간성과를 달성하지 못하는 경우도 생길 수 있기 때문에 자금의 투입보다 투입된 자금으로 인한 성과를 중시하는 단계적 자금지원의 특징을 살릴 수 있도록 사업계획서나 주식인수계약서 또는 신주인수계약서에 규정할 필요가 있다. 또한 자금용도를 위반한 경우에 대한 제재방법에 대하여 계약서상에 규정한 내용이 없으면 계약위반의 법리에 의하여 해석할 수밖에 없다. 이 경우 위반사실의 및 손해액을 벤처캐피탈리스트가 입증하여야 하므로, 제재수단으로서 추가자금의 공급거부는 손해배상청구 또는 강제이행의 방법보다 더 효율적인 제재수단이 될 수 있다.

4. 벤처기업가의 會社財産 減少行爲에 대한 責任

우리나라의 판례[193]상 벤처기업가가 투자대상회사의 재산의 횡령 등으로 재산감소 행위를 한 경우에 벤처캐피탈리스트가 주주로서 직접 벤처기업가를 상대로 손해배상을 청구할 수 있는지 여부

---

[193] 대법원 1993.1.26. 선고, 91다36093 판결; 서울고법 1997.4.1. 선고, 96나26703 판결.

가 문제된 경우가 있다. 동 판례에서는 주식회사의 주주가 그 회사의 대표이사의 악의 또는 중대한 과실로 인한 임무해태 행위로 직접손해를 입은 경우에는 상법 제401조, 제398조 제3항, 제210조에 의하여 손해배상을 청구할 수 있으나, 대표이사가 회사재산을 횡령하여 회사재산이 감소함으로써 회사가 손해를 입고 결과적으로 주주의 경제적 이익이 침해되는 손해와 같은 간접적인 손해는 상법 제401조 제1항에서 말하는 손해의 개념에 포함되지 아니하므로 동법조항에 의한 손해배상을 청구할 수 없다고 판시하면서, 이러한 법리는 주주가 중소기업창업지원법상의 중소기업창업투자회사라고 하여도 다를 바 없다고 하였다. 따라서 대표이사인 벤처기업가가 회사의 재산을 낭비 또는 횡령한 경우에는 주주인 벤처캐피탈리스트는 이사의 제3자에 대한 책임으로서 손해배상을 청구할 수 없게 된다. 다만 판례에서도 주주 간에 체결된 합작투자계약에서 횡령과 같은 사태가 발생한 경우에 투자대상회사나 대표이사가 벤처캐피탈리스트에게 손해배상을 하기로 하는 특약이 있는 경우에는 동 계약에 따라 손해배상청구가 가능할 것을 시사하고 있으므로[194] 주식인수계약서나 합작투자계약서에서 벤처기업가의 횡령 등으로 인하여 회사재산이 감소되는 경우 벤처캐피탈리스트가 회사나 벤처기업가를 상대로 일정한 손해를 청구할 수 있도록 규정함으로써 벤처캐피탈리스트의 투자이익을 보호할 수도 있을 것으로 본다.

II. 벤처캐피탈리스트와 벤처投資者의 法的關係

1. 槪 觀

有限責任組合契約에 따라 벤처기업에 대한 투자의사결정에는 벤처캐피탈리스트만 관여하고 투자자는 직접 투자에 관여하지 않는다. 따라서 벤처기업의 운영단계에서 벤처캐피탈리스트는 벤처기업의 경영에 대한 내부정보를 보유하고 있으나 투자자는 벤처기업의 운영에 대한 내부정보를 갖지 못하는 정보의 불균형이 발생한다. 정보의 불균형으로 인한 기회주의적인 행동을 통제하기 위해서는, 단계적 자금조달에 있어서 추가적인 자금지원을 하려는 투자의사 결정이 합리적으로 이루어지고 투자자의 의사에 반하여 이루어지지 않도록 하기 위한 투자자에 대한 보호수단이 필요하다. 이러한 투자자에 대한 보호수단으로는 投資報告書의 作成義務, 투자의 限度 및 方法에 대한 制限이 있다. 그러나 벤처캐피탈리스트는 투자와 관련한 의사결정에 광범위한 재량권을 부여

---

[194]   대법원 1993.1.26.선고, 91다36093 판결.

받고 있기 때문에 벤처캐피탈리스의 투자자에 대한 보고의무나 투자방법이나 한도의 제한만으로 는 벤처캐피탈리스트의 대리인문제를 해결하기에 충분하지 못하다. 미국의 경우 벤처캐피탈리스 트에 대한 評判市場이 벤처캐피탈리스트의 투자자와의 관계에서의 대리인 문제를 해결하는 주요 한 기능을 한다는 점이 지적되고 있다. 이러한 점에서 평판시장의 발달은 계약관계에 의한 통제를 보완하는 기능을 하고 있는 것이다.

2. 投資報告書

투자자에 대한 보호수단으로서 일반적으로 사용되는 것이 벤처캐피탈리스트가 투자자에 대하여 보고하여야 할 사항을 有限責任組合契約에 명시하는 방법이다. 그러나 벤처캐피탈리스트의 업무 가 유망한 벤처기업을 발굴하여 성공하도록 지원하고 이를 통한 수익을 투자자인 有限責任組合員 에게 분배하는 것이 주된 업무라는 점에서 有限責任組合員에 대한 보고사항이 지나치게 많거나 보고에 지나치게 많은 시간이 소요되게 하는 것은 바람직하지 않다. 따라서 벤처캐피탈리스트가 有限責任組合員인 투자자들에게 보고하여야 할 사항은 투자자에 대하여 정보를 제공할 필요와 벤 처캐피탈리스트의 업무의 효율성이라는 두 가지 목적이 균형을 이룰 수 있도록 하는 범위 내에서 결정되어야 할 것이다.

우리나라 창업투자조합규약이나 벤처투자조합규약에서는 조합재산의 관리와 운용과 관련하여 업무집행조합원인 벤처캐피탈리스트에게 정기적으로(통상 년1회) 투자보고회를 개최하여 투자기 업에 대한 투자증권의 현황과 사업의 현황 등의 사항을 투자보고서로 작성, 설명하도록 규정하고 있다. 이러한 투자보고서에 의한 투자현황에 대한 설명은 조합재산의 운용에 대하여 설명하는 것 을 주된 목적으로 하지만, 개별투자기업에 대한 투자금액, 사업성과 및 전망에 대하여 설명하도록 투자보고서에 기재하여야 할 사항을 특정하거나 투자 시 예상한 성과를 내지 못하고 있는 투자대 상기업의 현황 및 운용방향 등 성과가 저조한 투자대상기업에 한정하여 투자보고서에 기재하도록 하는 경우에는 투자자는 이러한 투자보고서를 통하여 투자대상기업의 운용현황을 알 수 있게 된 다. 투자보고서는 투자하기 전에 사전에 투자자가 동의하거나 참여하는 것이 아니라 투자 후에 투 자자에게 보고하는 것이라는 점에서 사후적인 보고를 위한 제도이다.

3. 投資諮問委員會

우리나라 창업투자조합규약이나 벤처투자조합규약에서 조합의 운영과 관련하여 투자자문위원회를 두도록 규정하고 있는 경우가 있다. 이 경우 투자자문위원회는 업무집행조합원과 투자자대표를 포함하여 구성하며 자산의 운용에 관하여 자문 및 권고의 업무를 수행하게 된다. 투자자문위원회에 투자자대표 등이 참여하게 됨으로써 투자에 대한 의사결정에 투자자의 의견을 제시할 수 있는 기구가 설치된다는 점에서 투자에 대한 사전적인 통제 또는 보완이 가능하게 된다. 다만, 투자자문위원회는 투자와 관련한 자문을 할 수 있을 뿐이고 의사결정을 하는 기구가 아니므로 벤처캐피탈리스트에 대한 통제기능이 약하다고 할 수 있으나, 벤처캐피탈리스트에 대한 평판시장이 발달되어 있는 경우 후속 조합을 결정하여 사업을 계속하여야 하는 벤처캐피탈리스트의 입장에서는 투자자문위원회의 자문 및 권고를 무시하기 어렵게 될 것이다.

4. 投資金額 또는 比率의 制限

투자의 한도와 관련하여 동일기업에 대한 투자한도를 조합재산의 일정비율로 제한하는 경우가 많다. 우리나라의 경우 통상 조합재산의 20%를 초과하여 동일기업에 투자하지 못하도록 조합규약에 규정하는 경우가 많다. 또한 동일기업에 대한 주식투자의 경우 투자대상 기업의 자본금의 일정비율을 초과할 수 없도록 하는 경우도 있다. 우리나라의 조합규약은 통상 투자대상기업의 자본금의 50%를 초과하여 주식투자를 하지 못하도록 하고 있다. 이러한 투자의 한도를 제한하는 이유는 특정기업에 대하여 집중하여 과도한 투자를 할 경우 투자위험이 분산되지 않고 조합재산 전제의 투자위험이 증가된다는 점도 있지만, 투자대상기업의 상태가 악화되어 투자위험이 높아짐에도 불구하고 기존 투자금액이 전액 손실로 되지 않고 추가 투자로 상태가 호전될 것을 기대하면서 벤처캐피탈리스트가 특정 투자대상기업에 추가적인 자금공급을 지나치게 높이는 것을 막기 위한 목적도 있다. 후자의 목적은 투자 후 투자대상기업에 대한 추가적인 자금공급과 관련한 벤처캐피탈리스트의 대리인문제를 해결하기 위한 것이다.

5. 複數펀드 運營으로 인한 問題點[195]

벤처캐피탈리스트가 복수의 펀드를 운영할 경우 벤처캐피탈리스트가 복수의 투자조합의 無限責任組合員으로 투자의사를 결정할 수 있으므로 기회주의적으로 행동할 가능성이 있다. 투자자로서 有限責任組合員은 조합규약에서 벤처캐피탈리스트가 다른 조합의 수익률을 높이기 위하여 자신의

---

[195] Paul Gompers and Josh Lerner, *supra* note 183, at 39-41.

조합재산을 사용하는 행위를 막기 위하여 규정할 필요가 있다. 조합규약에서 사용하는 방법은 공동투자를 제한하는 것과 후속펀드의 조성을 제한하는 두 가지가 있다. 공동투자를 제한하는 방법은 제2 또는 제3의 펀드의 조합계약에서 제1의 펀드에 투자할 경우 투자자문위원회나 有限責任組合員의 과반수 또는 절대다수의 동의를 얻도록 하거나, 공동투자 시 투자하는 각 펀드의 투자대상회사에 대한 평가가 동일하게 하도록 하는 경우에 한하여 공동투자를 할 수 있도록 하는 것이다. 후속펀드의 조성을 제한하는 방법은 조합규약에서 無限責任組合員인 벤처캐피탈리스트는 조합재산 중 일정률 이상 투자대상기업에 투자할 때까지 또는 특정일까지 후속펀드의 조성을 제한하는 것이다.

6. 組合員總會

통상 조합규약에는 주식회사의 주주총회에 대한 규정과 유사하게 조합원총회로 하여금 중요한 사항을 결정하도록 규정하고 있다. 조합원총회의 결의사항에는 조합출자금 총액을 증액하는 것이 통상 포함되어 있다. 조합출자금 총액은 벤처기업에 투자하는 데 필요한 재원이 되므로 투자자가 투자재원의 증액 여부의 결정에 참여할 수 있도록 조합원총회의 결의사항으로 규정하고 있는 것이다. 대부분의 조합규약이 조합원총회에서의 의결권은 조합원 1인당 1의결권을 갖는 頭數主義에 의한 것이 아니라 출자1좌당 1의결권으로 규정하고 있어서 민법의 조합규정과 상충되는지 여부가 문제된다. 민법상 조합의 업무집행에 관한 해석에서 조합원전원이 업무를 집행하는 경우 조합원의 과반수의 의결에 의하여 처리하도록 하고 있으나 과반수의 계산을 출자액에 의한다는 조합계약도 유효하다고 해석하고 있다.[196] 조합원총회를 통한 의사결정은 당해 사안에 대해서는 업무집행조합원이 아닌 조합원전원이 업무를 집행한다고 볼 수 있으므로 조합원총회에서의 출자액을 기초로 산정하는 다수결도 유효하다고 해석하여야 할 것이다. 이러한 해석에 의하면, 투자대상기업에 대한 추가 출자액이 조합규약에서 정한 한도 내지 제한을 초과할 경우 조합원총회의 동의를 받도록 하는 것도 유효하게 될 것이다.

7. 會計帳簿 등의 閱覽

조합규약에는 통상 조합원이 조합의 회계장부 및 기록을 열람하거나 업무집행상황에 대한 자료

---

[196] 郭潤直, 債權各論, 博英社 (1996), 534면; 郭潤直 編, 民法注解 [XVI], 博英社 (1997), 75면; 朴駿緒 編, 註釋民法 [債權各論(5)], 韓國司法行政學會 (1999), 82면.

를 요구할 수 있는 권한을 규정하고 있다. 이러한 열람권과 정보요구권은 벤처캐피탈리스트가 투자보고서 또는 투자자문위원회에 제공한 정보의 정확성을 확인하기 위한 자료를 요구할 수 있을 뿐 아니라, 벤처캐피탈리스트가 기존에 제공하지 않은 정보라도 투자자가 투자현황 파악에 필요한 정보에 대한 자료를 요구할 수 있다는 점에서 위에서 열거한 권리의 실행을 보조하는 권리로서 중요한 것이다.

III. 벤처기업가와 投資者의 法的關係

1. 概 觀

벤처기업가는 사업에 대한 아이디어는 가지고 있지만 이에 필요한 자금은 충분히 보유하지 못하고 있다. 벤처기업의 사업의 전개에는 여러 단계가 있고, 벤처기업가는 각 단계에서 사업을 계속할지 또는 포기할지를 결정할 의사결정을 하여야 하고, 만약 사업을 계속한다고 결정하면 추가 자금이 얼마나 더 필요한지를 결정하여야 한다. 그러나 사업에 필요한 자금은 外部投資者(outside investors)가 공급하지만 사업계속 여부에 대한 결정은 내부정보를 더 많이 알고 있는 벤처기업가에 의해서 결정된다면, 벤처기업가는 사업을 포기하는 것이 최적의 상태임에도 불구하고 사업을 계속하고자 하는 동기(incentives)를 가질 수 있다. 이러한 문제는 벤처기업가는 사업을 계속하기 위한 자금은 투입하지 않으면서 사업계속의 선택이 이익을 가져오는 경우 사업계속으로 발생하는 이익을 얻을 수 있기 때문에 생긴다. 벤처기업가는 過投資(overinvestment)의 유인(incentive)을 가지고 있기 때문에 그가 보유하는 사적인 정보를 진실하게 보고하도록 기대하기는 어렵다. 이러한 과투자의 문제는 회사와 밀접한 관련이 있고 사업의 수익성에 대한 사적 정보를 관찰하며 후속 투자 의사결정에 관여하는 內部投資者(inside investor)[197]로부터 자금을 얻게 될 경우에는 해결될 가능성이 있다. 그러나 내부투자자에 의한 투자는 다음과 같은 문제점이 있다. 첫째, 내부투자자가 회사에 대한 유일한 투자자가 아니라면 내부투자자는 최적의 투자에 미치지 못하는 투자를 할 수 있다. 예컨대, 내부투자자가 향후 투자의 전부를 하고, 이로 인한 수익은 일정부분만 받는 경우에는 과소투자(underinvestment)를 하기 쉽다. 둘째, 내부투자자가 감시활동(monitoring

---

[197] 내부투자자는 자금을 공급할 뿐 아니라 회사의 업무에 밀접히 관여하여 회사를 자주 감시하고, 회사의 사업전망이나 투자기회에 대하여 일반적으로 잘 알고 있다(Anat R. Admati and Paul Pfleiderer, *Robust Financial Contracting and the Role of Venture Capitalists*, 49 J. Fin., 371 (1994)).

activities) 과정에서 얻은 사업에 특수한 정보는 그에게 후속 자금조달 단계에서 상당한 협상력을 주게 된다. 내부투자자가 이러한 협상력을 이용해서 회사의 가치를 자신의 개인적인 이익을 위해서 사용한다면, 기업가는 내부투자자를 자금원으로 사용하는 것은 너무 비싸다는 것을 알게 될 것이다. 셋째, 外部投資者도 회사에 자금을 공급하게 된다면, 외부투자자는 기업가 및 내부투자자보다 정보의 상대적 열세에 있게 되고 이점은 최적의 상태에 미치지 못하는 투자의사의 결정에 이를 수 있다. 벤처기업가와 내부투자자가 내부 자금조달의 장점은 살리고 단점은 경감시키기 위하여 사용할 수 있는 자금조달 계약의 형태를 발견하는 것은 매우 중요하다.[198]

2. 固定率 契約과 신디케이션

미국에서는 이러한 문제를 해결하기 위해서 "固定率 契約"(fixed-fraction contract)이라는 방법을 사용한다. 이 계약은 벤처기업가와 벤처캐피탈리스트 간에 체결되는 것으로서 벤처캐피탈리스트에게 회사의 지분을 보유하는 것과 유사한 지위(equity-like position)를 갖게 하는 것이다. 벤처캐피탈리스트는 전체 이익의 일정률을 지급받고 장래의 투자 시의 동일률에 해당하는 자금을 공급한다. 어떤 의미에서 벤처캐피탈리스트는 정해진 부분에 대한 유일한 소유자이면서 이 부분에 해당하는 모든 자금을 제공하여야 하는 것이다. 이러한 계약을 사용하면, 차후의 자금조달 단계에 있어서 외부투자자가 관여하는 것이 필요하게 된다. 고정률 계약하에서는 차후의 단계에 있어서 대표 벤처캐피탈리스트(lead venture capitalist)가 모든 자금을 전부 조달하지 않게 된다. 이러한 고정률 계약의 중요한 특징 중의 하나는 차후 자금조달 단계에서 신주를 벤처캐피탈리스트가 취득하더라도 그의 수익은 새로 발행되는 주식의 가격에 대해서는 독립적이라는 점이다. 그가 새로운 주주로서 신주의 가격을 낮게 하려는 동기는 구주주로서 주식가격을 높게 하려는 동기에 의해서 정확히 상쇄된다. 신주의 가격을 조작하여 얻는 이익이 없으므로 벤처캐피탈리스트는 이러한 주식의 가격을 정하고 자신이 알고 있는 정보를 나타내어야 할 책임이 부여된다.[199]

고정률 계약을 위해서 신디케이션(syndication)에 의한 벤처캐피탈의 투자방식을 이용할 수 있을 것이다. 신디케이션은 최초단계의 투자(first-round investments)에서도 흔한 일이지만, 후속단계에서도 일어난다. 그러나 신디케이션의 구성원으로서의 벤처캐피탈리스트의 구조가 최초단계와 후속단계는 차이가 난다. 초기단계는 경험있는 벤처캐피탈리스트가 유사한 수준의 경험을 가진 벤처투자가와 신디케이트를 하지만, 후속단계에서는 경험있는 벤처캐피탈리스트가 유사한 수

---

[198] Anat R. Admati and Paul Pfleiderer, *supra* note 197, at 371-372.

[199] *Id.* at 373-74.

준의 투자자 또는 수준이 보다 낮은 투자자와 신디케이트를 한다.[200] 이러한 신디케이션에 의한 투자방식을 이용할 경우 최초단계에 참여한 벤처캐피탈리스트가 후속단계에서 일정한 고정률의 투자를 계속하고 나머지 투자율에 해당하는 부분은 신디케이션에 참여하는 다른 벤처캐피탈리스트가 투자하게 된다.

이러한 후속단계의 신디케이션의 이론적 근거를 초기 투자자와 다른 잠재적 투자자(other potential investors) 간의 정보의 불균형에서 설명하는 견해가 있다[201] 투자대상회사의 일상적인 운영에 관여하는 벤처캐피탈리스트는 다음 자금조달 단계에서 주식가격을 높게 제시함으로써 이러한 정보상의 이점을 이용할 수도 있다. 이러한 기회주의적인 행동을 피하기 위한 유력한 방법은 대표 벤처캐피탈리스트의 회사지분율을 유지하도록 것이다. 이러한 유지가 가능하기 위해서는 후속단계에서 신디케이션이 이루어져야 함을 암시한다.[202]

신디케이션은 벤처캐피탈리스트가 정보의 불균형을 이용하여 잠재적 투자자들에게 자신의 실적을 과장하기 위하여 결탁하는 목적으로 사용하는 수단이 될 수도 있음을 보여 주는 연구결과도 있다. 동 연구에 따르면 연금기금은 "실적을 과장한다(window dress)". 기관투자자 등은 분기별 수익뿐만 아니라 각 분기 말의 보유자산까지도 조사할 수 있으므로, 자금관리자는 분기 말에 주식의 가치를 인정받을 수 있는 주식을 매입하고 "실"로 인정되는 주식을 매각하는 방식으로 투자자산 구성을 조정할 수 있다. 벤처캐피탈리스트들도 이와 유사하게 금전적 수익은 비록 낮지만 성공가능성이 높은 회사의 마지막에 가까운 후기단계에 투자한다. 이러한 전략은 마케팅 문서에서 자신들을 이러한 회사의 투자자들로서 기재할 수 있게 해 준다.[203]

다수의 벤처캐피탈 조합을 형성하는 계약에서 명시적으로 다른 벤처펀드에 투자하는 것을 금지하고 있으나, 벤처펀드는 신디케이트에 의한 투자를 함으로써 다른 벤처펀드에 투자한 것과 동일한 효과를 가져올 수 있다.[204]

---

[200] Joshua Lerner, *supra* note 87, at 17.

[201] Anat R. Admati and Pfleiderer, *supra* note 197, at 371-402.

[202] Joshua Lerner, *supra* note 87, at 16.

[203] *Id.* at 17.

[204] *Id.* at 18.

第5章

投資資金 回收段階의 法的關係

주식시장과 벤처캐피탈 시장과의 연계성을 올바르게 파악하기 위하여서는 벤처캐피탈 자금에 대한 회수(exiting)의 중요성을 이해하여야 한다.[1] 성공적인 자금회수는 투자자에게 높은 수익을 확보해 줄 뿐만 아니라, 벤처캐피탈리스트가 추가적인 투자자금을 조성하는 데 있어서 매우 중요하다. 투자에 대한 자금회수 단계는 투자단계 중 최종단계에 해당하지만 다른 단계의 건전성에도 영향을 미친다는 점에서 그 중요성이 크다. 궁극적으로 투자자금은 회수되어야 한다는 전제는 벤처캐피탈리스트의 자금조성 능력부터 투자의 유형까지 벤처캐피탈 순환(venture capital cycle)의 모든 국면에 영향을 미치므로,[2] 투자자금의 회수는 투자자와 벤처기업가 모두에게 아주 중요한 문제이다. 요컨대 벤처캐피탈리스트의 투자목적은 투자대상기업의 지분보유와 운영을 영구적으로 하려는 것이 아니라, 경영진의 노력과 벤처캐피탈리스트의 감독하에 투자대상회사의 가치가 극대화된 시점에 자본을 회수하여 상당한 수익을 얻는 투자의 현금화에 있다.[3]

이러한 투자자금 회수의 중요성을 감안하여 벤처캐피탈리스트는 처음 투자할 때 투자자금이 궁극적으로 회수되어야 하는 점을 고려한다. 그리하여 벤처캐피탈리스트와 벤처기업가 간의 계약서에 장차 투자자금 회수에 관한 통제권을 행사할 수 있는 권한을 벤처캐피탈리스트에게 부여하는 조항을 두게 된다. 이러한 조항을 두는 이유는 투자자금을 회수할 시점에 벤처캐피탈리스트가 투자대상기업에 대한 지배권을 보유하지 못하는 경우가 있을 수 있으며, 지배권을 보유하는 경우라도 벤처캐피탈리스트가 제시하는 시점, 가격, 조건 등에 동의하지 않는 주주들의 협조를 얻어야 하는 경우가 생길 수 있기 때문이다. 그러나 명시적인 계약규정만으로는 투자자금 회수와 관련한 당사자들의 기회주의적인 행동을 모두 통제할 수는 없기 때문에, 공식적 또는 비공식적인 여러 통제수단이 투자자금 회수가 원활히 이루어지기 위해서 필요하게 된다.

계약에 의하여 투자자금 회수에 대한 통제권을 행사할 수 있는 권한을 부여하는 이유는 상법에 따른 주주의 투하자금 회수방법이 벤처캐피탈리스트가 투자자금을 회수하려는 이익을 충분히 보호할 수 없기 때문이다. 상법의 주식회사편에서는 회사가 계속적 활동을 하는 동안에 주주가 투하자금을 회수할 수 있도록 株式讓渡自由의 原則(상법 제335조 제1항 본문)을 규정하고 있다.[4] 또한

---

[1] Bernard S. Black and Ronald J. Gilson, *Venture Capital and the Structure of Capital Markets: Banks Versus Stock Markets*, 47 J. Fin. Econ. 252 (1998).

[2] Paul Gompers and Josh Lerner, *The Venture Capital Cycle*, MIT Press (1999), p. 205.

[3] Jack S. Levin, *Structuring Venture Capital, Private Equity, and Entrepreneurial Transactions*, Aspen Publishers, Inc. (2000), p. 9-3.

[4] 殘餘財産分配請求權과 反對株主의 株式買受請求權도 주주가 투하자금을 회수할 수 있는 권리이지만, 殘餘財産分配請求權은 회사의 청산의 경우에만 인정되며 株式買受請求權은 합병, 영업양도 등 회사의 중대한 변경이 있는 경우에 이에 반대하는 주주에 한하여 인정된다는 점에서 회사의 계속적 활동을 전제로 하는 통상의 경우에는 행사할 수 없는 권리이다.

주주의 株券交付請求權(상법 제355조)과 名義改書請求權(상법 제337조)은 이러한 株式讓渡自由를 실현할 수 있도록 하는 권리로 규정되어 있다. 그러나 비상장 또는 비등록법인인 벤처기업의 경우에는 소수주주가 주식양도를 통하여 투하자본을 회수하기는 현실적으로 매우 어렵다. 그는 주식양도 상대방으로 회사와 제3자를 고려할 수 있으나, 회사는 자기주식취득의 제한으로 주식취득이 자유롭지 못하다. 또한 소수주주가 회사에 대하여 주식을 취득하도록 요구할 법적권리도 없으며, 벤처기업은 투자위험이 높은 데 비하여 주식의 유통성은 매우 제한되므로 이러한 주식을 취득하려는 제3자를 찾기도 매우 어렵다. 따라서 소수주주로서는 회사가 증권시장에 상장 또는 등록되도록 하여 증권시장에서 주식을 매도하여 투자자금을 회수하는 것이 현실적인 자금회수 방법이 될 수 있다. 즉 추상적인 주식양도자유의 원칙은 주식의 매수자가 없는 경우에는 실질적인 권리로서 기능을 할 수 없으므로, 주식양도자유가 그 기능을 발휘하기 위해서는 주식매수자가 형성될 수 있는 제도가 필요하다. 이러한 점에서 벤처기업의 상장 또는 등록을 통하여 투자자금을 회수할 수 있도록 하기 위한 벤처캐피탈리스트의 권리를 계약 등으로 보호할 필요가 있는 것이다.

제1절 벤처캐피탈리스트와 벤처기업가의 法的關係

Ⅰ. 再投資와 投資資金 回收의 必要性과의 關係

투자자금의 회수의 필요성은 벤처캐피탈리스트가 벤처기업가에게 제공하는 金錢的 寄與와 非金錢的 寄與의 상호 연계성을 이해하여야 제대로 파악할 수 있다. 벤처캐피탈리스트가 투자대상기업(portfolio company)에 제공하는 자금공급 이외의 기여로는 투자대상기업에 대한 경영지원, 기업성과에 대한 강력한 감시, 평판적 자본(reputational capital)의 제공의 세 가지가 있다.[5] 이러한 부가적 기여들은 자금의 공급과 결합되면 범위의 경제성(economy of scope)을 가지게 된다. 金錢的 寄與와 非金錢的 寄與를 결합함으로써 벤처캐피탈리스트가 제3자에게 제공하는 정보의 신뢰성이 제고되고, 벤처캐피탈리스트가 투자대상회사에 비금전적 지원을 하겠다는 약속의 이행이 보다 공고히 된다. 벤처캐피탈리스트는 비금전적 지원의 약속을 이행하지 않는 경우에는 금전적 손실을 입게 되며, 투자자도 펀드의 투자수익을 기준으로 벤처캐피탈리스트의 비금전적 기여를

[5] Bernard S. Black and Ronald J. Gilson, *supra* note 1, at 252.

평가한다. 나아가 벤처캐피탈리스트는 투자대상회사의 임원이 그 수익을 다른 곳으로 유용하지 못하도록 감시적 기능을 수행하여야 한다.[6]

벤처캐피탈리스트의 非金錢的 寄與는 특히 초기단계의 회사에서 특별한 가치를 지닌다. 나아가 투자대상회사의 경영진이 경험, 기술 및 평판을 축적하게 되면 벤처캐피탈리스트의 附加的 寄與에 대한 상대적 가치는 감소하게 된다. 투자대상회사가 성공할 시기에 이르면 벤처캐피탈리스트의 非金錢的 寄與는 새로운 초기단계의 회사에 투자하면 보다 높은 수익을 얻을 수 있게 된다. 범위의 경제에 의하여 금전적 기여와 비금전적 기여가 결부되어 있기 때문에 벤처캐피탈리스트가 비금전적 기여를 다른 초기단계의 회사에 재사용하기 위해서는 투자자금의 회수(exit)를 통하여 이미 성공한 기업으로부터 새로운 초기단계의 회사로의 금전적 기여도 재활용하는 것이 동시에 필요하게 된다.[7]

II. 資金回收와 관련한 機會主義的 行動의 統制[8]

자금회수와 관련하여 자금회수의 시기 및 회수방법을 결정하는 데 있어서 벤처캐피탈리스트와 벤처기업가의 기회주의적인 행동에 대한 통제수단이 필요하게 된다. 자금회수와 관련한 기회주의적인 행동의 양상은 크게 다음의 세 가지 유형으로 구분할 수 있다.

첫째, 벤처기업의 임원 및 이사 등 내부자가 내부정보를 이용하여 회사의 공개 후 즉시 주식을 처분함으로써 주가를 하락시키면서 개인적인 이익을 얻으려는 기회주의적인 행동을 방지하는 장치가 필요하다. 이와 관련된 것이 양도제한(lock-up) 규정이다. 양도제한 규정은 회사의 공개 시에 회사내부자와 비공개상태에서의 주식투자자(private equity investors)가 주식을 즉시 매각함으로써 주가가 고평가되었다는 내부정보를 사용하는 행위를 하지 못하도록 하는 규정을 말한다.

둘째, 벤처캐피탈리스트가 회사의 장기적인 건전성을 해하면서도 성공적인 기업공개로 인한 이익을 증가시키기 위한 행동을 통하여 투자대상회사의 의사결정에 영향력을 행사하는 것에 대한 통제수단이 필요하다. 이러한 행위의 예로는 회사에 필요한 연구개발비를 삭감함으로써 수익을 증대시키는 경우와, 비공개회사 주식투자자가 보유지분을 처분할 때 내부정부를 사용하는 것 등이 있다. 이 경우 투자자인 벤처캐피탈리스트는 이익을 얻을 수 있으나, 투자대상 회사나 그 회사

---

[6] Bernard S. Black and Ronald J. Gilson, *supra* note 1, at 254-55.

[7] *Id.* at 255.

[8] Paul Gompers and Josh Lerner, *supra* note 2, at 206-07.

의 다른 주주의 이익을 해하게 될 수 있다.

셋째, 자금회수절차에서 관련 당사자들 간에 富의 移轉을 시도하려는 경우도 나타난다. 벤처캐피탈리스트가 투자대상 회사의 주식가격이 하락하기 직전에 그 회사의 주식을 벤처투자자들에게 분배하는 경우에는 공시되는 펀드의 수익률을 계산하거나 이익분배 시점을 결정하는 데 있어서는 주식분배 직전의 주가를 사용하게 된다. 그 결과 공시되는 수익률에서 사용되는 주가보다 투자자들이 실제로 주식을 매도하는 시점의 주가는 낮게 되어, 벤처캐피탈리스트가 투자수익율을 과장하는 문제가 생기게 된다.

이러한 기회주의적인 행동을 방지하기 위한 공식적 또는 비공식적인 보호장치가 있어야만 투자자금의 회수에 적합한 제도적 기반이 갖추어지게 된다. 기회주의적인 행동을 방지하기 위한 제도적 장치는 크게 당사자 간의 계약에 의한 방법과 법규정에 의한 방법의 두 가지로 구분할 수 있을 것이다.

III. 誇示目的 早期公開(Grandstanding)의 問題

誇示目的 早期公開(Grandstanding)는 벤처캐피탈리스트가 투자대상회사의 공개시점을 결정함에 있어서 성공으로 인한 명성을 얻으려고 투자대상회사의 가치를 극대화할 수 있는 시점보다 조기에 공개하기로 결정하는 것을 말한다. 특히 신생 벤처캐피탈리스트는 장래의 투자자들에게 자신들의 능력을 과시하기 위해서 誇示目的 早期公開를 할 유인을 갖는다. 신생 벤처캐피탈리스트는 오래된 벤처캐피탈리스트보다 조기에 회사를 공개함으로써 벤처캐피탈리스트로서의 명성을 얻고 새로운 펀드를 성공적으로 조성하고자 하기 때문이다.[9] 다시 말해 신생 벤처캐피탈리스트는 투자대상회사의 수익을 극대화할 수 있는 시기보다 조기이고 오래된 벤처캐피탈리스트보다 조기에 회사를 공개함으로써 발생하는 손실을 감수하려고 하기 때문에 誇示目的 早期公開로 인한 문제가 발생한다.[10]

벤처캐피탈리스트는 존속기간 내에 투자를 청산하여 그 수익금을 투자자에게 분배하여야 한다. 미국의 80% 이상의 벤처캐피탈 펀드는 통상 10년 정도의 존속기간이 있는 有限責任組合形態로 조직되어 있고, 펀드 존속기간을 3년까지 연장할 수 있도록 하고 있다. 이처럼 벤처캐피탈 펀드의 존속기간이 한정되어 있으므로 벤처캐피탈리스트는 투자자금을 주기적으로 계속 추가로 조성하여

---

[9] Paul Gompers and Josh Lerner, *supra* note 2, at 239.

[10] *Id.* at 241.

야 하는 것과 투자대상회사의 공개시기 결정이 사실상 벤처캐피탈리스트에 의하여 결정된다는 점에 誇示目的 早期公開가 일어나게 되는 구조적인 요인이 기인한다. 펀드가 조성된 후 4 내지 5년 후에는 새로운 투자가 이루어지지 않기 때문에, 각각 존속기간이 정해져 있는 특정한 펀드로 이루어진 벤처캐피탈 회사는 주기적으로 후속 조합을 결성하여야만 벤처캐피탈로서 자금공급을 원활히 할 수 있다. 벤처캐피탈 회사는 직전의 펀드조성 후 3 내지 6년 후에 시작하는 2 내지 3개의 존속기간이 중첩되는 펀드를 가질 수 있다. 벤처펀드에 투자하는 有限責任組合員은 대부분 기관투자가들이기 때문에 이들은 유한책임성을 유지하기 위해서 펀드의 일상적인 운영에 직접 개입하지 못하고 정기적으로 기존 투자의 상황과 신규투자에 대하여 보고만 받을 뿐 정책결정에는 참여하지 못한다. 따라서 이들은 벤처캐피탈리스트를 평가할 때 사용할 수 있는 단서(signals)를 찾게 된다.[11] 투자자의 입장에서는 능력있는 벤처캐피탈리스트는 공개가능성이 높은 회사에 투자할 것이라고 생각하기 때문에 투자대상회사가 공개하게 되면 이는 벤처캐피탈리스트가 신생기업에 투자하는 능력에 대한 증거(sign)가 된다.

誇示目的 早期公開를 할 경우 벤처캐피탈리스트와 기존주주 모두에게 손실이 발생하게 된다. 벤처캐피탈리스트는 주식가치가 저평가되는 것과 투자대상회사의 지분을 적게 받게 되는 것에 의한 손실이 발생하고, 기존주주는 주식가치가 저평가되어 자신의 부가 새로운 주주에게 이전되는 손실이 발생한다. 따라서 誇示目的 早期公開를 감행하기 위해서는 벤처캐피탈리스트가 과시목적 조기공개로 입는 손실에 비하여 조기공개로 얻을 명성 및 후속 펀드조성으로 인한 이익이 더 커야 할 필요가 있다. 앞에서도 말하였지만 벤처캐피탈리스트가 명성(reputation)을 얻고 후속 펀드의 조성을 원활히 하기 위해서 조기에 회사를 공개하려는 유인은 신생 벤처캐피탈리스트가 기존 벤처캐피탈리스트보다 더 크다. 그 이유는 조기공개로 부담하는 가장 큰 비용은 주식가격의 저평가 (underpricing)인데, 저평가로 인해서 벤처캐피탈리스트를 포함한 기존 주주의 부가 새로운 주주에게 이전된다.[12] 이미 명성을 얻은 기존 벤처캐피탈리스트는 이러한 손실을 감수하면서 조기공개를 하여 자신의 능력에 대한 단서(sign)를 제공하기에는 저평가로 인한 손실은 매우 큰 반면, 신생 벤처캐피탈리스트는 명성을 형성함으로써 얻을 이익이 매우 크기 때문이다.

과시목적 조기공개는 공개 전에 회사의 지배권을 보유하여 공개시기를 결정할 수 있는 벤처캐피탈리스트의 기회주의적인 행동으로 인하여 기존주주에게 손실을 초래한다는 점에서 통제가 필요하다. 투자계약서에 공개에 필요한 요건을 명시하여 공개시기 결정에 제한을 할 수 있지만 계약서에 모든 상황을 고려한 공개요건을 상세히 규정하는 것은 어려우므로, 계약서에서 공개요건에

---

[11] Paul Gompers and Josh Lerner, *supra* note 2, at 240.

[12] *Id.* at 243.

대한 규정을 명확하게 하는 것은 벤처캐피탈리스트에 대한 평판시장과 함께 과시목적 조기공개에 대한 통제의 보완수단이 될 수 있을 것이다.

IV. 內部者의 現金回收(Cashing out)의 問題

벤처기업의 내부자 및 벤처캐피탈리스트가 새로 상장된 회사의 주식이 고평가 되었다는 내부정보를 이용하여 그 회사에 대한 보유주식을 신속히 처분하는 행동에 대한 규제가 필요하다. 이러한 내부자의 행동에 대한 규제가 없으면 새로 상장된 주식에 투자하게 되는 일반투자자가 주가하락으로 인한 투자로 인한 손실을 입는 반면, 벤처기업 내부자 및 벤처캐피탈리스트는 정보의 불균형 내지 비대칭으로 인한 이익을 얻게 되는 문제가 생긴다. 결국 일반투자자들을 보호하는 적절한 수단이 없으면 일반투자자가 투자에 주저하게 되고 벤처기업의 공개에 의한 벤처캐피탈리스트의 투자자금 회수를 원활히 할 수 없게 된다. 이 때문에 기업공개 시 내부자의 기회주의적인 주식 매각을 금지하기 위해서 회사 내부자 및 벤처캐피탈리스트에게 양도제한(lock-up) 규정을 사용하게 된다.[13]

미국은 1934년 증권거래법 제10조(b) 및 규칙 10b-5를 근거로 하여 증권의 매매와 관련하여 중요한 비공개 정보를 취득한 내부자가 그 정보를 이용하여 증권거래를 하는 것을 금지하고 있다.[14] 우리나라도 증권거래법 제188조의2에서 미공개정보 이용행위를 금지하고 있지만 미국의 내부자 거래에 대한 규제와 그 적용범위, 요건 및 구제방법에 있어서는 커다란 차이가 있다. 우리나라의 벤처기업은 자금회수의 방법으로 코스닥등록 등 증권시장을 통한 회수방법을 일반적으로 사용한다. 현행 증권거래법상 내부자 거래 금지대상이 되는 유가증권은 상장법인 또는 협회등록법인(6개월 내에 상장 또는 협회등록을 하는 법인을 포함한다)이 발행한 유가증권에 한하지만, 미국에서는 이러한 제한이 없다.[15] 벤처기업이 코스닥에 등록하려고 하는 경우 등록 6개월보다 이전의 정보를 이용하여 거래하는 것은 현행법상 내부자 거래의 규제를 받지 않게 되어 미공개 내부정보를 이용

---

[13] Paul Gompers and Josh Lerner, *supra* note 2, at 206.

[14] 미국의 내부자 거래에 관한 자세한 내용은 丁鳳鎭, 美國法上 內部者 去來 規制, 通商法律 (2000.4.), 132-147면; 朴燦柱, Insider Trading의 規制에 對한 硏究, 裁判資料 24 (1984.12), 187-344면; 辛永茂, 內部者 去來와 民事上責任, 商事法硏究 第8輯 (1990.11), 113-167면 참조.

[15] 1934년 증권거래법 제10조(b)는 "전국적인 증권거래소에 등록된 증권이나 그와 같이 등록되지 않은 증권"(any securities registered on a national securities exchange or any securities not so registered)이 내부자 거래의 금지 대상이 된다고 규정하고 있다.

하여 주식을 거래할 수 있다. 그러므로 벤처기업가 및 벤처캐피탈리스트가 비등록 투자대상 기업의 내부정보를 이용하여 보유주식을 신속히 처분하는 행동은 증권거래법상 내부자 거래에 관한 규정으로 규제할 수 없게 된다. 벤처캐피탈리스트와 인수인과 회사내부자 간에 讓渡制限(lock-up) 契約이 있을 경우에는 계약에 의하여 투자자 보호가 이루어질 수 있지만 투자자는 그 계약의 당사자가 아니다. 따라서 투자자는 회사내부자나 벤처캐피탈리스트를 상대로 讓渡制限 契約 위반으로 인한 손해배상을 청구할 수 없다. 그 점에서 투자자의 직접적 권리구제를 위해서는 내부자 거래의 규제대상 범위를 증권시장에 상장 또는 협회중개시장에 등록된 유가증권에 한정하지 말고 미국과 같이 모든 주식거래에 적용될 수 있도록 확대할 필요가 있다고 본다.

V. 最初公募(IPO)와 關聯한 法的 規制

1. 美　國[16]

(1) 投資資金 回收의 規制 類型

미국의 경우 벤처캐피탈리스트와 초기 투자자들은 투자대상 회사의 주식을 사모나 증권거래위원회 규칙 701조 매매[17]에 의하여 증권거래위원회(SEC)에 등록하지 않고 취득하게 되는 것이 일반적이다. 따라서 통상 이들이 보유하는 주식은 양도가 제한되는 주식(restricted securities)이며, 양도제한 주식은 다음과 같은 방법에 의해서만 양도할 수 있게 된다.

첫째, 私的賣渡(private sale)의 방법이다. 이 방법에는 규칙 제144A조[18]에 따른 적격을 갖춘 기관투자자에게 매도하는 것이 포함된다.

둘째, 1933년 증권법에 따라 증권거래위원회(SEC)에 등록하는 公募(public offering)의 방법이다. 이 방법은 비공개 회사의 주식을 증권거래위원회에 등록하고, 등록된 주식을 공모에 의하여 매도하는 것이다.

셋째, 증권거래위원회 규칙 제144조에 따른 공개매도(public sale)의 방법이다. 이 방법은 통상

---

[16] Jack S. Levin, *supra* note 3, chapter 9 참조.

[17] 보수지급제도 또는 보수관련 계약에 따라 주식이 제공 또는 매도되는 경우를 말하며, 규칙 701조의 매매에 해당하는 경우에는 연방증권법 제5조의 등록의무가 면제된다.

[18] 규칙 제144A조(Rule 144A)에서는 동 규칙의 요건을 갖춘 기관투자자에 주식을 사적으로 매도하는 경우에 연방증권법 제5조의 등록의무를 면제하고 있다.

투자대상 회사가 1934년 증권거래법에 따른 보고회사가 된 후에 이용된다.[19] 규칙 144조의 요건을 갖춘 주식은 증권거래위원회에 등록을 하지 않고서도 공개매도 할 수 있다.

넷째, 증권거래위원회에 제출된 규칙 A 모집설명서(offering statement)[20]에 따른 公開賣渡(public sale)의 방법이다. 이 방법은 투자대상회사가 1934년 증권거래소법에 따른 보고회사가 아닌 경우에 이용할 수 있는 매도방법으로서 다음의 요건을 갖춘 소규모의 매도에 대해서만 허용된다. 1) 5백만 달러에서 규칙 A 모집의 개시 전 12개월 동안 규칙 A에 따른 매도액을 공제한 금액 한도 내이며 2) 이러한 5백만 달러 매도한도 금액 중 150만 달러까지만 투자대상 회사의 구주보유자가 매도할 수 있다.

다섯째, 域外去來(offshore transaction)의 방법이다. 미국 증권시장에 영향을 미치는 매도행위(directed selling efforts)[21]가 없는 한 증권거래위원회 규칙 S[22]에 따른 域外去來는 증권거래위원회(SEC)에 등록하지 않고 매도할 수 있다. 이 방법을 사용하면 증권거래위원회에 등록을 하지 않고서도 매도가 가능하다는 장점이 있는 반면, 미국 증권시장에서는 매도할 수 없다는 제한이 있다.

(2) 最初公募(IPO)

(가) 개 관

양도제한 주식의 양도방법 중 벤처캐피탈리스트가 투자대상회사에 대한 투자자금 회수를 위하여 일반적으로 사용하는 방법은 最初公募이다. 最初公募(IPO)를 하기 위한 가장 일반적인 방법은 1933년 증권법에 따른 정식 등록신고서인 Form S-1을 사용하는 것이다. Form S-1은 정식 등록신고서이므로 작성에 시간과 비용이 많이 소요된다. 최초공모에서는 1933년 법에 따른 등록신고서의 효력 발생 시에 주식을 매수하여 일반 매수인들에게 재매도할 인수인(underwriter)을 선정하는 것이 중요한 절차이다. 주간사회사(lead underwriter)는 통상 '인수한도'(underwriting limitation)라고 하는 공모에서 매도될 투자대상회사의 주식수를 제한하게 된다. 또한 주간사회사

---

[19] 그 이유는 규칙 제144 조에 따른 공개매도가 허용되기 위한 요건 중에 하나로서 발행인에 대한 정보가 공개되어 이용할 수 있어야 한다는 요건을 갖추어야 하기 때문이다. 발행인이 1934년 증권거래소법에 의하여 등록하여 동법에 따른 보고회사가 된 경우에는 이러한 요건이 충족된 것으로 본다(Rule 144(c)(1)).

[20] 규칙 A(Regulation A)에서는 일정한 요건을 갖춘 소규모 매도의 경우에 증권거래위원회에 등록을 면제하고 있다. 동 규칙은 등록이 면제되는 소규모 매도에 대해서 모집설명서(offering statement)를 사용하도록 하고 있다.

[21] 미국 증권시장에 영향을 미치는 매도행위(directed selling efforts)는 규칙 S에 따른 매도가 미국의 증권시장을 조작하려는 목적으로 하는 행위 또는 미국 증권시장을 조작하는 효과가 있을 것으로 합리적으로 예측되는 행위를 말한다(Regulation S Rule 902(c)).

[22] 규칙 S(Regulation S)는 1933년 미국 증권법상의 등록의무가 면제되는 域外 株式去來에 대하여 규정하고 있다.

는 투자대상회사와 주요주주에게 인수한 주식의 공모 후 일정기간[23] 투자대상회사의 주식을 매도[24]하지 아니할 것을 합의한다. 登錄權[25]에 관한 계약이 있는 경우에 공모에 참여할 권한을 보유한 주주에게 인수된 공모물량 이외에는 양도금지 기간 내에는 매도를 금지하게 하는 경우도 있다. 또한 투자대상회사와 그 주주는 증권거래위원회에 예비 등록신고서를 제출하기 전에는 증권의 매도 청약으로 볼 수 있는 진술이나 공모를 위한 시장조작을 하기 위한 언론공개 등을 해서는 안 된다. 이러한 규제를 소위 추월행위(Gun Jumping)의 금지라고 한다.

最初公募(IPO) 이후에는 투자대상회사와 이사 및 주요주주는 여러가지 법적 의무를 부담하게 된다. 첫째, 증권거래위원회에 매년 10-K, 분기별 10-Q, 특정사유가 있는 경우에는 수시로 8-K 등 정기적인 보고서를 제출하여야 한다. 둘째, 주주의 의결권 행사와 관련하여 증권거래위원회에 위임장설명서(proxy statements)를 제출하고 주주들에게 이를 발송하여야 한다. 셋째, 중요한 사실에 대한 적시에 공표하여야 한다. 넷째, 집행임원, 이사 또는 투자대상회사의 10% 이상 주식을 보유하는 주주가 6개월 이내의 기간에 투자대상회사의 주식 또는 주식파생상품(derivatives)을 매수 및 매도행위 또는 매도 및 매수행위로 인하여 단기 매매차익을 얻을 경우에는 이를 반환하여야 하는 1934년 법 제16조 (b)에 의한 단기매매차익 반환의무를 부담한다. 다섯째, 증권거래위원회 규칙 10b-5에 따라 중요한 비공개 정보를 보유하는 자가 주식을 매매하기 위하여 이를 이용하는 행위와 주식을 매매하는 타인에게 정보를 제공하는 행위가 금지된다. 이 경우 합리적인 투자자가 당해 정보를 투자의사 결정에 관련이 있다고 생각한다면 그러한 정보는 중요한 정보가 된다.

(나) Nasdaq상장 요건

最初公募는 주식상장을 통하여 투자자금을 회수하기 위하여 행하여지는 것이 일반적이다. 주식 상장은 증권시장을 선택하여 하여야 하는데 미국에서는 벤처기업이 투자자금을 회수하기 위하여 주로 Nasdaq에 주식을 상장하고 있다. Nasdaq에 주식을 상장하는 이유는 NYSE와 같은 증권거래소는 그 상장기준이 Nasdaq보다 엄격하여 벤처기업으로서는 상장요건을 충족시키기 어렵기 때문이다. 벤처기업에 투자된 자금을 회수하는 제도적 기반으로서 Nasdaq시장의 기능을 분석하여 볼 필요가 있다. Nasdaq 상장요건을 분석함으로써 Nasdaq 시장에서 벤처캐피탈리스트가 투자자금을 회수하기에 적합한 제도적 기반으로서의 요소를 추출하고자 한다.

Nasdaq은 Nasdaq Global Select Market, Nasdaq Global Market, Nasdaq Capital Market

---

[23] 양도금지 기간(hold-back period)이라고 하며, 통상 90에서 180일 또는 그 이상의 기간을 설정한다.
[24] 이러한 주식의 매도에는 증권거래소 규칙 제144에 따른 매도가 포함된다.
[25] 앞의 제4장 제1절 Ⅴ. 3. 참조.

의 세 가지 시장으로 구분하여 상장요건을 각각 다르게 규정하고 있다.[26] 각 시장의 상장요건은 재무적 요건과 비재무적 요건으로 구분할 수 있으며, 비재무적 요건은 企業支配基準(corporate governance standards)[27]을 충족하는 것을 말한다.[28]

　　Nasdaq Global Market, Nasdaq Capital Market의 구체적인 상장요건은 다음의 [표7] 및 [표8]와 같다. Nasdaq Global Market의 상장요건의 특징은 재무적 요건, 주식분산과 관련된 요건, 기업지배구조와 관련된 요건으로 구분하여 살펴볼 수 있다. 첫째, 재무적 요건에서 나타나는 특징은 회사의 실질적 규모를 중요시할 수 있는 순자산 기준이 중요한 요건 중의 하나가 되고 있는 것과 시가총액과 순자산기준 중의 하나를 선택할 수 있도록 하고 있는 것이다. 이러한 요건은 회사의 실질가치를 기준으로 상장 여부를 결정할 수 있도록 하는 것인데, 이러한 특징은 자본금을 기준으로 하지 않고 시가총액을 기준으로 하거나 부채를 포함하는 총 자산기준이 아닌 순유형자산을 기준으로 하고 있는 것에서 나타난다. 둘째, 주식분산과 관련된 요건의 특징으로는 유동주식수와 100주 이상 보유 주주의 수를 기준으로 주식의 유통이 가능한 수준을 규정하고 있다. 셋째, 기업지배구조와 관련하여 회사의 경영진에 대한 지배권의 적절한 통제가 가능한 구조적 요건을 갖출 것을 요구하고 있다. Nasdaq Global Select Market은 Nasdaq Global Market의 상장요건보다 상장요건을 강화하여 신설한 Nasdaq 최고의 우량시장이다. Nasdaq Capital Market은 Nasdaq Global Market보다 요건을 완화하여 전국적 시장이 아닌 소액주식 특히 Penny stock[29]의 상장이 가능하도록 하고 있는 것이 특징이다.

---

[26]　Nasdaq Global Market과 Nasdaq Capital Market은 종전의 Nasdaq National Market과 Nasdaq SmallCap Market에서 그 명칭이 각각 변경된 것이다. Nasdaq Global Select Market의 상장요건과 상장 유지요건은 Nasdaq Global Market의 요건을 더욱 강화한 것으로 현재 약 1200개의 회사가 상장되어 있다(http:// www.nasdaq.com/reference/glossary.stm 참조).

[27]　기업지배기준은 1997. 8. 22. 이전에는 National Market에만 적용되었으나 그 후에는 SmallCap Market에도 적용된다. 기업지배기준의 내용은 주로 기업지배구조와 관련되는 사항이며, 연차 및 수시보고서의 제출, 최소한 2인 이사의 독립된 이사의 선임, 독립된 이사가 다수를 차지하는 감사위원회 구성, 정기주주총회의 매년 개최, 주주총회 시 주식수의 $33^{1/2}$% 이상으로 의결, 의결권 위임이 가능하다는 내용의 사전 서면 통지, 중요한 기업활동에 대한 주주의 사전승인, 모든 주주에 대하여 의결권의 평등보장 등이다. 독립된 이사는 1) 당해 기업 및 계열기업, 자회사의 임직원 2) 당해 기업의 의사결정에 영향을 미칠 수 있는 관계를 가진 자(임직원의 친인척 포함)을 제외한 자를 말한다.

[28]　배재광, 전게서, 357면.

[29]　Penny stock은 미국에서 소액자본 시장(micro-capital market)에서 거래되는 주식의 일종이다. 이러한 주식은 수익이 불안정한 초기단계의 회사에 의해서 발행된다. Penny stock은 다음과 같은 세 가지 특징을 갖는다. 첫째, 자본금 규모가 적어서, 공개적으로 거래되는 주식수가 적다. 이 점으로 인해 이러한 주식의 주가는 변동폭이 매우 크다. 둘째, 주가가 5달러 미만으로 매우 낮다. 셋째, 이런 주식에 대한 분석전문가가 거의 없다. 따라서 Penny stock에 대한 투자는 위험이 매우 크다(University of Washington, School of Business, New Venture Financing Class Material 참조).

[표 7] Nasdaq Global Market의 상장요건[30]

요 건		선택 1	선택2	선택3
자기자본(shareholders' equity)*		$1,500만	$3,000만	–
두 가지 요건 중 하나 만족	시가총액	–	–	$7,500만
	총 자산 및 총 수익**	–	–	각각 $7,500만
세전수익(직전 회계연도 또는 최근 3개 회계연도 중 2개 회계연도)		$100만	–	–
유동주식수***		110만 주	110만 주	110만 주
유동주식 시가총액		$800만	$1,800만	$2000만
주당 최저매수가		$5	$5	$5
100주 이상 보유주주의 수		400명	400명	400명
최소 마켓메이커[31]의 수		3개	3개	4개
설립경과 연수		–	2년	–
기업지배기준		만족	만족	만족

* 자기자본이란 총 자산에서 총 부채를 차감한 것을 말한다.

** 총 수익 및 총 자산의 각각 7,500만 달러 이상이어야 한다.

*** 유동주식이란 당해 기업 임직원이 직접 또는 간접적으로 보유하고 있는 주식과 총 발행주식 수의 10%이상 보유한 주주의 주식을 제외한 주식을 말한다.

[표 8] Nasdaq Capital Market의 상장요건[32]

요 건	선택1	선택2	선택3
자기자본	$500만	$400만	$400만
유동주식 시가총액	$1,500만	$1,500만	$5,000만
설립경과 연수	2년	–	–
시가총액	–	$5,000만	–
순이익*	–	–	$75만
유동주식수	100만 주	100만 주	100만 주
주당 최저매수가	$4	$4	$4
100주 이상 보유주주 수	300명	300명	300명
최소 마켓메이커의 수	3개	3개	3개
기업지배기준	만족	만족	만족

*직전 회계연도 또는 최근 3개 회계연도 중 2개 회계연도의 순이익을 말한다.

---

30 http://www.nasdaq.com/about/nasdaq_listing_req_fees.pdf (2007.8.9최종 접속).

31 미국증권시장에서 마켓메이커의 역할에 대해서는 김건식, 미국증권법, 홍문사 (1996), 34-37면 참조.

32 http://www.nasdaq.com/about/nasdaq_listing_req_fees.pdf (2007.8.9최종 접속).

일단 상장요건을 갖추어 Nasdaq에 상장된 기업이 계속적으로 상장을 유지하려면 상장유지 요건을 만족하여야 한다. Nasdaq의 시장유형별로 상장유지 요건은 다음의 표와 같다.

[표 9] Nasdaq Global Market의 상장 유지요건[33]

요 건		선택 1	선택 2
자기자본		$1,000만	–
다음 요건 중 하나 만족	시가총액	–	$5,000만
	총 자산 및 총 수익	–	각각 $5,000만
유동주식수		75만 주	110만 주
유동주식 시가총액		$500만	$1,500만
주당 최저매수가		$1	$1
100주 이상 보유주주의 수		400명	400명
최소 마켓메이커의 수		2개	4개
기업지배기준		만족	만족

[표 10] The Nasdaq Capital Market의 상장유지 요건[34]

요 건	선택1	선택2	선택3
자기자본	$250만	–	–
시가총액	–	$3,500만	–
순이익	–	–	$50만
유동주식수	50만 주	50만 주	50만 주
유동주식 시가총액	$100만	$100만	$100만
100주 이상 보유주주의 수	300명	300명	300명
주당 최저매수가	$1	$1	$1
최소 마켓메이커의 수	2개	2개	2개
기업지배기준	만족	만족	만족

(3) 最初公募(IPO) 후에 1933년 증권법에 따른 登錄公募

1934년 증권거래법에 따라 보고하는 회사는 1933년 증권법에서 요구하는 정식 등록신고서인 Form S-1이 아닌 간이등록신고서인 Form S-2 또는 Form S-3의 제출이 허용된다. 증권거래위원회 Form S-3은 투자대상회사가 대부분의 정보를 1934년 증권거래법상의 정기적 보고서류를

---

[33] http://www.nasdaq.com/about/nasdaq_listing_req_fees.pdf (2007.8.9최종 접속).

[34] http://www.nasdaq.com/about/nasdaq_listing_req_fees.pdf (2007.8.9최종 접속).

인용하는 것을 허용한다. Form S-3의 제출이 허용되기 위해서는 투자대상회사는 등록요건 (Registrant Requirements)과 거래요건(Transaction Requirements)을 구비하여야 한다.

먼저 투자대상회사는 다음의 등록요건(Registrant Requirements)을 모두 갖추어야 한다. 첫째, 투자대상회사는 1934년 증권거래법에 따라 보고서를 제출하는 회사로서 적어도 12개월 이상 경과하였고 동법상 필요서류를 제출하여 왔을 것. 둘째, 투자대상회사는 과거 12개월 동안 적시에 1934년 증권거래법에 따른 서류를 제출하여 왔을 것. 셋째, 약 1년 동안 투자대상회사 및 자회사는 우선주식에 대한 이익배당 또는 상환기금(sinking fund)에 대한 지급하지 못한 경우나 차입금 또는 장기 리스료에 대한 상환의 이행을 못한 경우가 없을 것.

이러한 자격요건 외에 다음 중 하나에 해당하는 거래요건(Transaction Requirements)을 갖추어야 한다. 첫째, 신주발행 및 구주매출에 의한 공모가 현금을 대가로 하는 경우에는 비관계인이 보유하는 주식의 총 시장가치가 증권거래위원회에 신고한 날로부터 60일 이내의 날 현재로 계산하였을 때 7500만 달러 이상이어야 한다. 둘째, 구주매출의 경우에는 전국적인 규모의 증권거래소 또는 Nasdaq 전국시장에 동일 종류의 주식이 상장 또는 등록되어 있어야 한다. 이 경우에는 위의 7500만 달러의 유동주식시가총액 기준은 적용되지 않는다.

Form S-2는 Form S-3만큼 편리하지 못한데, 그 이유는 Form S-2는 1934년 증권거래법에 따른 특정 제출서류를 매수인에서 교부하여야 하기 때문이다. Form S-2를 제출하기 위한 요건은 다음과 같다. 첫째, 투자대상회사가 36개월 이상 1934년 증권거래법에 따른 보고대상 회사로서 요구되는 모든 서류를 제출하였어야 한다. 둘째, 투자대상회사가 과거 12개월 동안 1934년 증권거래법에 따른 서류제출의무를 적시에 이행하였을 것이 요구된다. 셋째, 약 1년간 투자대상회사 및 그 자회사가 우선주에 대한 이익배당 또는 상환기금(sinking fund)에 대한 지급을 하지 못한 경우나 차입금 또는 장기 리스료의 상환을 상환하지 못한 경우가 없을 것이 요구된다.

벤처캐피탈리스트가 투자 시 주식매수계약서의 登錄權에 관한 조항[35]에서 벤처캐피탈리스트는 투자대상회사가 공개되고 주간사회사와의 계약상 양도금지기간이 경과한 후에는 양도가 제한되는 회사의 주식의 등록을 주기적으로 요구할 권리를 규정하게 된다.[36] 또한 벤처캐피탈리스트는 투자대상회사 또는 그 주주가 투자대상회사의 주식을 공개 매도하기 위한 투자대상회사의 증권거래위원회에의 등록에 편승할 권리를 가지는 경우가 많다[37].

---

[35] 앞의 제4장 제1절 V. 3. 참조.
[36] 이러한 권리를 "등록요구권"(demand registration right)이라고 한다.
[37] 이러한 권리를 "등록편승권"(piggy-back registration right)이라고 한다.

(4) 最初公募(IPO) 후 SEC 규칙 제144에 의한 株式賣渡

투자대상회사가 일단 最初公募(IPO)를 완료한 후에는 벤처캐피탈리스트 등 주식 보유자는 증권거래위원회(SEC) 규칙 제144조의 요건을 모두 충족하는 경우에 증권거래위원회에 등록신고서를 제출하지 않고서도 양도제한되는 증권(restricted securities)을 매도할 수 있다. 다만 이러한 증권을 양도하기 위해서는 最初公募(IPO) 시 또는 最初公募(IPO) 후 등록공모에 있어서 부과되는 계약상 양도제한 기간은 경과하여야 한다. 증권거래위원회(SEC) 규칙 제144조의 요건으로는 정보제공, 수량제한, 매도방법 제한, 1년의 보유기간, 증권거래위원회에의 통지, 비관련자에 대한 무제한적 매도에 관한 2년의 보유기간, 조합 펀드의 현물배분, 규칙 701조의 증권에 대한 특례가 있다.

첫째, 정보제공 요건으로서 투자대상회사는 증권매도 전 90일 이상 1934년 증권거래법상 보고회사이어야 하며 1934년 증권거래법상 요구되는 모든 보고사항을 양도전 12개월 동안 제출하였을 것이 요구된다.

둘째, 수량제한 요건으로서 3개월 기간 동안 거래량이 투자대상회사의 기발행 동종의 증권의 1% 또는 과거 4주 동안의 주당 평균 거래량 중 많은 것을 초과하지 않는 범위 내에서 양도할 수 있다. 거래 수량을 계산함에 있어서 동 거래기간 동안에 등록된 거래량은 제외하고 공동하여 투자대상회사의 주식을 매도하는 보유자의 주식은 합산한다.

셋째, 매도방법 제한 요건으로서 투자대상회사의 증권은 중개인 또는 시장조성자를 통하여 매도하여야 한다. 매도인은 증권매수를 권유하거나 매수주문 권유를 준비할 수 없으며 중개인을 제외한 자에게 매도와 관련하여 금전을 지급할 수 없다.

넷째, 1년의 보유기간의 요건으로서 매도인은 증권을 1년 이상 보유하여야 한다. 증권보유자가 증권을 투자대상회사 또는 관련회사로부터 매수한 경우에 증권보유기간은 보유자가 매수대금을 전액 지급하기까지는 기산되지 않는다. 다만 소구가능한 어음이 어음금액 이상의 공정가액을 갖은 자산에 의하여 담보되는 경우에는 어음이 증권의 재매도 이전에 지급되는 한 보유기간이 개시된다. 증권보유자가 증권을 투자대상회사 또는 관련회사로부터 취득하지 아니한 경우에는 보유자는 자신에게 양도한 자의 보유기간을 보유자 자신의 보유기간에 합산한다. 전환사채(convertible debenture) 또는 전환우선주(convertible preferred)의 경우에 보유기간은 전환에 의한 보통주의 보유기간과 합산된다. 신주인수권(warrant)의 경우에는 신주인수권의 행사에 의하여 새로운 보유기간이 진행된다. 다만, 1) 신주인수권의 행사가격이 투자대상회사의 다른 증권(무보증사채, 우선주, 보통주)의 인도로 지급되는 경우에는 인도된 증권의 보유기간 또는 신주인수권에 대한 보유기간 중 단기간과 신주인수권 행사에 의하여 받게되는 보통주의 보유기간과 합산하며 2) 신주인수권이 신주인수권 행사가격과 주가의 차액에 해당하는 보통주식으로 교부되는 경우에[38] 신주인수권의 보유기간을 새로 교부받은 보통주의 보유기간에 합산하게 된다. 확정적 부여전의 주식에 대하여 증권거래위원회(SEC)는 "주식이 확정적으로 부여되기 전 일정기간 동안 종업원으로 재직하는 것을 요건으로 하는 종업원 복지제도(employee benefit plan)에 따라 양도제한 되는 주식이 부여된 경우 보유기간은 주식을 부여받는 개인의 계좌에 주식이 부여되는 때부터 진행되며 주식이 장래 일정일까지는 확정적으로 부여되지 않을 수도 있다는 사실은 이러한 결론을 변경시키지 못한다"는 입장을 1974년에 표명하였다. 이러한 해석은 종업원에게 공식적 또는 비공식적인 복지제도에 따라 부여하거나 매도하는 주식에 대하여 적용되는 원칙으로 오랫동안 이해되어 왔다.

그러나 1994년 no-action letter에서 증권거래위원회(SEC)는 종래의 해석에 불확실성을 야기시켰다. 사안은 투자대상회사가 이사회에서 승인받은 실질적으로 내용이 유사한 개별적인 계약에 따라 다수의 집행임원에게 주식을 부여한 것이다. 동 계약에 따르면 주식은 계속적인 고용관계를 전제로 5년 동안 균등한 비율로 확정적으로 부여된다. 증권거래위원회(SEC)는 "양도제한되는 주식이 종업원 복지제도에 따라 발행된 것이 아니면 보유기간은 확정적 부여시점까지는 기산되지 않는다"고 하면서도 동 계약이 종업원 복지제도에 해당하는지 여부는 판단하지 않았다. 증권거래위원회(SEC) 규칙들은 "공식적이 문서에 규정되어 있는지 여부와 관계 없이 계약, 권한부여 또는 계획 1인에게 적용되는 경우까지도" 포함하는 것으로 종업원 복지 제도를 상당히 넓게 정의하고 있다. 1994년 no-action letter는 특정 고용계약이 종업원 복지제도에 해당하는지 여부에 대하여는 판단하지 아니하려는 증권거래위원회(SEC)의 계속된 입장을 재확인한 것에 불과하여 증권거래위원회(SEC)는 당해 사안이 종업원 복지제도에 해당하지 못한다고 해석했다고 추정할 수 없다.[39] 투자대상회사가 조합 또는 유한책임회사(LLC)[40]로 설립되어 회사로 변경되는 경우에, 증권거래위원회(SEC)는 다음과 같은 비논리적인 입장을 취한다. 1) 회사형태로 하기로 하는 결정은 새로운 투자의사 결정이므로 보유기간의 계산에 있어서 조합 또는 유한책임회사의 지분의 보유기간은 회사의 주식으로 교환받은 것의 보유기간에 합산되지 않는다. 2) 그러나 i) 보유자가 조합 또는 유한책임회사에 투자할 때 법적형태가 最初公募(IPO)와 관련하여 회사형태로 변경될 것이라고 서면계약에 의하여 고려되었고 ii) 조직변경 시 추가적인 대가가 지급되지 아니하며 iii) 회사의 설립이 당초 계약에서 고려되지 않았던 경제적 이해관계의 변경을 보유자에게 초래하지 않고 iv) 보유자

---

[38] 예컨대, 신주인수권 행사가격을 지급하지 않는 현금지급 없는 순가치에 대한 행사(a net cashless exercise)의 경우.

[39] SEC는 특정계약이 종업원 복지제도에 해당하는지 여부는 발행인과 발행인의 변호사가 각 사안의 사실관계와 정황을 기초로 판단할 문제로 보고 있다.

[40] 앞의 제4장 각주 63참조.

가 조직변경에 관한 거부권 또는 의결권을 보유하지 않는 경우에는 보유자의 보유기간을 합산한다.

다섯째, 증권거래위원회에 대한 통지요건으로서 3개월 기간 동안 규칙 144조에 의하여 매도되는 증권이 500주를 초과하거나 총 매도가액이 10만 달러를 초과하는 경우에는 매도인은 Form 144를 증권거래위원회에 제출하여야 한다.

여섯째, 비관련자에 대한 무제한적 매도에 관한 2년의 보유기간 요건으로서 규칙 144(k) 따라 투자대상회사의 관련회사가 아닌 보유자가 2년 이상 보유기간을 구비하고 3개월 이상 투자대상회사의 관련회사가 아닌 경우에는 상기 첫번째부터 다섯번째까지의 제한은 적용되지 않으므로 이러한 비관련자는 매도수량의 제한을 받지 않고 주식을 매도할 수 있다.

일곱째, 조합펀드의 주식분배와 관련하여 벤처캐피탈 펀드나 조합이 양도제한되는 주식을 조합원에게 분배하는 경우에는 조합원은 펀드나 조합의 보유기간을 비록 펀드나 조합이 발행자의 관계자라고 하더라도 합산할 수 있다. 합산된 보유기간이 1년이 되면 조합원은 규칙 144조에 따른 매도를 할 수 있으나, 합산된 보유기간이 2년이 되기까지는 조합원에 의한 규칙 144조의 매도는 수량제한에 관한 계산에는 합산된다. 합산된 보유기간이 2년인 비관련자인 조합원은 규칙 144(k)에 따라 투자대상회사의 주식을 수량을 제한받지 않고 매도할 수 있다. 합산된 보유기간이 2년인 투자대상회사의 관련자인 조합원은 관련자임을 종료한 때로부터 3개월 후에는 수량제한을 받지 않는 재매도에 관한 규칙 144(k)를 이용할 수 있게 된다.

여덟째, 증권보유자가 양도제한되는 주식을 투자대상회사로부터 규칙 701조에 따라 취득한 경우에는 보유자는 투자대상회사가 1934년 증권거래법상 보고회사로서 90일 이상이 되면 규칙 144조에 따라 양도제한되는 주식이라도 양도방법의 제한을 제외한 규칙 144조의 요건을 준수하지 않고도 자유롭게 양도할 수 있다. 그러나 보유자가 투자대상회사의 관련자인 경우에는 보유자는 규칙 144조의 수량제한 및 증권거래위원회에 대한 통지요건을 갖추어야 한다.

(5) 投資對象會社의 關聯者에 의한 投資對象會社의 비양도제한 株式(unrestricted securities)의 再賣買

비양도제한 주식의 보유자가 투자대상회사의 관련자인 경우에 주식 보유자는 1년의 최소보유기간 요건을 제외한 규칙 제144조의 모든 요건을 충족시켜야 한다. 규칙 제144조에 따라 투자대상회사의 관련자가 매도하는 양도제한 주식 및 비양도제한 주식은 모두 발행주식의 1% 또는 주간 평균 거래량의 제한에 해당하는지 여부를 산정할 때 포함되어야 한다. 규칙 제144조의 요건 중 거래수량에 대한 제한 중 주간 평균 거래량을 산정함에 있어서 당해 관련자에 의한 매도량은 거래량에 포함되지 않는다. 관련자에 의한 비양도제한 주식의 재매매와 달리 비관련자에 의한 비양도제한 주식의 재매매는 규칙 144조의 제한없이 양도할 수 있다.

(6) 大規模會社와 合併 또는 大規模會社에 대한 株式賣渡

(가) 대규모회사의 주식을 대가로 받는 경우

대규모회사가 투자대상회사를 대규모회사의 주식을 주고 취득하는 경우에 면세 조직변경 원칙 (tax-free reorganization rules)에 따르면 투자대상회사의 주주는 비적격 우선주(non-qualified preferred stock)[41]가 아닌 대규모회사의 주식을 취득하면 면세가 된다. 또한 조직변경에서 생긴 수익은 장기자본이득(long-term capital gain)으로 과세된다. 면세 조직변경에 해당하기 위해서 는 투자대상회사의 주주가 취득하는 대가의 상당부분이 투자대상회사를 취득하는 회사 또는 모 회사의 주식이어야 한다.[42] 투자대상회사가 취득한 대규모회사의 주식을 재매도하는 경우에는 증 권거래위원회(SEC) 규제의 적용을 받게 된다. 1) 투자대상회사가 취득한 대규모회사의 주식이 증 권거래위원회(SEC)에 등록되어 있지 않은 경우에는 주식을 취득한 투자대상회사의 주주이었던 자 는 양도제한되는 주식을 취득하게 되어 규칙 제144조의 요건을 갖추는 경우에만 양도제한되는 주 식을 재매도할 수 있다. 따라서 증권거래위원회(SEC)에 등록되지 않은 주식을 취득하는 경우에는 투자대상회사의 주주는 주식의 재매도를 위하여 계약상의 등록권[43]을 확보할 필요가 있게 된다. 2) 투자대상회사가 취득한 대규모회사의 주식이 증권거래위원회(SEC)에 등록되어 있는 경우 등록 이나 규칙 144조를 준수하지 않고서도 투자대상회사의 주주이었던 자는 취득한 주식을 자유롭게 매도할 수 있다.

다만 이러한 자유양도의 원칙에는 다음과 같은 예외가 있다. 첫째, 대규모회사가 투자대상회사 를 취득하는 방법이 자산양도 또는 합병으로 주주의 결의가 필요한 사항인 경우에는 증권거래위 원회(SEC) 규칙 145조에 해당되어 투자대상회사의 주주이었던 자가 대규모회사의 취득직전에 투 자대상회사의 관련자인 경우에는 규칙 144조의 수량제한과 기타 제한을 취득 후 1년 동안 받게 된다. 이 경우 규칙 144조의 통상의 1년 비양도기간 제한은 적용되지 않는다. 이러한 경우 투자대 상회사는 계약상의 등록권[44]을 확보할 필요가 있다. 둘째, 재매도 시에 대규모회사의 관련자인 투 자대상회사의 주주이었던 자는 1년간 매도금지를 제외한 규칙 144조의 요건상의 제한을 받게된다. 셋째, 취득이 미국 일반회계기준(GAAP)상 지분법(pooling accounting)에 의한 경우 투자대상회

---

[41] 비적격 우선주는 매도가능 우선주(puttable preferred), 의무상환 우선주(mandatorily redeemable preferred), 매수가능 우선주(callable preferred), 지수연계 우선주(indexed preferred) 중에 하나에 해당 하는 경우를 말한다(Jack S. Levin, *supra* note 3, at 4-15).

[42] 연방대법원의 법적 이해관계 계속원칙(judicial continuity-of-interest doctrine)을 해석하는 판례에 따르 면 40%이상 이나, 내국세청은 50% 미만인 경우에 면세를 인정하지 않고 있다.

[43] 앞의 제4장 제1절 V. 3. 참조.

[44] 앞의 제4장 제1절 V. 3. 참조.

사의 주주이었던 자는 대규모회사가 대규모회사와 투자대상회사의 최소한 30일 이상 기간 동안의 결합된 실적을 공표(통상 10-Q를 이용함)하기까지는 대규모회사의 주식을 매도할 수 없다.

(나) 대가의 일부로 대규모회사의 채권을 받은 경우

투자대상회사를 취득하는 대가의 전부 또는 일부로 대규모회사의 채권을 발행하는 경우에는, 내국세청(IRS) 할부매매규칙(installment sale rules)에 따라 투자대상회사의 주주는 투자대상회사의 주식매도로 인한 이익을 대규모회사의 채권이 상환될 때까지 비례적으로 과세이연할 수 있다. 투자대상회사의 주주가 취득한 대규모회사의 주식의 재매매에 적용되는 증권거래위원회 규칙 144조 및 145조의 제한은 투자대상회사의 주주가 대규모회사의 채권을 재매매하는 경우에도 적용된다.

(다) 대규모회사의 자산의 증가에 다른 과세표준(asset stepped-up tax basis)문제

거래가 과세대상인 자산매각 형식이어서 투자대상회사의 자산이 대규모회사에 과세표준자산의 증가(asset SUB)[45] 방식으로 이전될 경우, 1986년에 General Utilities 원칙(General Utilities doctrine)[46]이 폐지되었기[47] 때문에 이러한 거래는 통상 二重課稅의 대상이 된다. 다만 투자대상회사가 S회사,[48] 조합, 또는 유한책임회사(LLC)[49]이거나 충분한 순운영손실(net operating loss)을 입은 경우에는 二重課稅의 대상이 되지 않는다. 따라서 거래가 자산이전 과세표준(asset carry-over tax basis (COB))의 형태[50]로 구성되면 조세 효율성이 보다 크게 된다.

(라) 투자대상회사의 주주의 진술, 보증 및 배상

투자대상회사가 대규모회사가 예상했던 바와 상이할 경우, 대규모회사가 투자대상회사에 그 손실을 청구할 수 있는 범위에 대하여 투자대상회사와 대규모회사 간에 협상이 있게 되는 것이 일반

---

[45] 자산이 매각되는 회사의 과세표준이 자산매각에 의하여 증가하는 경우를 말한다.

[46] General Utilities 원칙은 1935년 연방대법원 판결(General Utilities & Operating Co. V. Helevering, 296 U.S. 200(1935)에 따른 원칙으로서 회사가 주주에게 가치상승한 재산을 특정한 방법으로 분배하는 경우 회사의 수익으로 인식하지 않을 수 있도록 이중과세에 대한 예외를 인정한다(Stanley Foster Reed and Alexandra Reed Lajoux, *The Art of M&A- A Merger/Acquisition/Buyout Guide*, McGraw-Hill (1999), p. 274 참조).

[47] Tax Reform Act of 1986에 의하여 General Utilities 원칙은 폐지되었다.

[48] 앞의 제4장 각주 62 참조.

[49] 앞의 제4장 각주 63 참조.

[50] 주식매도 또는 면세 조직변경 등이 이에 해당함.

적이다. 이러한 협상은 거래형태가 면세 조직변경이거나 과세 자산매각 또는 과세 주식매도인지 관계없이 있게 된다. 첫째, 진술 및 보증과 관련하여 대규모회사는 가능한 한 광범위한 투자대상회사에 대한 진술 및 보증을 투자대상회사의 주주로부터 얻으려고 할 것이지만, 투자대상회사의 주주는 가능한 진술 및 보증을 적게 하려고 하거나 진술 및 보증을 중대성과 고의 등의 개념으로 한정하려고 할 것이다. 둘째, 진술 및 보증책임의 존속과 관련하여 대규모회사는 진술 및 보증책임이 거래종료(closing) 이후에도 장기간 존속되고 책임존속기간 중 대규모회사가 발견한 여하한 계약위반에 대하여도 투자대상회사의 주주가 이를 배상하기를 원한다. 이에 대하여 투자대상회사의 주주는 진술 및 보증이 거래종료(closing) 시에 소멸하거나 진술 및 보증책임이 투자대상회사를 취득한 후의 대규모회사가 단기간 내에 발견한 진술 및 보증 위반에 대해서만 존속하기를 원한다. 셋째, 배상액의 공제 또는 상한에 관하여 대규모회사는 투자대상회사가 책임위반으로 인한 손해발생액에 대하여 금액의 제한이 없이 배상하기를 원하는 반면, 투자대상회사의 주주는 배상의무에 대하여 1) 일정금액 이하의 손해를 공제한 후 이를 초과하는 부분에 대하여 배상하도록 손해액 공제의 방법을 사용하거나 일정금액 이상의 손해가 발생한 경우에 손해를 전부 배상하도록 하는 배상의무개시를 위한 최소 기준금액을 정하고 2) 배상액의 상한을 정하며 3) 연대배상이 아닌 각자 책임으로 규정하기를 원한다. 넷째, 대규모회사는 주주의 배상의무에 대한 담보를 확보하기를 원하기 때문에 매수대금의 일부를 유보하거나 매수대금의 일부를 예탁(escrow)하려고 하는 반면, 투자대상회사의 주주는 배상의무의 담보로 아무 것도 제공하지 않기를 원한다. 다섯째, 채무의 인수와 관련하여 대규모회사는 투자대상회사의 통상의 특정된 책임만을 인수하고 그 외의 책임에 대해서는 투자대상회사의 주주가 이행하도록 하거나 인수하지 않은 채무로 인하여 대규모회사가 손실을 입지 않도록 합의하기를 원하는 반면, 투자대상회사의 주주는 대규모회사의 認知與否, 金額確定與否, 偶發債務 與否 등과 관계없이 투자대상회사의 모든 채무를 대규모회사가 인수하기를 원한다.

(7) 標的株式(targeted stock)의 장기자본이득세율의 감경 및 면세전환(tax-free rollover)

내국세법 제1202조는 標的株式의 처분으로 얻은 주주의 수익에 대하여 정상 장기자본이득세율 20%를 14%로 감경한다. 標的株式 처분수익(targeted gain)이 되기 위해서는 다음에 기술하는 9가지 요건을 갖추어야 한다. 첫째, 주주가 회사가 아니어야 한다. 이익을 얻은 주주는 회사형태가 아니어야 하므로 개인, 신탁 또는 재단(estate) 등이어야 한다. 수익이 조합 또는 S회사[51]와 같이

---

[51] 앞의 제4장 각주 62참조.

과세목적상 透視的으로 보는 법적주체(pass-through entity)에 의하여 얻어진 경우에는 감경된 세율은 회사가 아닌 조합원(non-corporate partner) 또는 S회사의 주주에게 적용된다. 둘째, 주식은 원발행자로부터 취득한 것이어야 한다. 셋째, 주주는 주식을 5년을 초과하여 보유하여 한다. 넷째, 주식발행이 1993년 8월 10일 이후에 이루어진 것이어야 한다. 다섯째, 주식은 현금, 적격 소기업 주식(qualified small business stock)에 해당하는 주식, 주식 이외의 재산, 또는 역무를 대가로 취득한 것이어야 한다. 여섯째, 주식은 C회사[52]인 내국회사에 의하여 발행된 것이어야 한다. 일곱째, 투자대상회사의 총 자산이 1993년 8월 10일 이후 주주가 주식을 취득한 직후까지 5000만 달러를 초과하여서는 안 된다. 여덟째, 투자대상회사는 주주의 보유기간의 거의 전 기간 동안 적극적 사업수행의 요건[53]을 갖추어야 한다. 아홉째, 투자대상회사는 특정유형의 주식상환을 하여서는 안 된다. 이러한 조세 감경의 대상이 되는 단일기업의 장기자본이득의 한도는 1000만 달러[54]와 납세자가 당해 연도에 처분한 標的株式의 총 과세표준의 10배 중 큰 것을 초과하지 못한 다. 또한 代替最少稅(alteranative minimum tax)를 산정함에 있어서, 14%의 특별세율을 적용받을 수 있는 장기자본이득의 71%는 주주의 代替最少稅 소득에 포함된다.

또한 1997년 세법에서는 내국세법 제1045조의 요건을 갖추어 標的株式의 매도로 얻은 수익금을 재투자하면 標的株式 매도이익에 대하여 면세를 인정한다.[55] 내국세법 제1045조에 따르면 납세자가 주식매도로 취득한 금액을 매도일로부터 60일 이내에 다른 標的株式을 매수하기 위하여 사용하는 경우에는, 개인이 6개월 이상 보유한 標的株式의 매도로 인한 수익의 과세인식을 연기하도록 선택할 수 있다.

(8) 공개회사의 임원에 대한 보수의 손비인정 상한

내국세법 제162(m)조는 임원에 대한 보수의 손비를 임원 일인당 연간 백만 달러로 제한하고 있

---

[52] 앞의 제4장 각주 73 참조.
[53] 이 요건은 당해 기간 동안 자산(가치기준)의 80% 이상을 다음에 열거하는 사업을 제외한 한 가지 이상의 사업에 사용하면 충족된다. 제외되는 사업은 첫째, 법률, 회계, 건강, 금융서비스, 공학, 컨설팅, 운동, 공연예술, 기타 주요자산이 1인 이상의 종업원의 평판 또는 기술인 서비스사업. 둘째, 은행, 보험, 금융, 리스, 투자 및 이와 유사한 사업. 셋째, 농업. 넷째, 호텔, 모텔, 음식점, 또는 이와 유사한 사업의 운영 등이다. 주의할 것은 다음의 경우 중의 하나에 해당하는 경우에는 적극적 사업수행 요건을 갖추지 못한 것으로 본다. 첫째, 50% 자회사가 아닌 다른 회사의 주식 또는 증권이 부채를 초과하는 자산(가치기준)의 10%를 초과하는 경우. 둘째, 적극적 사업수행에 사용되지 않는 부동산이 자산가치의 10%를 초과하는 경우. 이때 부동산의 소유, 거래, 임대는 적극적 사업이 아니라고 본다(Jack S. Levin, *supra* note 3, at 9-22).
[54] 1000만 달러 한도를 산정함에 있어서 매도가 일어난 당해 연도의 이득과 그 이전의 모든 이득이 합산된다.
[55] 이러한 형태의 면세를 免稅轉換(tax-free rollover)라고 한다.

다. 이러한 제한은 통상 공개회사에만 적용된다. 투자대상회사는 통상 폐쇄회사로 시작하지만 공개회사로 발전할 수 있다. 공개회사가 되는 경우 내국세법 제162(m)조의 손비인정 상한은 과세연도의 말일에 투자대상회사가 공개되어 있는 경우에 적용된다. 따라서 투자대상회사가 폐쇄회사인 동안에 공개회사가 된 후에도 손비인정 상한의 예외를 인정받을 수 있도록 임원의 보수구조를 사전에 정비할 필요가 있다.

　보수의 손비인정 상한의 산정에 포함되는 보수에는 현금, 주식매수선택권, 주식, 기타 재산 등은 모두 포함되나, 비과세 비금전적 이익(non-taxable fringe benefit) 또는 적격 퇴직금제도(qualified retirement plan)에 출연하거나 동제도로부터 지급받은 금액은 포함되지 않는다. 보수의 손비인정 상한의 적용을 받지 않는 예외는 다섯 가지가 있다. 첫째, 백만 달러의 손비인정 상한은 보수를 손비처리할 수 있는 과세연도 말일에 회사가 폐쇄회사인 경우에는 적용되지 않는다. 투자대상회사는 1) 전국적인 증권거래소에 거래되는 보통주식이 없는 경우 및 2) 주주가 500명 미만이고 연결대차대조표상의 자산총액이 천만 달러 미만인 경우에 폐쇄회사이다. 둘째, 폐쇄회사가 공개회사가 될 당시에 유효한 제도 또는 계약에 의하여 보수가 지급된 경우에는 신뢰기간(reliance period)[56] 동안 백만 달러의 손비인정 상한의 제한을 받지 않는다. 주식매수선택권, 주식차액보상권(SAR),[57] 또는 권리상실의 상당한 위험의 제한하에 이전된 재산의 경우에는, 그러한 권리 또는 재산이 신뢰기간 내에 부여되거나 이전되기만 하면 투자대상회사의 실제 손금산입 시점이 신뢰기간 종료 후가 되더라도 본 예외는 적용된다. 셋째, 임원이 적용범위 내의 종업원(covered employee)이 아닌 경우에는 손비인정 상한이 적용되지 않는다. 적용범위 내의 종업원이라 함은 과세연도 말에 최고경영자(CEO) 또는 최고경영자의 지위에서 행동하는 개인과 과세연도 동안 최고경영자를 제외한 최상위 보수지급을 받는 임원 4인을 말한다. 이때 최고경영자를 제외한 최상위 보수지급을 받는 임원 4인의 경우에는 당해 임원에 대한 보수의 지급이 회사의 위임장 설명서에 기재되어야 하며 과세연도 말일에 투자대상회사의 집행임원으로 재직하고 있어야 한다. 넷째, 성과에 기초한 보수로서 다음의 네 가지 요건을 모두 충족하는 경우에는 손비인정의 상한이 적용되지 않는다. 1) 보수의 지급이 1개 이상의 비자의적이고 사전에 확정된 개관적인 성과목표를

---

[56] 신뢰기간은 最初公募(IPO)로 공개회사가 되는 경우에는 약 4년이며 最初公募(IPO) 없이 공개회사가 되는 경우에는 약 2년이다. 구체적으로 신뢰기간은 다음 사유 중 가장 먼저 발생하는 것에 의하여 종료된다. 1) 보수제도 또는 계약의 종료, 2) 보수제도 또는 계약의 중대한 변경, 3) 보수제도 또는 계약에 따라 지급되는 주식이나 재산의 전부 발행 또는 분배, 4) 증권거래위원회에 등록된 最初公募(IPO)에 의해 투자대상회사가 공개되는 경우에는 공개가 일어난 해의 다음 3년이 종료한 후에 이사선임이 있는 최초의 주주총회의 개최 또는 등록된 最初公募(IPO)가 없이 공개회사가 되는 경우에는 공개회사가 되는 해의 다음 1년이 종료한 후에 이사선임이 있는 최초의 주주총회의 개최(Jack S. Levin, *supra* note 3, at 9-25).

[57] 주식차액보상권(SAR)은 stock appreciation right를 말한다.

달성했다는 이유로만 지급되어야 한다. 2) 성과목표는 2인 이상의 사외이사로만 구성된 이사회의 보수위원회에 의하여 결정되어야 한다. 3) 보수지급의 중요한 조건이 주주 등에게 공개되어 주주의 의결권의 과반수의 승인을 얻어야 한다. 4) 보수가 지급되기 전에 보수위원회는 성과목표 및 기타 조건이 충족되었음을 확인하여야 한다. 다섯째, 개인에게 지급된 금액이 종업원으로서의 근무의 대가가 아닌 경우에는 백만 달러의 손비인정 상한이 적용되지 않는다.[58]

2. 우리나라

벤처캐피탈리스트가 투자자금을 회수하는 방법 중의 하나인 最初公募(IPO)가 활성화되려면 잘 정비된 주식시장이 발달되어야 하며, 그러기 위해서는 주식시장의 最初公募와 관련된 제도적 기초가 갖추어져 있어야 한다. 국내의 最初公募 시장이 잘 발달되지 못할 경우에는 우리나라 벤처기업이 직접 미국의 주식시장인 Nasdaq에 상장하여 투자자금을 회수하려는 현상까지 나타날 수 있다.[59]

우리나라의 벤처기업은 최초공모를 통한 투자자금의 회수를 위하여 코스닥시장에 상장하는 것을 선호하고 있다.[60] 따라서 벤처기업의 투자자금 회수를 위한 제도적 기반으로서 코스닥시장의 상장요건이 매우 중요하다. 우리나라의 협회중개시장 운영규정에서 벤처기업에 대해서는 신규등록심사요건 중 설립 후 경과연수, 자본금, 자본상태, 경영성과, 부채비율의 요건을 제외한 나머지 요건만을 적용하도록 하는 특례조항을 두고 있다.[61]

벤처기업에 대하여 적용되는 중요한 요건으로서 주식분산요건이 있으며, 동 요건은 등록예비심

---

[58] 예컨대, 독립적인 계약자의 지위에서 자문용역을 제공하는 경우와 계약체결 보너스(signing bonus)를 지급하는 경우가 이에 해당한다. 계약체결 보너스가 손비상한의 적용을 받지 않으려면 당해 보너스의 지급이 종업원으로서의 업무수행 성과와 연계되지 않아야 한다.

[59] 우리나라 기업 중 Nasdaq에 상장되어 있는 회사는 하나로통신, 두루넷, 미래산업 3개사가 있다.(http://nasdaq. com/about/NonUSoutput_S0.stm 참조) 유럽의 회사들은 자국 내의 벤처캐피탈을 자금지원을 받기 어려운 경우 미국시장에서 투자자를 모색하는 경우가 많다. 이러한 경향의 이론적인 근거는 자금조달 비용이 적기 때문이라고 설명한다. 즉 고도기술 또는 생물공학적인 산업의 분석에는 상당한 전문성과 위험, 성공의 전망, 최선의 가격을 확정하기 위한 산업비교 등이 필요한데 미국에서는 이러한 역무의 제공이 가능하다(James A. Fanto and Roberta S. Karmel, *A Report on the Attitudes of Foreign Companies Regarding a U.S. Listing*, 3 Stan. J.L. Bus. & Fin. 51 이하 주 52 참조).

[60] 설문조사 결과 우리나라 벤처기업들이 투자자금을 회수방법으로 코스닥 상장을 목표로 하고 있는 기업이 조사대상 기업의 83.6%를 차지하고 있다(KTB network·국제산업협력재단, 벤처기업 경영애로 실태조사 (2000. 8)).

[61] 협회중개시장 운영규정, 제4조의3, 제1항.

사 후 모집하는 법인과 모집을 하지 않는 법인으로 나누어 규정되어 있다.[62] 등록예비심사 후 모집을 하는 법인의 경우 등록예비심사 후 모집한 주식의 총수가 발행주식 총수의 100분의 30 이상이거나 100분의 10 이상으로서 등록심사청구일 현재 자기자본을 기준으로 일정수 이상이어야 한다.[63] 어느 경우든 동시에 소액주주[64]의 수가 500인 이상이어야 한다[65]. 모집을 하지 않는 법인은 예비심사청구일 현재 소액주주[66]의 수가 500인 이상이고 소액주주가 소유하고 있는 주식의 총수가 발행주식 총수의 30% 이상이거나 10% 이상으로서 자기자본에 따른 수 이상의 주식분산요건을 충족하여야 한다.[67] 문제는 주식분산요건을 적용할 경우 주식수의 산정에 포함되는 주식은 의결권 있는 주식에 한하며,[68] 벤처캐피탈리스트가 투자한 출자지분의 경우에는 등록예비심사청구일로부터 1년 이전에 출자한 것에 한하여 발해주식 총수의 100분의 10을 한도로 모집한 것으로 인정한다는 점[69]이다.

---

[62] 협회중개시장 운영규정, 제4조, 제1항, 제3호.

[63] 자기자본 기준의 주식수는 자기자본 500억 원 이상 1000억 원 미만인 법인은 100만 주 이상, 자기자본 1000억 원 이상 2500억 원 미만인 법인은 200만 주 이상, 자기자본 2500억 원 이상인 법인은 500만 주 이상이다. 2000년 10월 개정 전 협회중개시장운영규정에서는 주식수를 자기자본을 기준으로 세분하지 아니하고, 일률적으로 500만 주 이상일 것을 요건으로 하였다.

[64] 소액주주는 법인의 발행주식총액 또는 출자총액의 100분의 1에 해당하는 금액과 3억 원 중 적은 금액 미만의 주식을 소유하는 주주를 말한다(협회중개시장 운영규정 제2조 제9호, 소득세법 제20조 제3항 및 소득세법시행령 제40조 제1항).

[65] 우리사주조합은 주주1인으로 본다.

[66] 이 경우 우리사주조합원은 제외한다.

[67] 자기자본액을 기준으로 각각 100만 주, 200만 주, 500만 주 이상의 하나에 해당하는 주식수의 요건을 갖추어야 한다.

[68] 개정 전 협회중개시장운영규정은 주식수의 산정 시 1주당 액면가액은 5000원을 기준으로 한다는 제한도 있었으나, 개정 운영규정은 이를 삭제하였다. 개정 전 운영규정에 의하면, 주식분산요건을 위하여 발행주식 총수의 30% 이상을 모집하는 경우에 주식분산요건을 쉽게 갖출 수 있으나, 모집주식이 발행주식 총수의 30% 미만인 경우에는 주식수가 500만 주 이상이어야 하는데 주식수는 실제액면가를 기준으로 하는 것이 아니라 액면가 5000원을 기준으로 산정한 기준을 적용하여 계산하여야 하므로 상법상 1주의 금액은 100원 이상으로 하고, 주식분할 시에도 100원 이상의 액면가가 유지되면 주식분할이 가능하도록 되어있는 것과 달리 주식분할에 의해서 주식수 500만 주라는 요건을 갖추는 데는 아무런 도움이 되지 않았다. 따라서 발행주식의 30% 미만을 공모에 의하여 발행하는 경우에는 최소한 액면가총액 250억 원에 해당하는 주식을 모집에 의하여 발행하여야 하므로, 협회등록법인의 자본금요건이 5억 원 이상인 점에 비추어 현저히 높은 금액을 모집하여야 했다. 이러한 사실로 인해 벤처기업이 자본금요건의 적용이 제외되는 이점을 얻기 위하여, 모집하는 주식수가 발행주식의 10% 이상이거나 소액주주가 보유하는 주식수가 발행주식의 10% 이상으로서 500만 주 이상이라는 요건을 갖추는 것은 현실적으로 매우 어려웠다.

[69] 협회중개시장 운영규정 제4조 제5항.

주식분산요건은 의결권 있는 주식에 대해서만 적용되므로 벤처캐피탈리스트가 무의결권 우선주를 소유하고 있는 경우에는 주식분산요건을 갖추기 위해서는 보통주로 전환하여야 할 것이나, 벤처캐피탈리스트가 보유하는 출자지분은 등록예비심사청구일로부터 1년 전에 출자한 것에 한하여 발행주식 총수의 100분의 10을 한도로 하여 모집한 것으로 보기 때문에, 무의결권 우선주를 보유하다가 등록예비심사청구일로부터 1년 이내에 보통주로 전환한 경우에는 모집한 주식수에 포함되는지 여부가 불분명하다.

벤처캐피탈리스트가 신디케이션 형식으로 출자한 경우, 각 벤처캐피탈리스트의 출자금액이 자본금의 10% 이하더라도 전체 벤처캐피탈리스트의 출자금액이 자본금의 10%를 초과하면 10%까지만 모집한 주식수에 포함되는 것으로 해석하여야 하는지, 아니면 각 벤처캐피탈리스트의 출자지분이 10%를 초과하지 아니하면 10% 이하인 벤처캐피탈리스트의 출자지분을 모두 합산해야 하는지 불분명하다. 문언상으로는 벤처캐피탈리스트의 경우에는 각 벤처캐피탈리스트의 발행주식 총수의 10%를 한도로 모집한 것으로 본다는 취지로 보이므로, 이러한 해석에 따르면 벤처캐피탈리스트가 신디케이션 방식에 의하여 각 벤처캐피탈리스트의 출자지분을 10% 이하로 투자할 경우 모집한 주식비율의 계산 시에는 모두 합산하게 되어 합산된 벤처캐피탈리스트의 총 투자지분이 30% 이상이 되면 주식분산요건을 갖출 수 있게 된다. 이 경우 실질적으로 소수의 벤처캐피탈리스트가 주식을 보유하게 되고 벤처캐피탈리스트는 소액주주의 개념에 해당하지 않는 경우가 대부분일 것이므로 주식분산요건을 요구하는 취지와 모순이 발생하게 된다.

대체로 우리나라의 Kosdaq 상장기준을 미국의 Nasdaq 상장기준과 비교할 경우 미국에서 요구되는 요건의 합리성이 결여되어 있다. 그러므로 상장절차가 합리적인 투자수단으로서 기능하기보다는 투기적인 작전세력들이 주가조작을 통한 이익을 실현하는 기회를 제공하기가 쉽게 되어 있다. 이것이 시장자체의 신뢰성에 상당한 악영향을 미치고 있는바, 상장기준 및 심사방법을 Nasdaq의 제도적 장점을 실현할 수 있는 방향으로 개정할 필요가 있다.

Kosdaq시장의 상장요건은 다음과 방향으로 개정되는 것이 바람직하다고 생각한다. 첫째, Kosdaq상장요건은 벤처기업의 상장을 통한 투자자금 회수를 용이하게 하는 측면과 Kosdaq시장의 투자자를 보호하려는 측면이 균형을 이룰 수 있도록 규정되어야 한다. 현재의 벤처기업의 Kosdaq 상장기준은 벤처기업의 투자자금 회수 촉진에 치중한 규정으로 보인다. 벤처기업에 대해서는 일반기업에 요구되는 재무적 요건에 해당하는 기준의 적용을 면제하고, 벤처기업이 주식분산과 관련된 요건을 충족하면 상장할 수 있도록 하고 있다.[70] 재무적 요건을 갖추지 못한 부실한 벤처기업이 다수 상장되는 경우, 그러한 회사에 투자한 투자자는 투자손실을 입기 쉽다. 이러한

---

[70] 협회중개시장운영규정 제4조의3 제1항.

투자손실이 빈번하게 발생하는 경우에는 Kosdaq 시장에 대한 투자자의 신뢰상실로 인하여 결과적으로 벤처기업의 Kosdaq 시장을 통한 투자자금 회수가 어렵게 될 것이다. 따라서 벤처기업의 경우 재무적 요건을 모두 면제할 것이 아니라 투자자를 보호하기 위한 최소한의 재무적 요건을 갖추도록 할 필요가 있다. 미국의 경우에 Nasdaq SmallCap Market의 상장요건에서 Nasdaq National Market보다 재무적 요건을 완화하고 있기는 하지만, 재무적 요건을 면제하지는 않는 것을 참고할 필요가 있다.

둘째, 벤처기업에 재무적 요건을 규정할 경우 회사의 실질적 재무상태를 반영할 수 있는 기준을 사용하는 것이 필요하다. 벤처기업이 아닌 일반기업에 대하여 적용되는 재무적 요건을 살펴보면, 납입자본금[71], 자본상태, 경상이익 실현 여부, 부채비율 등이 주요 재무적 요건의 기준이 되고 있다. 이러한 재무적 요건은 자본개념을 중시하는 것을 전제로 하고 있다. 이와 달리 미국의 Nasdaq 상장기준에서는 재무적 요건의 기준으로서 순유형자산, 시가총액, 총이익 또는 순이익 등을 사용하고 있다. 미국의 재무적 요건의 기준이 자본개념을 중시하는 우리나라의 재무적 요건 기준보다 회사가치에 대한 기준으로서 더 적합하다고 생각한다. 회사가치 평가에서는 자본금보다 회사가 보유하는 자산중에서 부채를 차감한 순자산이 중요하다. 특히 순자산 중 영업권(goodwill)에 해당하는 자산은 가치평가가 객관적이지 못한 부분이 많으므로, 미국에서 영업권을 제외한 순유형자산으로 한정하여 기준을 정한 것은 회사의 실질 재무상태에 대한 기준이 될 수 있다고 생각한다. 우리나라와 같이 자본금을 중심으로 재무적 요건기준을 정하는 경우에는 자본금기준을 충족하였다는 사실만으로는 부채를 제외한 회사의 자산규모와 영업권으로 계상한 부분을 제외한 순유형자산이 회사마다 차이가 있을 수 있다. 이 경우 동일한 자본금기준을 충족하고 있더라도 회사의 실질적 재무상태가 최소한 일정한 수준에 달하는지 여부는 투자자가 개별적으로 확인하여야 할 필요가 있다. 일반기업에 대한 재무적 기준이 회사의 실질 재무상태를 반영하기 어렵다는 점도 문제이지만, 우리나라의 Kosdaq 상장기준에서는 미국과 달리 벤처기업에 대해서 재무적 기준을 전부 면제하고 있는 것이 더 큰 문제로 생각된다. 이러한 점에서 벤처기업에 대하여 투자하는 투자자는 벤처기업의 재무상태에 대하여 개별적으로 확인할 필요성이 더욱 크다.[72]

---

[71] 납입자본금이 대신에 자기자본과 자산총계를 상장기준으로 하는 경우가 있다. 자기자본이 100억 원 이상이고 자산총계가 500억 원 이상인 법인이나 자기자본이 1000억 원 이상인 법인의 경우에는 설립 후 경과연수, 납입자본금, 경상이익 실현 등의 요건을 적용하지 않고 부채비율 요건도 완화하여 적용하고 있다(협회중개시장운영규정 제4조의3 제2항, 제3항). 그러나 벤처기업이 이 정도 금액의 자기자본이나 자산총계 기준을 갖추는 경우는 거의 없다고 볼 수 있으므로, 자기자본과 자산총계는 벤처기업이 비교대상으로 하는 재무적 요건으로 하기에는 적합하지 않다.

[72] 물론 벤처기업은 기업의 현재가치보다 장래가치가 투자자의 투자결정에 영향을 미친다고 볼 수도 있다. 그러나 이 경우에도 현재 및 과거의 재무상태가 예상되는 미래의 회사가치에 도달하기 위하여 필요한 재무상

제2절 벤처캐피탈리스트와 投資者의 法的關係

Ⅰ. 投資資金의 回收와 有限責任組合

벤처캐피탈리스트와 투자대상기업 간의 관계에 대한 투자자금의 회수의 효율성은 벤처캐피탈리스트와 투자자 간의 有限責任組合 關係로부터 야기되는 효율성의 문제를 보완하는 역할을 한다. 초기단계의 회사에 대한 투자와 자금회수로 이어지는 투자의 순환과정은 벤처캐피탈리스트와 資金供給者인 투자자의 관계에 있어서 다음의 세 가지 계약상의 문제점에 대응할 수 있게 한다.

첫째, 투자자는 새로운 자금을 어떤 자금관리자에게 투자할지를 결정하기 위하여 벤처캐피탈리스트의 수준을 평가할 방법이 필요하다. 둘째, 벤처캐피탈 펀드조성에 투자 여부와 투자금액 수준을 결정하기 위해서 투자자는 벤처캐피탈에 대한 투자의 위험과 수익(risks and returns)을 다른 투자기회와 비교하여 평가할 필요가 있다. 셋째, 투자자는 성과가 좋지 못한 투자자금 관리자나 특정산업에 특화된 전문지식을 가진 투자자금 관리자가 현재의 투자기회에 더 이상 적합하지 않을 경우에는 이로부터 자금을 회수할 필요가 있다.[73] 벤처캐피탈리스트가 기투자한 특정한 투자대상회사들로부터의 자금을 회수할 경우 투자자는 당해 벤처캐피탈리스트의 실력이 상대적으로 우수한지 여부와 다른 투자기회에 비하여 벤처캐피탈에 대한 투자가 상대적으로 수익성이 있는지를 평가할 수 있는 기회를 갖게 된다. 동시에 회수된 투자자금은 보다 성과가 좋은 벤처캐피탈리스트에게 투자자가 재사용할 수 있게 된다.[74]

벤처캐피탈 펀드와 資金供給者인 투자자 간의 有限責任組合契約은 이러한 자금회수의 효율성을 가능하게 하는 구조로 되어 있다. 有限責任組合契約에는 통상 7-10년간의 조합의 존속기간이 설정되어 있고, 동 기간의 경과 후에는 청산하여 有限責任組合員에게 수익금을 분배하여야 한다. 有限責任組合 契約期間 중에도 투자수익이 실현되면 有限責任組合員에게 분배하여야 한다. 또한 벤처캐피탈 펀드는 조합의 존속기간 종료 훨씬 전에 투자자금을 회수할 강력한 유인을 갖는다. 이는 투자 완료된 펀드의 실적이 새로운 有限責任組合에 투자할 투자자를 모집하기 위한 중요한 도구가 되기 때문이다.[75]

태의 변화의 현실성 여부를 분석 하는 데 중요한 기초가 될 수 있다.

[73] Bernard S. Black and Ronald J. Gilson, *supra* note 1, at 255.

[74] *Id.* at 256.

[75] *Id.*

존속기간 종료 후에 有限責任組合을 반드시 청산하도록 하는 내용의 벤처캐피탈리스트와 투자자 간의 명시적 계약(explicit contract)은 투자성과가 좋은 벤처캐피탈리스트가 조성하는 장래의 有限責任組合에 투자자가 또 투자할 것이라는 묵시적 기대에 의하여 보완된다. 재투자에 대한 기대 때문에 벤처캐피탈리스트는 특정 有限責任組合보다 오래 존속하는 기반(infrastructure) 투자나 전문성을 위한 투자를 할 수 있게 되며, 성공적인 투자실적이 없는 벤처캐피탈리스트가 조성한 소액의 투자에 대한 수익으로는 할 수 없는 이러한 장기적인 투자가 가능하게 된다. 요컨대, 투자자금의 회수는 벤처캐피탈리스트의 투자자에 대한 책임성에 대한 중심적 역할을 한다. 이러한 점에서 벤처캐피탈리스트와 투자자의 관계에서의 효율적인 자금회수(exit)는 투자대상회사와 벤처캐피탈리스트 간의 관계의 효율성을 보완하는 역할을 한다.[76]

II. 投資收益의 株式分配의 問題

1. 株式分配의 理論的 根據

벤처캐피탈리스트는 투자가 성공하였을 경우 통상 最初公募(IPO)를 통하여 투자자금을 회수한다. 그러나 最初公募(IPO) 시에는 주간사회사와의 양도제한 (lockup) 계약에 따라 몇 개월 동안은 주식을 매도할 수 없기 때문에, 벤처캐피탈리스트는 즉시 주식을 매도할 수 없다.

미국에서는 양도제한 기간이 종료한 후에 벤처캐피탈리스트가 회사에 대한 지분을 정리하는 데는 두 가지 방법이 있다. 첫째, 벤처캐피탈리스트가 공개시장에서 투자대상회사의 주식을 매각하여 회사에 대한 투자를 현금화한 후, 이를 펀드 투자자에게 현금으로 지급함으로써 투자대상회사에 대한 관계를 정리할 수 있다. 둘째, 그러나 보다 일반적으로 벤처캐피탈리스트는 투자대상 회사의 주식으로 벤처캐피탈 펀드의 투자자에게 지급한다. 이러한 주식의 지급은 미국에서는 주식의 "매도"가 아니므로 미국증권법상 사기방지 및 주가조작 규정(antifraud and antimanipulation provisions)의 적용을 받지 않는다.[77]

주식으로 지급하는 경우가 많은 것은 여러가지 합리적인 근거가 있기 때문이다.[78] 첫째, 증권거래위원회(SEC) 규칙(rule)은 내부자거래를 엄격히 제한하여, 벤처캐피탈리스트를 포함한 내부자

---

[76] Bernard S. Black and Ronald J. Gilson, *supra* note 1, at 257.

[77] Paul Gompers and Josh Lerner, *supra* note 2, at 264.

[78] *Id.* at 266-67.

는 분기당 발행주식의 1% 또는 주간 평균 거래량 중 다수에 해당하는 주식수까지만 매도할 수 있다. 벤처캐피탈펀드는 회사주식의 상당분을 보유하기 때문에 보유지분 전부를 처분하고자 하는 경우에는 상당한 기간이 소요된다. 그러나 有限責任組合員에게 주식을 지급하면 벤처캐피탈리스트는 주식처분을 단기간에 할 수 있게 된다. 내부자거래와 마찬가지로 이러한 거래는 거래 시에는 노출되지 않는다. 벤처캐피탈리스트는 주식분배를 즉시 선언하고, 투자자들에게 자신의 보유주식을 송부하면 되고, 증권거래위원회(SEC)에 등록하거나 Rule 16(a)에 따라 보고서를 제출할 필요도 없다. 이러한 배분이 있었다는 사실은 회사의 서류제출 시에 알려지며 이 경우에도 주식배분일은 정확히 나타나지 않는다.

둘째, 조세상의 고려에서 주식지급은 이점을 가질 수 있다. 벤처캐피탈리스트가 주식을 매각하여 현금으로 분배할 경우에는 과세대상인 유한책임사원과 벤처캐피탈리스트의 수익은 즉시 자본이득으로서 과세대상이 된다. 과세대상인 투자자는 주식으로 분배받고 차후에 이를 처분함으로써 과세시기를 연기하는 것을 선호할 수도 있다. 면세대상인 有限責任組合員(연금기금이나 특정기부금(endowments) 등)에게는 이러한 고려가 중요한 사항이 아니다. 주식배분은 有限責任組合員에게 주식매매 시기를 결정할 수 있도록 유연성을 부여하게 된다.

셋째, 주식매도가 주가에 상당한 부정적인 영향을 미칠 경우에는 벤처캐피탈리스트는 주식으로 지급하는 것을 원할 수 있다. 주식에 대한 수익률은 주식의 배분이 선언되는 날의 종가를 사용하여 계산한다. 有限責任組合員이 주식을 매도할 시점에는 실제주가는 이보다 더 낮을 수 있으나, 벤처캐피탈리스트는 새로운 펀드 조성 시 펀드의 명시적인 수익률(stated returns)을 사용하기 때문에 이러한 명시적인 수익률에 주로 관심을 가지게 된다.

넷째, 벤처캐피탈리스트의 보수는 배분정책(distribution policy)에 따라 영향을 받는다. 벤처캐피탈 펀드가 출자약정액(committed capital)을 有限責任組合員에게 반환하지 않은 경우에는 대부분의 펀드는 조합원의 실제 출자액(actual capital commitment)에 비례하여 투자대상 회사의 주식을 분배한다.[79] 고평가된 주식을 출자액의 반환전에 분배함으로써 無限責任組合員인 벤처캐피탈리스트가 보다 많은 이익을 차지할 수 있게 분배하는 것에 가깝게 된다. 출자액의 반환 후에도 벤처캐피탈리스트는 고평가된 주식을 분배할 유인을 가진다. 시장에서 有限責任組合員에게 주식배분 사실을 인식하기 전에 벤처캐피탈리스트는 고가로 자신의 주식을 매각할 수 있다. 이러한 문제점은 조합계약에서 투자자의 출자액을 반환하기 전에 벤처캐피탈리스트가 임의로 주식을 분배받는 것을 허용하는 경우에는 더욱 심해진다. 이런 경우에는 벤처캐피탈리스트는 자신을 다른 투자자들과 함께 주식배분에 포함시킬지 여부까지도 선택할 수 있는 융통성을 가지게 된다.

---

[79] 일반적으로 99%를 有限責任組合員에게 분배하고, 1%를 無限責任組合員에게 분배한다.

주식배분에는 이러한 문제점이 있으나, 이 경우에는 벤처캐피탈리스트의 명성에 대한 관심만으로는 고평가된 주식을 배분하려는 유인을 충분히 억제하지 못할 수도 있다. 첫째, 많은 기관투자자와 투자자문가들은 명시적인 수익률에만 관심이 있다. 이들의 보수는 자신이 선택한 벤처펀드가 기준에 비해서 얼마나 좋은 수익을 올렸는가에 근거해서 결정되는 경우가 많다. 특히 투자관리자가 주식을 분배받은 후 즉시 그 주식을 공개주식 관리자인 다른 사람에게로 이전하는 경우에, 투자관리자가 명시적 수익률에 치중하는 현상이 일어나기 쉽다. 둘째, 투자자들이 이러한 문제점을 제대로 이해하지 못할 수 있다. 투자자들은 적절한 기준(appropriate benchmark)에 따라 주가의 성과를 추적할 수 없을 수 있다. 일반적으로 향후 주식매도 시점의 주가에 대한 기록이 제대로 관리되기 어렵다.[80]

2. 株式分配와 관련된 美國 證券去來委員會(SEC) 규정

미국 증권거래위원회(SEC) 규칙(regulations) 중에서 비공개회사 주식 투자자에 대한 배분과 관련된 규정은 Rule 16(a), Rule 10(b)-5 등이 있다. Rule 16(a)에서는 이사, 임원, 10% 이상 회사주식 보유자와 같은 회사의 관계인인 개인은 회사의 주식거래에 관하여 매달 공시하여야 한다고 규정한다. 그러나 16(a)-7에서는 (1) 발행인으로부터 취득하였고 (2) "통상의 거래에서 선의로 (in good faith, in the ordinary course of business)" 분배되는 주식은 공시대상에서 명시적으로 제외하고 있다. Rule 16(a)-7과 관련한 벤처캐피탈 업계에서 일반적으로 받아들여지는 해석에 따르면 벤처캐피탈리스트는 통상적인 거래로서 주식을 배분하는 것이며, 벤처캐피탈리스트가 주식의 보유 또는 매도를 명시적으로 권유하지 않는 한 어떠한 정보도 제공한 것이 아니라고 한다. 증권의 매수 또는 매도 시 사기적 행위에 대해여 일반적인 금지하고 있는 Rule 10(b)-5의 적용 여부를 고려함에 있어서 벤처캐피탈 전문변호사들은 위의 해석과 동일한 원리를 적용하여 왔다.[81]

3. 우리나라

우리나라의 창업투자조합규약이나 신기술사업투자조합규약에서는 원칙적으로 출자원금은 조합 해산 시에 분배하고 투자수익은 매년 분배하도록 규정하는 것이 일반적이다. 이러한 분배원칙에도 불구하고 조합원총회에서 분배금액 및 시기를 달리 정할 수 있도록 규정하는 경우가 많다. 이

---

[80] Paul Gompers and Josh Lerner, *supra* note 2, at 267-268.

[81] *Id.* at 268.

경우 조합재산의 분배는 현금분배를 원칙으로 하고, 조합해산 시까지 유가증권이 남아 있는 경우에는 현물로 분배할 수 있도록 규정하고 있다.[82] 조합재산 분배와 관련한 우리나라의 조합규약의 내용 중 분배시기와 분배방법에 관한 규정이 적법한지 검토가 필요하다. 먼저 이익분배의 시기는 조합계약에서 정할 수 있는 사항이므로[83] 투자수익은 매년 분배하고 투자원금을 조합해산 시에 분배하는 것은 적법하다. 조합의 이익은 조합의 공동사업에 의하여 생기는 이익으로서 조합관계에서 발생된 수익 가운데 조합재산을 제외한 것을 말하는데,[84] 투자수익은 조합의 이익에 해당하므로 이에 대한 분배시기를 조합규약에서 정하는 것이 가능하기 때문이다.

문제는 분배금액 및 시기를 조합원총회에서 달리 정할 수 있도록 한 규정이다. 조합재산은 투자수익에 해당하는 부분과 투자원금에 해당하는 부분이 있는데, 분배금액 및 시기를 조합원총회에서 달리 정할 수 있도록 하는 규정에 따르면 투자원금에 해당하는 부분도 조합원총회에서 분배금액 및 시기를 달리 정할 수 있게 되기 때문이다.

현재는 사용되고 있지 않지만 이러한 규정에 의하여 미국의 경우와 같이 투자자금 회수절차에 의하여 회수된 금액 중에서 투자자인 유한책임조합원의 투자원금에 해당하는 금액까지 우선분배하고 그 이후에 무한책임조합원과 유한책임조합원이 투자비율에 따라 분배받는 구조를 이용할 경우, 투자수익과 투자원금이 혼합되어 분배되는 형식이어서 유한책임조합원이 우선 분배받는 부분이 투자원금의 분배에 해당되어 조합재산의 분배문제가 발생하게 된다. 조합의 해산 전에 투자원금을 조합원에게 분배하려면 조합재산은 조합원이 합유하고 있는 것이므로 전체로서의 조합재산 중에서 분배대상에 해당하는 투자원금 부분을 분할하여 조합원에게 지급하게 되는 것이다. 민법 제273조 제2항의 해석에서 조합재산의 분할은 조합원 전원의 합의가 있는 경우에는 인정되나[85] 각 조합원은 조합관계가 존속하는 동안은 조합재산의 분할을 청구할 수 없다. 분배금액 및 시기에 관한 변경을 조합원총회의 결의사항으로 하고 있는 경우에 조합원총회가 조합원 전원의 동의로 의결되는 경우에는 문제가 없으나, 조합원총회에서 출자금 총액의 과반수에 해당하는 출자좌수를 가진 조합원의 출석과 출석한 조합원의 출자금액 총액의 과반수에 해당하는 출자좌수를 가진 조합원의 찬성으로 의결한다고 규정하는 통상의 경우에는 민법의 제273조 제2항의 해석과 상충될 수 있다. 그러나 조합원 전원의 찬성이 아닌 출자금액 총액의 과반수에 해당하는 출자좌수를 가진 조합원의 찬성으로 분할시기 및 방법을 결정하게 하는 조합규약이 조합원전원의 합의로 작성한 것이라면, 조합규약 작성 시에 전원동의가 아닌 방법으로 분할하는 것에 대하여 조합원전원이 동

---

[82] 조합규약상 현물분배가 가능하기는 하지만, 실무상 현물분배를 하는 경우는 거의 없다.

[83] 곽윤직, 채권각론, 박영사(1996), 553면 참조.

[84] 金亨培, 債權各論, 박영사(1997), 743 면.

[85] 곽윤직, 전게서, 545면.

의하였다고 볼 수도 있다. 또한 민법 제272와 제706조는 강행규정이 아니므로[86] 조합계약으로 조합재산의 처분이나 변경을 조합원의 다수결로 결정할 수 있다고 약정하는 것도 유효하다고 해석하므로, 조합원 전원의 찬성이 아닌 출자금액 총액의 과반수에 해당하는 출자좌수를 가진 조합원의 찬성으로 분할시기 및 방법을 결정하게 하는 조합규약을 조합재산의 처분 또는 변경을 규정하고 있는 조항으로 본다면 그 규정은 유효하다. 이러한 설명에 따르면 조합의 업무집행과 관련하여 업무집행조합원이 없는 경우에 합유물의 처분이나 변경은 조합원전원의 합의가 필요하나 그 밖의 업무집행은 조합원의 과반수로 결정할 수 있고 업무집행조합원이 있는 경우에는 합유물의 처분이나 변경은 업무집행조합원의 과반수로 결정할 수 있다고 해석하므로, 업무집행조합원이 있는 조합에서 합유물의 처분을 조합원총회에서 결의하도록 규정하더라도 적법하다고 보아야 할 것이다.

조합해산 시 분배방법을 현물분할이 가능하도록 규정하는 것은 현행 민법의 조합규정에서 청산 시 잔여재산의 분배방법을 특정하고 있지 않기 때문에 조합규약에서 현금분할이 원칙이고 현물분할도 할 수 있도록 하는 것은 가능하다.

III. 벤처캐피탈리스트의 일반투자자에 대한 法的責任

벤처캐피탈리스트는 투자대상기업의 자금회수 시기 및 방법에 대한 의사결정에 영향력을 행사할 수 있을 뿐 아니라 투자대상회사의 경영상태에 대한 내부정보를 보유한다. 이러한 영향력 및 내부정보를 이용하여 벤처캐피탈리스트는 투자자금회수를 위하여 일반투자자에게는 손해가 발생할 수 있는 경우에도 주식상장 또는 등록을 추진할 가능성이 있다. 이러한 행동은 투자대상회사가 부실하여 당해 기업에 대한 투자자금회수 가능성이 낮을 경우, 벤처캐피탈리스트가 기업공개 후 주가가 하락하기 전에 즉시 투자자금을 회수하려고 하는 경우에 발생할 수 있다. 벤처캐피탈리스트가 투자자금 회수를 위하여 부실기업인 투자대상기업의 공개를 추진한 경우에, 당해 투자대상회사의 주식이 증권거래소에 상장된 후 회사가 부실한 사실이 밝혀져 당해 주식을 매수한 일반투자자가 손해를 입게 되면 그 기업에 출자한 창업투자회사가 일반투자자에 대하여 손해배상책임이 있는지 문제된다.

우리나라의 경우 벤처캐피탈과 관련한 판례가 매우 적으나, 부실기업의 공개 시 당해 기업에 출

---

[86] 金載亨, 組合에 대한 法的 規律, 民事判例研究 19卷 (97.02) 645면.

자한 창업투자회사에 민법상 불법행위책임을 인정한 하급심 판례[87]가 있다. 동 판결에서는 창업투자회사는 투자대상기업과의 합작투자계약에 기하여 투자대상기업이 기업공개의 요건을 갖춘 건실한 기업인지 여부를 실질적으로 감사하고 이러한 요건을 갖출 수 있는 경영지도를 할 수 있는 포괄적 권한을 가지고 있는 지위에 있다고 하면서, 창업투자회사는 부실기업을 공개할 경우 그 기업 및 공개전의 주주는 이익을 얻게 됨에 반하여 그 기업의 주식을 매수한 투자자는 필연적으로 손해를 입게 된다는 사실을 알고 있는 것으로 보아야 하고 기업공개를 추진함에 있어 사전에 당해 회사가 기업공개의 요건을 갖춘 건실한 기업인지 여부를 실질적으로 감사하고 부실기업인 경우에는 실질적으로 기업공개의 요건을 갖춘 건실한 기업으로 성장한 후 공개되도록 하는 등 부실기업이 그대로 공개됨으로써 일반투자자가 손해를 입는 일이 없도록 하여야 할 의무가 있다고 판시하였다. 동 판결은 창업투자회사가 회사의 부실을 알고 있는 경우에 불법상장을 막아야 할 작위의무를 인정한 것이며, 불법상장으로 인한 창업투자회사의 손해배상의 근거를 이러한 작위의무를 위반한 부작위에 두고 있다.

창업투자회사가 내부정보를 이용하여 일반투자자에게 손해를 입히는 경우에 손해배상책임을 인정할 필요성이 크다. 그러나 위의 판례는 벤처캐피탈 투자와 관련한 당사자 간의 법률관계를 제대로 이해하지 못함으로 인하여 책임의 법적근거를 부적절하게 제시한 것으로 생각된다. 먼저 동 판결은 불법상장을 막아야 할 작위의무의 근거로 창업투자회사가 투자를 위한 합작투자계약서상 투자대상 회사로부터 각종 보고를 받을 권한, 필요시 회계 및 업무를 감사할 수 있는 권한 등 광범위한 감시 및 통제권을 가지고 있는 지위에 있다는 것을 제시하고 있다. 그러나 합작투자계약상 권한은 창업투자회사가 투자에 대한 위험을 줄이기 위하여 투자대상 회사에 대하여 보유하는 권한으로서 계약상 권한을 실제로 행사할지 여부 및 권한행사의 수준은 창업투자회사가 판단하여 결정할 사항이다.[88] 즉 이러한 권한은 권리이지 의무는 아닌 것이다. 또한 합작투자계약의 당사자는 투자대상 회사와 창업투자회사이므로 창업투자회사가 합작투자계약서에 규정된 권한을 행사하지 않았다고 하여 제3자인 일반투자자에 대한 책임을 인정하는 것은 창업투자회사가 공익적인 기관이 아니라 투자로 인한 수익을 목적으로 하는 전문투자자에 불과한 사실을 간과한 것으로 보인다. 동 판례에서 창업투자회사는 상장전 총 발행주식 128만 주 중 48만 2천 주(38%)를 보유하고 있는 내부자인 주요주주에 해당하는 만큼 증권거래법 제188조의3의 미공개정보이용자의 배상책임에 따른 법적책임을 지도록 하는 것이 타당하며, 창업투자회사가 공개요건을 갖추기 위한 투자대

---

[87] 서울지방법원 1994.5.6. 선고, 92가합11689판결.

[88] 실무상 대부분의 국내의 창업투자회사는 합작계약서에 규정된 권한행사 및 부가적 기여를 적극적으로 하지 못하며, 다만 투자대상 회사의 추가적 자금조성이 필요한 경우에 조력하는 정도의 지원을 하고 있는 경우가 대부분이다.

상회사의 부실은폐 등에 적극적으로 조력한 경우가 아니고 단순히 투자대상회사가 부실하지만 공개를 추진하고 있다는 것을 알고 있다는 사실만으로 민법상 불법행위 책임을 인정한 것은 적절하지 못한 것으로 보인다.

제3절 벤처기업가와 投資者의 法的關係

I. 最初公募(IPO)를 통한 投資資金의 回收可能性 與否의 重要性

벤처캐피탈시장에서 투자자금을 회수하는 방법은 最初公募(IPO)와 투자대상회사의 매각에 의한 두 가지 중 하나이다.[89] 벤처캐피탈리스트가 투자대상회사의 주식을 다른 규모가 큰 회사에 매각하는 자금회수 방법은 은행 중심의 시장(bank-centered market)이나 주식시장 중심의 자금시장(stock-market centered capital market) 모두에 가능한 방법이다.[90] 그러나 最初公募를 통한 자금회수는 주식시장에서만 가능한 방법이므로, 最初公募를 통한 투자자금의 회수가 가능하기 위해서는 효율적인 주식시장의 발달이 전제되어야 한다.

주식시장에서 最初公募(IPO)에 의한 투자자금의 회수가 이루어지는 원리를 벤처기업가의 투자대상회사의 장래 지배권의 회수에 대한 묵시적 계약의 모델로 설명하는 견해가 있다.[91] 동 모델에서는 最初公募(IPO)에 의한 자금회수에 대하여 세 가지 전제를 하고 있다. 첫째, 벤처기업가는 자신이 시작한 회사에 대한 지배권에 대하여 상당한 개인적 가치를 부여한다. 둘째, 最初公募(IPO)시 성공하지 못한 기업자는 지배권을 보유하지 못하게 된다. 셋째, 성공적인 기업가는 벤처캐피탈리스트가 투자자금을 회수할 때 벤처캐피탈리스트로부터 회사의 지배권을 재획득할 수 있다.

이러한 전제하에서 最初公募(IPO)를 통한 자금회수를 할 경우, 다음과 같은 이유에서 지배권(control)을 회복할 수 있는 가능성이 벤처기업가의 성공을 위한 유인(incentive)으로 작용한다. 벤처기업가가 지배권의 가치를 높이 평가하더라도, 벤처캐피탈로부터 자금을 조달할 때에는 지배

---

[89] 투자대상회사가 벤처캐피탈리스트의 지분을 매수할 수 있도록 차입(leveraging)하는 방법도 생각할 수 있으나, 이 방법은 미국에서 벤처캐피탈리스트의 주된 투자대상인 급성장하는 자본소모적인(capital- consuming) 회사에서는 일반적으로 실현가능성이 없다.

[90] Bernard S. Black and Ronald J. Gilson, *supra* note 1, at 257.

[91] *Id.* at 258.

권 보유를 주장할 수 없다. 그 이유는 벤처캐피탈리스트는 기업가가 벤처기업을 성공적으로 경영하지 못할지도 모르는 위험으로부터 자신을 보호하기 위해서 또는 투자자의 가치를 극대화하기보다는 회사로부터 개인적 이익을 얻으려고 하는 것에 대한 보호수단으로 지배권을 보유하기를 주장하기 때문이다. 이러한 상황은 신생기업이 성공하게 되면 바뀌게 된다. 이때 벤처기업가는 타인의 자금을 관리할 수 있는 신용과 경영능력을 입증한 것이 되어, 지배권을 기업가에게 환원시키는 것이 회사의 가치를 극대화할 수 있게 된다. 따라서 지배권을 회복할 수 있는 기회는 기업가에게 성공을 위해 필요한 노력을 하게 하는 유인으로 작용한다.[92]

最初公募(IPO)는 투자대상회사가 성공하였을 경우에만 가능하고, 특히 벤처캐피탈 펀드의 투자대상회사가 공개된 빈도는 벤처개피탈 펀드에 투자한 투자자의 입장에서 볼 때 벤처캐피탈리스트의 성공을 측정하는 중요한 척도가 된다. 最初公募(IPO)가 일어나면 벤처기업가는 두 가지를 얻게 된다. 하나는 공개시 주식의 매도로 얻는 현금 및 보유주식의 가치상승으로 인한 이익이며, 또 하나는 벤처캐피탈리스트에게 양보하였던 지배권을 다시 찾는 것이다. 감시임무를 이제는 주식시장 분석가(stock market analysts)가 할 것이기 때문에 벤처캐피탈리스트가 투자대상회사를 감시할 필요성이 더욱 감소한다.

일반적으로 벤처캐피탈리스트가 보유하는 전환주식(convertible securities)은 계약조건상 最初公募(IPO) 시에 보통주식으로 전환되도록 되어 있다. 투자자권리 계약(investor rights agreement)상의 특약(negative covenants)은 最初公募(IPO) 시 종료된다. 요컨대, 벤처캐피탈리스트의 특별지배권(special control right)은 最初公募(IPO)로 끝나게 되는 것이다. 이러한 점에서 最初公募(IPO)를 통한 자금회수를 할 수 있다는 것은 벤처기업가에게 회사의 성공 여부에 의존하는 지배권에 대한 매수선택권(call option)을 부여하는 것이다. 最初公募(IPO)에 의한 자금회수와 달리 투자대상회사를 다른 건실한 회사에 매각하는 방법에 의한 자금회수는 회사의 지배권이 매수인에게 넘어간다. 물론 이러한 자금회수에 의하더라도 기업가는 현금 또는 매수인의 보다 유동성이 있는 증권을 취득할 수는 있으나, 지배권을 상실하게 된다는 것이 중요한 차이점이다. 이러한 점에서 最初公募(IPO)를 통한 자금회수는 증권시장에서만 가능하며, 벤처캐피탈리스트와 벤처기업 간의 계약에 있어서 지배권의 회복가능성을 매개로 하여 벤처캐피탈 시장과 주식시장이 연결된다.[93]

---

[92] Bernard S. Black and Ronald J. Gilson, *supra* note 1, at 259.

[93] *Id.* at 261.

II. 인터넷(Internet)을 통한 最初公募(IPO)의 效用性 與否

1. 미국의 경우

인터넷을 통한 最初公募를 하면 벤처기업과 같은 소규모 회사는 공모에 소요되는 비용을 절감할 수 있어서 결국 투자자금의 회수의 효율성이 증진될 것인지 여부와 인터넷을 통한 最初公募가 주식시장에 대한 기존 규제에 미치는 영향에 대하여 낙관적인 견해와 회의적인 견해가 있다.

낙관적인 견해[94]에 따르면 인터넷은 주식시장에서 투자자들이 국내 또는 국외를 막론하고 특정기업 및 주식에 대한 정보를 저렴한 비용으로 즉시로 취득할 수 있게 하고 기존 金融媒介者(financial intermediaries)를 통하지 않고서도 저렴한 비용으로 발행인이 자본을 조달할 수 있게 함으로써 주식시장에 긍정적인 영향을 미친다고 한다. 특히 최근 벤처기업과 같은 소규모 회사의 경우 인터넷 공모(Internet-based offering) 방법을 사용함으로써 인터넷을 통한 저렴한 통신수단의 이점을 신속히 활용하는 현상도 일어나고 있다.[95]

낙관적인 견해에서도 인터넷은 주식시장에 비용절감으로 인한 긍정정인 영향을 미칠 뿐 아니라 부정적인 영향을 미칠 가능성도 가지고 있음을 인정하고 있다. 인터넷이 주식시장에 미칠 부정적인 영향으로는 인터넷을 통하여 투자정보를 저렴하게 손쉽게 획득할 수 있게 되어 비전문적인 개인투자자의 시장참여 증가와 이를 이용한 투자자에 대한 사기행위의 가능성이 증가하게 된다는 점과 특정국가가 주식시장과 관련한 자국의 규제를 회사에 대하여 강제할 수 있는 능력이 감소된다는 점이 있다. 그러나 낙관적인 견해에서는 인터넷이 주식시장에 미치는 부정적인 측면은 투자자를 보호하기 위한 제도적인 장치를 보완함으로써 해결될 수 있을 것으로 본다. 동 견해에 따르면 제도적인 보완 방법으로서 기존의 법적인 규제를 강화하기보다는 법적규제를 포함한 공적인 투자자 보호수단과 시장원리에 의하여 발생하는 사적인 투자자 보호수단 등 다양한 투자자 보호수단을 발행인과 투자자에 제공하고, 발행인과 투자자가 비용과 효율을 비교하여 적절한 수준의 보호수단을 선택하거나 결합하여 사용할 수 있도록 함으로써 시장원리에 의하여 부정적인 측면을 통제할 수 있을 것으로 본다.

---

[94] Stephan J. Choi, *Gatekeepers and the Internet: Rethinking the Regulation of Small Business Capital Formation*, 2 J. Small & Emerging Bus. L. 35–54 (1998).

[95] Direct Stock Market, Inc(DSM)과 같이 인터넷을 통한 공모 또는 사모를 지원하는 사업을 하는 회사가 있다. 동회사는 회사들의 투자설명서를 동회사의 Web site에 게재하고 발행자가 투자자에게 인터넷을 통한 투자설명회를 개최할 수 있도록 하는 서비스를 제공하고 있다.

그러나 인터넷(Internet)을 통한 공모 또는 준공모(public or quasi-public offerings)[96]의 경우 공개회사의 자본조달의 비용을 줄이는 효과가 最初公募(IPO)의 효율성을 높일 수 있는지 여부에 대하여 회의적인 견해도 있다.[97] 인터넷 공모의 효율성을 검토하기 위해서는 최종공모 시 발행회사와 투자자 간의 비용구조를 이해하는 것이 선행되어야 한다. 투자자와 발행인(issuer) 간의 가장 큰 비용은 정보의 불균형으로 인한 것이다. 이러한 정보의 불균형이 발생하는 이유는 주식발행회사는 공모되는 주식의 질을 알지만 투자자는 이를 쉽게 알아내기 어렵기 때문이다. 이 경우 발행인은 정보보유자이고 투자자는 정보수요자에 해당한다.

인터넷은 정보보유자인 발행회사가 투자자에게 정보를 전달하는 비용(the cost of information transmittal)은 낮출 수 있어도, 인터넷을 사용한다는 사실만으로 투자자에게 제공되는 정보의 질을 보장할 수는 없다. 증권시장은 대표적인 "레몬시장(market for lemons)"의 예이다. 투자자는 어떤 발행인의 정보가 진실인지 아닌지를 정확히 알 수 없으므로 모든 투자대상 주식에 대하여 지급가격을 할인하게 된다. 우량 발행인은 주식에 대한 공정가액을 인정받을 수 없으므로 시장을 떠나지만 불량 발행인은 남게 되어, 투자자들이 직면하는 역선택(adverse selection)으로 인한 문제로 인해 "레몬문제(lemons problem)"는 더욱 심각해지게 되는 것이다. 따라서 투자자는 자신들이 지급하는 가격을 더욱 할인하려고 한다. 이렇게 되면 정직한 발행인들을 시장에서 축출하는 결과를 낳게 되고, 역선택의 문제를 더욱 심화시키게 된다. 인터넷은 발행인에 대한 정보를 예상투자자에게 전달하는 비용은 절감할 수 있지만, 정보의 불균형으로 인한 비용이나 정보의 불균형에 대처하기 위한 비용은 별로 절감할 수 없다. 따라서 전반적인 공모 또는 준공모(public or quasi-public offering)의 비용은 많이 절감되지 못한다.

인터넷을 통한 공모 시 정보의 불균형의 문제를 효율적으로 해결하기 위해서는 단순히 정보전달 매체로서 인터넷을 사용할 수 있도록 하는 것만으로는 부족하고 제공되는 정보의 질을 보장할 수 있는 제도적인 보완장치가 필요하게 되는 것이다. 기존 주식시장에서는 증권관련법규, 회계규정, 회계사, 투자은행, 증권전문 변호사, 벤처캐피탈리스트와 같은 제도적 장치와 評判 媒介者 (reputational intermediaries)[98]를 통하여 정보의 질의 저하로 인한 역선택의 문제를 해결하고 있으며, 미국의 경우 이러한 보완장치에 의하여 기존의 증권시장이 효율적으로 운영되고 있다.[99]

---

[96] 미국의 1933년 증권법의 규칙 D(Regulation D)에 따른 자위능력이 있는 투자자(accredited investors)에 대한 준공모(quisi-public offerings)를 말한다.

[97] Bernard S. Black, *Information Asymmetry, The Internet, and Securities Offerings*, 2 J. Small & Emerging Bus. L. 91-95 (1998).

[98] 앞의 제4장 제2절 I. 각주 156 참조.

[99] Bernard S. Black, *supra* note 97, at 3-4.

특히 증권관련법규의 규제는 공시요건, 사기행위 규제, 투명성 제고, 브로커-딜러에 대한 규제가 주된 내용이며 이러한 규제는 정보의 질을 보장하기 위한 법적기반이 되고 있다. 회의적인 견해에 서는 이러한 제도적 장치를 이용하는 데는 상당한 비용이 소요되며 인터넷을 통한 공모의 경우에 도 정보의 질을 보장하기 위해서는 이러한 제도적 장치를 사용할 수밖에 없으므로 이에 소요되는 비용은 절감될 수 없다고 본다.

인터넷을 통한 공모에 대한 낙관적인 견해나 회의적인 견해나 주식시장에서 역선택의 문제에 대응하기 투자자를 보호하기 위한 제도적 장치의 필요성을 인정하는 점에서는 일치하고 있고, 이 러한 제도적 장치는 인터넷을 통한 공모의 경우 사기 또는 부정확한 정보의 제공 가능성으로 인한 공모가격의 할인의 문제를 해결하는 것과 직접 연관되어 있다는 점에서 문제점의 인식의 출발점 은 같다고 본다.

다만 회의적인 견해는 제공되는 정보의 질을 보장하는 다른 수단들이 인터넷상에서 직접 제공 되지 않기 때문에 기존의 투자자에 대한 보호장치를 계속 이용하여야 하므로 인터넷을 통한 공모 의 비용절감 효과는 크지 않게 되는 점을 강조하는 반면 낙관적인 견해는 기존의 제도적 장치 이 외에도 다양한 수준의 공적 및 사적 투자자 보호장치의 도입이 예상되어 정보의 질의 수준 및 정 도는 투자자와 발행인의 판단에 의하여 선택할 수 있게 될 것으로 본다는 점에서 차이가 있다.

2. 우리나라의 경우

유가증권의 발행방법에는 공모(public issues)와 사모(private placement)의 방법이 있으며, 공 모에 해당하는 유가증권의 모집과 매출에 대해서는 그 발행에 있어서 진실성을 확보함으로써 당 해 유가증권의 취득자인 투자자를 보호하기 위하여 유가증권신고제도를 운영하고 있다.[100] 1212

우리나라에서 인터넷을 통한 주식공모는 유가증권신고서 제출이 면제되는 '과거 2년간 동일한 종류의 유가증권의 모집 또는 매출가액의 합계액이 10억 원 이하의 요건'을 갖출 수 있는 경우에 만 활용되고 있다. 그 이유는 유가증권신고서 제출이 요구되는 경우에는 유가증권신고제도상의 절차를 준수하여야 하므로 사실상 인터넷을 통한 공모의 이점이 줄어들고 절차준수가 번거롭게 생각되기 때문이다. 유가증권신고제도는 유가증권의 모집 또는 매출행위에 대한 공시제도의 핵심 적인 부분으로서 기업 등이 주식을 발행할 경우 상법상의 주식청약서만 가지고 충분한 공시가 안 되기 때문에 현재와 미래의 투자자를 보호하기 위하여 상세하고 사전적이고 예방적인 공시를 하 도록 하여 공정한 모집 또는 매출을 보장하고자 하는 것이 제도의 취지이나, 소액발행의 경우에는

---

[100] 전홍렬, 증권거래법해설, 넥서스 (1997), 249면.

투자자보호의 필요성과 유가증권신고서의 작성 및 제출에 따른 기업의 비용 및 시간의 문제를 고려하여 유가증권신고서 제출을 면제하고 있는 것이다.[101]

그러나 인터넷을 통한 주식 공모의 경우에는 공모금액 면에서는 소액이라고 할 수 있으나, 투자자의 수는 상당히 많아 소액 다수투자자에 대한 보호장치가 없이 이루어질 경우에 인터넷을 통한 주식공모가 사기의 수단으로 사용될 가능성이 높으므로, 이러한 위험성을 통제할 수 있는 제도적 보완장치가 없으면 인터넷을 통한 주식공모의 건전한 발전을 도모하기 어렵다.[102] 현재 인터넷을 통한 주식공모의 경우에 투자자의 투자의사 결정에 필요한 회사에 대한 객관적인 정보가 충분히 제공되지 않고 발행회사가 투자자를 모집하기에 유리할 것으로 판단하는 정보가 주로 제공되고 있어, 투자자에 대한 최소한의 공시가 되기에도 불충분한 것으로 생각된다. 미국의 경우 증권거래 위원회의 규칙에서 유가증권신고서 제출이 면제되는 경우에도 투자판단에 필요한 최소한의 정보를 제공하도록 하고 있는데, 이와 같은 법규상의 규제가 우리나라에 도입될 필요가 있다. 유가증권신고서 제출이라는 번거로운 절차를 생략하는 대신 투자자에게 투자 여부를 판단할 수 있는 최소한의 정보가 제공되어야 투자자와 발행인 간의 정보의 불균형을 어느 정도 보완할 수 제도적 장치가 있게 되는 것이다. 현행 제도는 인터넷을 통한 소액공모에 대해서는 법적 규제가 아닌 발행인의 평판에 의하여 규제할 수 있는 면도 있으나, 회사의 존속기간이 일천한 벤처기업과 같은 회사는 회사자체의 평판이 제대로 형성되지 못한 경우가 많을 것이므로 평판에 의한 통제만으로는 제기능을 하기 어렵다. 현행 인터넷을 통한 소액공모의 경우에 사기에 의한 위험이 매우 높은 것으로 보이므로, 증권거래법에 인터넷을 통한 공모에 대하여 필요한 정보제공의 의무를 부과하는 것을 고려할 필요가 있다. 인터넷을 통한 정보제공에는 사업설명서의 서면작성 및 교부 등을 인터넷에 관련 문서를 게재하는 것으로 대체할 수도 있으므로 정보제공에 소요되는 비용을 크게 높이지 않고 정보의 불균형을 해소하는 것이 가능하다. 이러한 의미에서 증권거래법개정(2000.1.21)으로 소액공모에 대하여 발행인은 투자자를 보호하기 위하여 발행인의 재무상태에 관한 사항을 공시하도록 한 것은[103] 매우 적절한 것으로 생각된다.

---

[101] 전홍렬, 전게서, 267-268면.

[102] 인터넷을 통한 주식공모는 시세조종행위와 사기적행위(소위 '증시작전')의 도구로 사용될 수도 있다(중앙일보, 2000. 7. 13, 49면 참조).

[103] 증권거래법 제18조의2.

第6章

資金調達에 影響을 미치는 問題點

제1절 벤처기업 資金調達 金融構造上 問題點

우리나라의 비상장 벤처기업은 필요한 자금을 주로 은행 등 금융기관으로부터의 차입에 의하여 조달하여 왔으며, 벤처캐피탈리스트를 통한 자금조달은 최근에 강조되고 있는 현상이다. 기업의 외부금융(external financing)은 출자방식에 의한 자금조달(equity financing)과 융자방식에 의한 자금조달(debt financing)을 혼합하여 하게 되며, 어느 하나의 방법만으로 소요되는 자금을 전부 조달하기는 사실상 어렵다. 벤처기업도 필요한 모든 자금을 주식시장을 통한 직접금융에 의하여 전부 조달할 수는 없으므로 간접금융인 금융기관으로부터 차입에 의존하지 않을 수 없다.[1] 따라서 벤처기업의 자금조달을 원활히 하기 위해서는 출자방식에 의한 자금조달에 관한 제도적 정비와 함께 융자방식에 의한 자금조달의 기능도 보완하는 것이 요구된다. 출자와 차입은 기업이 자금조달하는 중요한 선택수단으로서 벤처기업의 자금조달에서는 차입이 상당히 제한되어 있기는 하지만 차입을 전혀 하지 않을 수 없기 때문이다. 문제는 아직도 상당수의 기업이 금융기관의 차입에 의하여 자금을 조달하고 있으나, 은행 등 금융기관은 담보확보가 전제가 되어야 융자하는 전통적인 자산 중심의 융자(asset based loan)를 하고 있어서, 벤처기업에 대해서는 기술평가에 의한 융자(technology based loan)는 거의 이루어지지 못하고 있으므로 기술 중심의 융자가 가능하도록 하는 제도의 도입이 필요하다.[2] 기술 중심의 융자가 가능하기 위해서는 기술의 시장성 평가를 제대로 할 수 있는 평가능력이 전제가 되어야 하나, 현재 우리나라에서는 기술에 대한 시장성을 평

---

[1] 우리나라 벤처기업의 자금조달 방법에 대한 선호도를 조사한 결과 벤처캐피탈·엔젤(37.3%), 공공지원자금(21.7%), 금융기관을 통한 직접차입(18.6%), 주식시장을 통한 직접금융(14.8%) 순으로 나타났으며, 이러한 조사결과는 벤처기업이 자금조달원으로 벤처캐피탈에 의한 출자방식을 가장 선호하고 있기는 하지만, 금융기관차입 및 공공지원자금에 대한 선도호가 39.3%나 된다는 점에서 융자방식에 의한 자금조달이 벤처기업의 자금조달에 상당한 영향을 미칠 수 있음을 보여준다(KTB network·국제산업협력재단, 벤처기업 경영애로 실태조사 (2000.7) 참조).

[2] 미국의 경우 우리나라와 달리 은행이 소규모기업에 대한 융자시 담보를 항상 요구하는 것이 아니며 상당수의 은행이100,000달러 미만의 소규모기업에 대한 융자의 경우 무담보로 융자하고 있으며, 이러한 경향이 경쟁력을 가질 것이므로 향후 다른 은행들의 소규모 기업에 대한 융자형태가 담보중심의 융자에서 무담보 융자로 이행할 것으로 예측하는 견해가 있다. 소규모 기업에 대한 무담보 융자를 선택하게 되는 이유로서 1) 담보부 융자의 상대적으로 높은 거래비용 2) 향후 차입에 대한 제약효과의 약화 3) 향후 차입에 대한 제약이 가져오는 가치에 대한 회의 3) 정보기술의 발달로 인한 신용평가방법(Credit Scoring) 및 조기경보체제(Early-Warning System)의 도입 등으로 무담보 융자가 담보부 융자에 대한 상대적인 경쟁력을 가지게 된다고 제시하고 있다(Ronald J. Mann, *The Role of Secured Credit in Small-Business Lending*, 86 Geo. L. J. 26-43 (1997)).

가할 수 있는 능력이 있는 기관이 거의 없다. 융자와 관련한 벤처기업에 대한 기술의 평가는 기술 자체의 고도성 여부의 판단만으로는 부족하고 기술의 시장성 및 제품의 시장성까지도 제대로 평가할 것이 요구된다. 기술의 시장성 및 제품의 시장성 평가가 중요한 이유는 기술의 경제적 가치 및 담보력은 기술자체의 고도성보다는 기술의 시장성 및 기술을 이용한 제품의 시장성에 의하여 결정되기 때문이다. 현재 벤처기업 확인제도상 벤처기업 평가기관으로부터 벤처기업의 판정을 받은 경우에 벤처기업으로 인정하도록 하고 있으나, 동 평가기관은 기술의 기술자체를 판단하는 데는 적합할지 몰라도 기술의 시장성 및 제품의 시장성을 제대로 판단할 능력이 부족하므로 벤처기업들은 평가기관의 사업성평가 능력에 대하여 회의적이라고 한다.[3] 벤처기업 확인과 관련해서도 벤처기업 기술의 시장성을 제대로 평가할 평가기관이 없을 정도이므로, 융자와 관련하여 벤처기업의 기술의 시장성을 제대로 평가할 기관은 더욱 기대하기 어렵다. 벤처캐피탈리스트를 중심으로 한 벤처산업의 발달은 전문적인 평가능력을 가진 벤처캐피탈리스트를 통한 기술평가를 가능하게 함으로써 기술중심의 융자도 가능하게 할 수 있는 부수적인 효과가 있을 것으로 보인다.

제2절 公共펀드의 效率性과 問題點

벤처기업에 대한 자금조달을 원활하게 하기 위한 정부의 정책은 정부의 직접적 개입에 의한 방법과 사적인 금융매개체의 자금지원을 조장하는 간접적인 방법으로 구분할 수 있다.[4] 공공투자펀드를 조성하여 투자하는 것은 정부의 직접적인 개입에 의한 방법에 속하는 것으로서, 벤처기업의 육성을 위하여 벤처캐피탈리스트가 조성한 사적 투자펀드 이외에 정부가 직접 벤처펀드를 조성하여 투자하는 공공펀드는 여러가지 이유에서 그 효율성이 문제된다. 공공 벤처펀드는 투자의 수익뿐만 아니라 사회적인 목적을 동시에 추구하고 있는 점에서 사기업에 의한 벤처펀드와 구별된다. 본 절에서는 공공펀드를 소기업투자회사제도에 의하여 일찍부터 도입하여 시행하고 있는 미국의 경우에 공공펀드의 운영과 그 규제를 살펴본 후에 우리나라의 경우 효율적인 공공펀드의 운영을 위한 제도적 문제점을 검토하고자 한다.

---

[3] 벤처캐피탈리스트와 인터뷰에서 확인한 바에 따르면 벤처기업은 평가기관이 자신의 사업을 제대로 평가할 수 없다고 생각하므로 벤처기업 평가기관을 이용하지 않게 된다고 한다.

[4] Curtis J. Milhaupt, *The Small Firm Financing Problem: Private Information and Public Policy*, 2 J. Small & Emerging Bus. L. 186 (1998).

I. 미국의 小企業投資會社
(Small Business Investment Company:SBIC)

1. 개 요

미국의 경우 小企業投資會社(Small Business Investment Company: SBIC) 제도가 첫 번째 공식적인 "공공 벤처캐피탈(social venture capital)"로서 1958년도에 도입된[5] 이래 신설기업에 대한 주요한 자금원이 되어 왔다.[6] 소기업투자회사 제도의 목적은 창업 및 성장기에 있는 소규모 회사의 자금수요에 대하여 이용가능한 벤처캐피탈이 부족하므로 이러한 자금수요와 자금공급 간의 격차를 보완하려는 것이었다. 소기업투자회사는 小企業廳(Small Business Administration: SBA)으로부터 사업인가를 받고 소기업청의 규제를 받는 사기업으로서 자신의 자본과 소기업청의 보증에 의하여 저리로 융자받은 자금을 소기업에 벤처캐피탈로서 투자하게 된다. 대부분의 소기업투자회사는 이윤동기에 의하여 운영되며, 요건을 갖춘 소규모회사에 대하여 지분투자, 장기융자, 지분으로 전환가능한 채권을 취득하는 형태로 투자하며 경영지원을 하게 된다. 소기업투자회사의 동기부여 요인은 자금지원 대상회사가 성장 및 성공함에 따라 성공의 결과를 분배받게 된다는 점에 있다. 즉 소기업투자회사는 사업자금의 일부를 정부의 보증에 의하여 저리로 융자받는다는 점을 제외하고는 일반 사기업으로서 투자수익을 목적으로 투자를 하게 된다. 소기업투자회사는 모든 제조업 및 서비스업에 투자가 가능하며 특정한 사업유형에 대하여 투자를 제한받지 않는다.[7] 이들 공공펀드는 전통적인 벤처캐피탈 펀드가 약 30% 정도를 초기단계의 회사에 투자한 것과 달리 대부분의 자금을 초기단계의 회사에 투자하여 상당한 성과를 거두기도 하였다.[8] 이러한 미국의 성과를 기대하여 유럽과 아시아 각국도 이와 유사한 제도를 도입하였다. 이러한 제도들의 기본적인 전제는 1) 사적 부분은 신설기업에 대하여 충분한 자금을 공급하지 못하고 있으며, 적어도 특정지역 또는 특정산업에 대하여 그러한 현상이 있다는 것과 2) 정부 또는 비영리적인 기관의

---

[5] 미국이 이 제도를 도입한 시기는 소련이 세계 최초의 인공위성 Sputnik를 발사한 직후였다.

[6] SBIC 제도는 1958년에서 1969사이에 30억 달러이상의 자금을 공급하였는데, 이는 동 기간 동안 사적 벤처캐피탈에 의한 투자금액의 3배에 달하는 금액이다. 1995년에 SBIC에 의한 지급 또는 보증에 의하여 조달한 금액은 최소한 24억 달러에 달하는데, 전통적인 벤처캐피탈 펀드에 의하여 조달한 금액은 34억 달러이므로 SIBC에 의한 자금조달 규모가 벤처기업의 자금조달에 상당한 비중을 차지하고 있다.

[7] http://www.sba.gov/NIV/mission.html (2000.7.20) 참조.

[8] Apple Computer, Chiron, Compaq, Federal Express, Intel등도 회사의 초기단계에 SBIC 제도에 의한 자금을 지원받았다.

간부들이 사회적 및 사적 수익을 극대화할 수 있는 투자대상인 회사를 식별할 수 있다는 것이다. 그러나 공고펀드에 의한 벤처기업에 대한 투자는 기존회사에 의한 벤처투자(corporate venture program)에서 나타나는 문제와 유사한 문제점이 있음이 지적되고 있다. 이러한 문제점은 복수의 목적 간의 균형을 유지하기 어렵다는 점, 투자자가 이러한 투자의 장기적인 성격을 제대로 이해하지 못한다는 점, 적절한 보수체계를 만들기 어렵다는 점 등이 있다.[9]

2. 소기업투자회사에 대한 규제[10]

소기업투자회사는 1958년 소기업투자법(Small Business Investment Act of 1958) 제3장의 시행을 위한 연방규칙 13 CFR Part 107에 의하여 규율된다. 소기업청(SBA)은 소기업투자회사에 대한 최소한의 감독기능을 수행하며, 동 규칙에서는 소기업의 이익과 제도의 건전성을 보호하고 제도의 효과적인 운영을 위하여 소기업투자회사의 자본금 또는 출자금 요건, 투자대상사업 제한, 이익충돌거래 제한, 투자대상회사의 지배권 취득제한, 투자한도의 제한, 자금지원의 최단기간 제한 등을 규정하고 있다. 소기업투자회사의 최소자본금 또는 최소출자금은 5백만 달러 이상이어야 하며,[11] 경영진이 소기업투자에 필요한 전문지식의 요건을 구비하여야 하므로[12] 통상 경영진으로 업무를 수행하고자 하는 자에 대해서 회사에 대한 투자 관련 사업체나 투자은행에 5년 이상의 근무경력이 요구된다. 소기업투자회사는 소기업이 자금의 수요가 있는 경우 자본금 또는 출자금의 3배까지 소기업청의 보증에 의한 차입할 수 있으며, 벤처기업에 투자한 금액이 투자가용 펀드 총금액의 50%를 초과한 경우에는 자본금 또는 출자금액 상응하는 금액을 추가로 차입할 수 있다.[13] 다만 차입금액 총액은 9000만 달러를 초과할 수 없다. 소기업투자회사가 투기적인 목적으로 이용되는 것을 방지하기 위하여 소기업투자회사는 다른 소기업투자회사, 금융회사 및 투자회사 또는 금융리스회사, 개발되지 않은 부동산, 미국 내에 자산 및 영업이 절반 미만으로 존재하는 회사, 수동적 또는 임시적 사업, 투자된 금액을 농지 취득을 위하여 사용할 회사에는 투자하는 것이 금지된다.[14] 또한 소규모투자회사는 회사의 관련자에 대한 자기거래의 제한으로서 관련자에 대하여

---

[9] Josh Lerner, *Venture Capital and Private Equity: a Case Book* (2000), p.447.

[10] 13 CFR Part 107 및 http://www.sba.gov/NIV/overview.html (2000.7.20) 참조.

[11] 13 CFR 107.210. 다만 참가적 증권(Participating Securities)을 이용하고자 하는 경우에는 1000만 불이 최소자본금이 된다.

[12] 13 CFR 107.130.

[13] 13 CFR 107.1150.

[14] 13 CFR 107.720.

직접 또는 간접으로 자금을 지원하는 것이 금지되며 자금지원을 받은 소기업이나 그 소유자 또는 임원으로부터 자금을 차입할 수 없다.[15] 지배권과 관련하여 소기업투자회사는 투자대상인 소기업을 직접 또는 간접으로 영구적으로 지배하는 것이 금지된다. 소기업투자회사는 다른 소기업투자회사 또는 관련자와 공동으로 지배하는 것도 금지된다.[16] 소기업투자회사는 소기업청의 서면승인이 없는 한 자본금의 20%를 초과하여 특정 소기업에 투자할 수 없다.[17] 융자 또는 채권발행에 의하여 소기업에 자금지원을 한 경우에는 그 기간은 최소한 5년 이상이어야 한다.[18]

연방규칙상의 규제는 소기업투자회사는 민간회사이지만 연방기관에 의하여 저리로 자금을 차입할 수 있도록 특별한 지원받는다는 점에서 공공성을 지니고 있으므로, 지원된 자금의 목적이 준수되도록 하기 위한 최소한의 제한을 부과하고 있을 뿐이므로, 소규모투자회사의 자율적인 경영이 가능하도록 하고 있는 것이 특징이다. 따라서 이러한 연방제도를 이용하여 수익을 얻고자 하는 자가 소기업투자회사의 인가를 신청하게 되는 것이다.

소기업투자회사의 성과는 기대와 달리 그 효율성의 구조적 문제점으로 인하여 매우 저조한 것으로 비판되고 있다.[19] 동 비판에 따르면 1986년에 운영 중이던 280개의 소기업투자회사 중 절반이 1993년까지 실패하였고, 1995년까지 총 189개의 소기업투자회사가 청산되었으며 청산된 회사가 소기업청의 보증으로 발행한 보증사채에 대하여 5억 달러 이상 소기업청의 이행의무를 발생시켰다. 특히 소기업투자회사의 성과와 소기업투자회사가 이용한 보조금 및 보증의 사용액 간에 상관관계가 있으며, 소기업투자회사의 실패와 소기업청으로부터 차입액과는 적극적인 상관관계가 있으며 소기업투자회사의 자본수익률(return-on-equity)은 차입액과 부정적인 상관관계가 있음이 지적되고 있다. 이러한 결과는 정부의 자금지원과 보증의 이점이 있는 소기업투자회사는 과도한 위험자산에 투자할 가능성이 높은 도덕적 해이가 발생하고, 위험이 작은 소기업투자회사보다 위험이 높은 소기업투자회사가 보다 적극적으로 정부의 자금과 보증을 이용할 가능성이 높다는 역선택의 문제로부터 초래된 결과이기도 하다.

[15] 13 CFR 107.730.

[16] 13 CFR 107.865. 비상적인 위기상황에서 소기업청은 소기업투자회사가 자신의 투자를 보호하기 위하여 일시적으로 지배권을 취득하는 것을 허용할 수 있으나, 이 경우에도 소기업투자회사와 소기업은 소기업청의 승인을 득한 유효한 분리계획(plan of divestiture)을 보유하여야 한다.

[17] 13 CFR 107.740.

[18] 13 CFR 107.830.

[19] Curtis J. Milhaupt, *supra* note 4, at 190.

II. 우리나라의 경우

우리나라도 벤처기업의 육성 및 지원을 위하여 공공펀드의 성격을 지닌 각종 벤처펀드를 운영하고 있다. 이러한 공공펀드의 도입목적은 사적 펀드의 자금공급의 부족 또는 편중현상을 해결하려는 것으로 보인다.[20] 그러나 우리나라의 공공펀드는 미국의 소기업투자회사(SBIC)와 법적구조가 매우 상이하여 투자의사 결정의 합리성을 담보할 수 있는 구조가 아닌 것이 문제이다. 미국의 경우 정부가 직접투자의사를 결정하는 정책자금지원의 성격이 아니라 정부가 특정목적을 지닌 독립된 펀드에 차입을 지원하고 그 펀드는 자신의 자본금 및 차입금에 대하여 투자 여부를 결정하게 된다. 사업과 기술의 전문가가 아닌 공무원이 직접 투자의사결정에 관여하는 것이 아니라 투자의사 결정은 펀드의 목적을 고려한 펀드관리자가 사업과 기술성의 평가하여 하게 되는 것이다. 우리나라에서 공공펀드의 운영의 효율성을 높이기 위해서는 펀드의 조성자와 운영자를 별도의 주체로 하여 전문적인 투자심의 및 의사결정이 이루어질 수 있는 구조의 도입을 검토할 필요가 있다. 미국과 같이 정부가 직접 투자의사를 결정하지 않는 구조에서도 투자수익과 공공목적이라는 복수의 목적 간에 균형을 유지하기 어렵다는 점과 적절한 보수체계를 만들기 어렵다는 점이 지적되고 있는 만큼, 공무원이 직접 펀드에 투자할지 여부를 결정하는 체제에서는 이러한 문제가 더욱 나타나기 쉽게 되고 이로 인한 도덕적 해이의 문제가 제기될 수도 있을 것으로 보인다. 사적 펀드의 경우 수익률이 주된 평가척도가 될 수 있으나 공공펀드의 경우 펀드의 수익률로만 펀드 운영의 성과를 평가할 수 없게 되어 펀드관리자에 대한 평가를 제대로 할 수 없게 되는 구조적인 문제가 있다. 근본적으로 정부의 지원으로 이루어지는 공공펀드는 구조적으로 도덕적 해이와 역선택의 가능성을 가지는 만큼, 정부가 직접 공공펀드를 조성하여 투자하는 것보다는 사적 벤처캐피탈 펀드의 조성 및 투자가 원활하게 될 수 있도록 하는 기반을 조성하여 민간기업이 경쟁하에서 벤처기업에 자금을 조달할 수 있도록 하는 것이 자금조달의 효율성의 측면에서 보다 바람직한 방향이라고 생각한다.

---

[20] 우리나라에서는 사적 펀드의 편중현상에 대한 대책으로서 소기업에 대한 투자를 활성화하기 위한 특례규정을 둔 경우도 있다. 소기업지원을위한특별조치법 제8조에서 중소기업 창업투자회사 또는 중소기업창업투자조합이 소기업에 투자한 경우에는 창업자에게 투자한 것으로 본다. 이 규정에 의하여 창업자가 되기 위해서는 사업을 개시한 지 7년이 경과하지 않아야 한다는 기간제한 요건이 소기업에는 적용되지 않는다. 즉 투자대상 소기업이 사업개시 후 7년이 경과하였어도 창업투자회사는 그 소기업에 투자할 수 있다.

제3절 投資資金回收를 위한 證券市場의 問題點

벤처캐피탈리스트는 효율적인 증권시장이 있어야 출자방식으로 벤처기업에 지원한 자금을 원활히 회수할 수 있게 된다. 특히 증권시장이 효율적으로 기능을 하지 않을 경우에는 최초공모 방식으로 투자자금을 회수하는 방법은 이용하기가 곤란하다. 벤처캐피탈리스트가 투자대상기업에 투자하는 궁극적인 목적은 일정한 기간 후에 투자자금을 고수익과 함께 회수하려고 하는 데 있는 만큼, 증권시장의 비효율성으로 인하여 투자자금 회수가 곤란하면 투자자체의 규모가 줄어들 수 있게 된다. 이는 투자와 투자자금 회수가 벤처캐피탈 투자의 순환과정으로 서로 연계되어 있기 때문에 발생하는 문제이다.

효율적인 증권시장이 존재하기 위해서는 주식시장에서 발생할 수 있는 역선택의 문제를 해결할 수 있는 제도적 장치가 필요하며, 증권관련법과 같은 법적인 규제 장치만으로는 역선택의 문제를 해결하기는 어렵다. 미국은 효율적인 증권시장이 발달되어 있는데, 그 발달의 근거로서 주식시장에서의 역선택의 문제에 대처하기 위한 여러가지 제도적 장치를 가지고 있음이 지적되고 있다. 첫째, 증권관련법은 광범위한 공시를 요구하고 있으며, 허위 또는 투자자를 誤導하는(misleading) 공시에 대한 제재 및 시장교란자를 추적할 수 있는 충분한 인원, 기술 및 예산이 있는 증권시장 규제자를 규정하고 있다. 둘째, 발행회사가 재무상태의 결과를 조작하는 행위를 제한하는 회계규정을 가지고 있다. 셋째, 사기행위의 기도를 포착해낼 수 있는 기술과 경험을 지닌 다수의 회계전문가가 있다. 넷째, 투자은행들로서 투자은행은 사기적이거나 적정가격 이상으로 투자자에게 주식을 발행하는 것을 인수할 경우 신용(reputation)을 유지할 수 없다. 다섯째, 증권전문변호사들은 발행(offering)과 관련된 문서들이 공시요건에 부합하도록 하며, 발행인이 지나치게 주식가격을 부풀리지 않도록 자문한다. 이러한 제도들을 통하여 사기 또는 가격 부풀리기와 역선택의 정도를 줄인다. 따라서 선의의 정직한 발행인을 증권시장 안으로 유인하고 정직하지 못한 발행인을 증권시장에서 축출하게 되는 것이다.[21]

증권시장의 운영과 관련한 역선택에 대처하기 위한 이러한 제도들은 벤처캐피탈리스트가 투자자금의 회수를 위하여 기업공개를 하는 데 있어서 증권시장의 이용을 원활히 할 수 있는 제도적인 기반이 된다. 벤처캐피탈산업과 증권시장의 연계성을 고려할 때 벤처캐피탈 산업의 발전은 증권시장과 관련된 제도적인 기반이 갖추어지지 않고서는 한계를 가지게 된다. 따라서 벤처캐피탈시

---

[21] Bernard S. Black, *Information Asymmetry, The Internet, and Securities Offerings*, 2 J. Small & Emerging Bus. L. 93 (1998).

장의 발전을 위해서는 벤처캐피탈리스트와 벤처기업에 대한 법규정과 이에 대한 세제지원만으로
는 불충분하며, 투자자금 회수의 기반이 되는 우리나라의 주식시장의 효율성을 달성할 수 있는 제
도적 개선이 필요하다. 증권시장의 효율성의 확보는 증권거래관련법을 정비하는 것만으로는 달성
하기 어렵고, 미국의 경우와 같이 증권시장의 역선택을 방지하기 위한 유기적인 제도적 장치인 충
분한 인원과 예산 및 기술이 있는 규제기관, 엄격한 회계규정, 증권관련 회계전문가, 투자은행,
증권전문변호사 등이 동시에 구비되어야 가능하다. 이러한 제도적 장치들이 갖추어지면 시세조작
등 불공정거래행위에 취약한 우리나라의 증권시장이 벤처캐피탈리스트가 증권시장을 통하여 투자
자금을 회수하고자 할 경우 투자대상회사의 적정한 회사가치의 평가와 이를 바탕으로 한 공모를
가능하게 하는 효율적 증권시장으로 기능을 할 수 있을 것이다.

제4절 評判市場(Reputation Market)의 未發達

벤처캐피탈시장은 다음의 세 가지 구조적 측면에서 평판시장의 발달을 필요로 한다. 첫째, 벤처
캐피탈리스트와 벤처기업 간의 관계에서 벤처캐피탈리스트의 기회주의적인 행동을 통제하기 위해
서는 벤처캐피탈리스트와 벤처기업가 간의 계약만으로는 불충분하다. 계약내용의 이행을 담보하
고 계약서에는 명시되지 않았지만 당사자들이 묵시적으로 전제하고 있는 사항에 대한 효율적인
해결을 위해서는 評判市場(reputation market)의 발달이 필요하다. 둘째, 벤처캐피탈리스트와 벤
처투자자의 관계에서 벤처캐피탈리스트는 유한책임조합형태로 투자자금을 조성하는데, 유한책임
조합은 한정된 존속기간 동안만 존재하므로 벤처캐피탈리스트는 주기적으로 새로운 유한책임조합
을 결성하여 투자자금을 재조성하여야 한다.[22] 이와 같이 유한책임조합을 통하여 반복하여 자금을
조달하여야 하는 구조로 인하여 벤처캐피탈리스트는 평판을 중시하게 된다. 셋째, 투자자금을 회
수하는 데 있어서 벤처캐피탈리스트가 조기에 투자자금 회수(grandstanding)하고자 하는 행위는
벤처캐피탈리스트의 평판이 중요하게 되면 벤처기업이 벤처캐피탈리스트를 선택할 때 그 점을
고려할 수 있게 되므로 어느 정도 통제가 가능하게 된다. 투자자금의 조성 및 투자가 주기적으
로 반복된다는 점과 투자자금 회수시기 결정에 기회주의적인 행동이 개입될 여지가 많다는 점
에서 관련 당사자들의 계약관계에 의한 한계를 보완하기 위한 평판시장의 발달이 필요하게 된

---

[22] Paul Gompers and Josh Lerner, *The Venture Capital Cycle*, MIT Press (1999), p. 240.

다. 평판시장이 발달된 경우에는 당사자들의 기회주의적인 행동은 평판시장에 의하여 상당히 통제될 수 있다.

평판시장이 발달하기 위해서는 벤처캐피탈리스트의 수익률 및 행동에 대한 정보의 공개가 필수적이며, 벤처기업이 이러한 공개된 정보를 획득하는 비용이 낮아야 한다. 평판시장에 있어서 정보의 전달이 중요한 이유는 평판시장이 기회주의적인 행동을 통제하는 기능을 수행하기 위해서는 벤처캐피탈리스트에 관한 정보가 벤처기업이 벤처캐피탈리스트를 선택하는 데 있어서 활용될 수 있어야 한다는 것이 전제조건이 되기 때문이다.[23] 따라서 벤처캐피탈리스트에 대한 정보를 벤처기업에 대하여 공개하고 확산하기 위한 제도가 필요하다. 미국의 경우 소기업청(SBA)의 인터넷 홈페이지에 소기업투자회사(SBIC)에 대한 정보를 제공하고 있을 뿐아니라 ACE-NET를 통하여 벤처캐피탈리스트에 대한 자세한 정보를 제공하여 벤처캐피탈리스트에 대한 정보의 공개와 확산을 수행하고 있다. 민간차원에서도 PricewaterhouseCoopers는 인터넷을 통하여 벤처캐피탈리스트의 투자와 관련된 통계자료인 Money Tree Survey를 발표하고 있다. 미국은 인터넷의 발달로 평판시장이 더욱 발달하고 있다.

우리나라에서는 벤처캐피탈리스트와 벤처기업 간의 주식인수계약서 또는 주식매수계약서에서 투자와 관련된 사항이 상세히 규정되지 못하고 있고, 벤처캐피탈리스트와 벤처투자자 간의 조합규약에서는 벤처캐피탈리스트의 권한 행사에 대한 통제가 불충분하여 명시적인 계약조항만으로는 기회주의적인 행동을 통제하기에는 충분하지 못하다. 이러한 점에서 미국의 경우보다 우리나라에서의 평판시장의 발달이 더욱 긴요하다고 볼 수 있으나, 우리나라의 벤처캐피탈에 대한 평판시장은 잘 발달되어 있지 못하다.[24] 중소기업청의 인터넷망을 이용한 정보제공의 활성화와 함께 민간기업이 평판시장과 관련된 정보를 적시에 제공할 수 있도록 관련 기업의 육성이 필요하다.

---

[23] D. Gordon Smith, *Venture Capital Contracting in the Information Age*, 2 J. Small & Emerging Bus. L. 158 (1998).

[24] 전경련 부설 국제산업협력재단과 KTB network이 512개의 벤처기업에 대하여 실시한 설문조사에 따르면, 벤처기업들이 벤처캐피탈을 비롯한 투자기관으로부터 외부 투자자금을 유치하고자 할 때 어려운 점으로서 투자기관 정보부족(27.7%)이 가장 어려운 점으로 지적되었다(KTB network · 국제산업협력재단, 벤처기업 경영애로 실태조사 (2000. 8)).

제5절 會社 벤처펀드(Corporate Venture Capital)의 效率性 問題[25]

벤처기업의 성공에 영향을 받아, 기존 대기업이 벤처펀드를 조성하거나 사내벤처를 육성하려는 경우가 많다.[26] 회사의 벤처기업에 관한 투자형태는 크게 두 가지로 구분할 수 있는데, 하나는 사외형태이고 다른 하나는 사내형태이다. 사외형태는 대기업이 기존의 벤처캐피탈리스트와 함께 또는 직접 신설기업에 투자하는 것이며, 사내형태는 회사조직 내에 기업가 정신을 수용하기 위하여 사내벤처 프로그램을 도입하는 것이다. 미국의 경우 기존회사에 의한 벤처투자의 규모는 주식시장의 상황과 밀접한 관련성을 보여주고 있다. 1973년에 주식발행시장의 경색되자, 독립적인 벤처조합들은 수익률 하락과 신규 펀드 조성에 곤란을 겪었고, 회사들은 벤처기업에 대한 투자지원을 늘려갔다. 1987년 주식시장 붕괴 이후에 신규발행시장의 쇠퇴로 독립 벤처조합의 수익률과 펀드 조성이 줄어 들었을 때, 회사들은 벤처투자 비율을 증가시켰다. 1987년 회사펀드가 2조 달러로서 벤처캐피탈 총 자금 (the total pool of venture capital)의 12%에 이르러 최대규모였으나, 1992년에는 회사에 의한 벤처투자 프로그램의 수가 1/3로 줄어들었으며, 벤처기업에 투자되는 자금의 5%로 줄어들었다.

이러한 사실들은 회사의 벤처기업에 대한 투자가 주기적인 성격을 가지고 있는 점과, 초기 벤처 프로그램의 쇠퇴가 세 가지 구조적인 문제로 인한 것임을 보여주었다. 첫째, 이러한 회사의 프로그램은 확실한 임무가 정의되지 못했다는 문제를 가지고 있었다. 금전적 수익을 목적으로 하면서도 동시에 회사가 필요로 하는 신기술을 수용하려는 양립되기 어려운 목적을 가지고 있었다. 둘째, 회사는 벤처기업에 투자하는 데 있어서 단호한 의지가 부족하였다. 최고경영진이 이러한 개념을 수용하였더라도, 중간 관리자들이 저항하는 경우가 발생하였다. 기술개발 인력들은 회사의 자금이 사내 연구개발에 투자되는 것을 더 선호하였다. 셋째, 적절한 보수체계의 수립에 실패하였다. 회사들은 사내벤처가 성공할 경우 지나치게 많은 보수를 지급하게 될 것으로 생각하여 사내벤처 운영자들과 이익을 나누는 것을 싫어하였다. 일반적으로 성공적인 사내벤처들은 적절히 보상되지 못하였으며, 실패의 경우 처벌은 지나친 형태가 되었다.

사내 벤처 프로그램은 이러한 근본적인 문제점을 지니고 있으나, 사내 벤처 프로그램의 운영과

---

[25] Josh Lerner, *supra* note 9, at 444-445.

[26] 미국의 경우에도 1960년대 후반에서 1970년대 초반 사이에 Fortune 500 의 회사들 중 25%가 벤처투자와 관련된 제도를 도입하였다.

관련된 회사와 사내 벤처운영자 간의 이해관계를 조정하기 위해서는 계약에 의한 기회주의적인 행동을 통제하는 방법을 사용할 수 있을 것이다. 사내 벤처가 성공하기 위해서는 회사의 정책방향에 따라 사내 벤처의 목적이나 사업범위가 변경되지 않도록 사내벤처 운영자와 회사 간에 사내 벤처의 목적이나 사업범위를 명확히 규정하고 이를 변경할 경우 사내벤처 운영자의 동의를 받도록 사내벤처의 설립 시 계약에 명확히 할 필요가 있다. 회사의 지배구조상 투자자본에 비례하는 의사결정을 하도록 하는 경우에는 사내벤처 운영자는 회사의 기회주의적인 행동에 대응하기 어렵게 되는 문제가 있으므로, 계약에서 사내벤처 운영자의 의사결정 권한을 명확하여야 할 것이다. 또한 사내벤처의 보수체계도 벤처 운영자의 동의 없이는 수정될 수 없도록 계약서에 명시하는 것도 한 방법이 될 것이다.

회사벤처펀드는 독립적인 벤처펀드에 비하여 성공을 제약하는 구조적인 취약성을 가지고 있으므로 회사벤처펀드의 역할에 대하여 지나친 기대를 하는 것은 바람직하지 못하다. 벤처기업이 원활한 자금을 공급받기 위해서는 회사벤처펀드보다 독립적인 벤처펀드가 주된 자금공급원이 될 수 있도록 독립적인 벤처펀드가 활성화될 수 있도록 하는 제도적 기반이 갖추어져야 할 것이다.

參 考 文 獻

Ⅰ. 國內文獻

1. 單行本

郭潤直, 債權各論, 博英社 (1996).

郭潤直 編, 民法注解 [XVI], 博英社 (1997).

金建植, 證券去來法, 斗聖社 (2000).

金建植, 美國證券法, 弘文社 (1996).

김진수·김재진, 벤처캐피탈 지원제도의 국제비교와 정책방향, 한국조세연구원 (2000).

김철교·조준희, 벤처기업 창업과 경영, 삼영사 (1999).

金亨培, 債權各論, 博英社 (1997).

朴世逸, 法經濟學, 博英社 (1994).

朴駿緒 編, 註釋民法 [債權各論(5)], 韓國司法行政學會 (1999).

배재광, 벤처기업 창업에서 코스닥 등록까지, 전자신문사 (1999).

孫珠瓚·鄭東潤, 註釋 商法(Ⅲ), 韓國司法行政學會 (1999).

安文宅, 證券去來法體系, 育法社 (1985).

윤승한, 증권거래법강의, 삼일세무정보주식회사 (2000).

이덕훈외, 창업지원금융제도의 발전방안, 한국개발연구원(1996).

李銀榮, 債權各論, 博英社 (1999).

이태로·이철송, 회사법강의, 박영사 (1999).

林在淵, 證券去來法, 博英社 (2000).

林在淵, 證券規制法, 博英社 (1995).

林在淵, 美國會社法, 博英社 (1995).

全弘烈, 證券去來法解說, 넥서스 (1997).

鄭東潤, 會社法, 法文社 (1999).

정승화, 벤처 창업론 - 부 창출 경영의 이론과 실제, 博英社 (2000).

鄭燦亨, 商法講義 (上), 博英社 (2000).

鄭熙喆·鄭燦亨, 商法原論(上), 博英社 (1993).

崔基元, 新會社法論, 博英社 (2000).

2. 論 文

金建植, "株式發行을 통한 資金調達과 中小企業" 저스티스 24권1호(1991.6).

金建植, "證券投資信託의 구조: 계약형 투신과 회사형 투신을 중심으로" 인권과 정의 Vol. 278 (1999.10).

金建植, "벤처투자와 법적 인프라" 증권법연구 제1권 제1호 (2000).

金永培·河星旭, "우리나라 벤처기업의 현황: 벤처인증기업 전수조사연구를 중심으로" 벤처경영연구 제3권 제1호 (2000.3).

김주영, "증권투자신탁관련 쟁송의 현황과 문제점" 인권과 정의 Vol.278 (1999.10).

김진형, "벤처기업육성에관한특별조치법 해설" 벤처캐피탈 (1997. 가을).

金 炫, "주식매수선택권" 인권과 정의 vol.288 (2000.8).

김황수, "우리나라 벤처캐피탈 시장 활성화에 관한 연구" 한양대학교 석사학위논문 (1999).

나경식·김석용, "벤처기업육성을 위한 벤처캐피탈정책에 관한 연구" 産業經營, 제24집 (1999).

朴燦柱, "Insider Trading의 規制에 對한 硏究" 裁判資料 24 (1984.12).

서태영, "금융기관의 중소기업금융 활성화 방안에 관한 연구" 연세대학교 석사학위논문 (1999).

辛永茂, "內部者去來와 民事上責任" 商事法硏究 第8輯 (1990.11).

이기환, 임병균, 최해술, "벤처기업 IPO의 장·단기 성과와 벤처캐피탈리스트의 역할" 증권·금융연구 제4권 제1호 (1998.7).

이인찬, "벤처캐피탈 시장의 현황과 정책과제" 벤처캐피탈 (1998. 봄).

李在洪, "合作投資契約에 있어서 株主間 約定의 效力" 會社法上의 諸問題(下), 재판자료 제38집 (1987).

丁鳳鎭, "美國法上 內部者 去來 規制" 通商法律 (2000.4).

한영수, "증권거래법중개정법률 해설" 법제 (2000.8).

韓 鐵, 咸哲勳, 金元圭, "벤처기업육성법제의 제문제" 商事法硏究 제18권 제3호 (2000).

황해봉, "벤처기업육성에 관한 특별조치법" 순간 법제 480호(1997.12).

최준황, "한국벤처캐피탈시장의 문제점과 개선방안" 고려대학교 석사학위논문 (1998).

II. 英美文獻

1. 單行本

A. David Silver, *Venture Capital*, John Wiley & Sons, Inc. (1985).

Arther Lipper III, *The Guide for Venture Investing Angel: Financing and Investing in Private Companies*, Missouri Innovation Center Publications (1998).

Jack S. Levin, *Structuring Venture Capital, Private Equity, and Entrepreneurial Transactions*, Aspen Publishers, Inc. (2000).

James B. Arkebauer, *The Entrepreneur's Guide to Going Public*, Upstart Publishing Company, Inc. (1994).

Joseph W. Bartlett, *Fundamentals of Venture Capital*, Madison Books(1999).

Joseph W. Bartlett, *Venture Capital: Law, Business Strategies, and Investment Planning*, John Wiley & Sons, Inc. (1988).

Josh Lerner, *Venture Capital and Private Equity: a Case Book*, John Wiley & Sons, Inc. (2000).

Michael J. Halloran et al., *Venture Capital and Public Offering Negotiation*, Aspen Law & Business (2000).

Paul Gompers and Josh Lerner, *The Venture Capital Cycle*, MIT Press (1999).

Richard A. Brealey and Stewart C. Myers, *Principles of Corporate Finance*, The McGraw—Hill Companies, Inc. (1996).

Stephen A. Ross, Randolph W. Westerfield, and Bradford D. Jordan, *Fundamentals of Corporate Finance*, 4 th ed., standard ed., The McGraw—Hill Companies, Inc. (1998).

William D. Bygrave and Jeffrey A. Timmons, *Venture Capital at the Crossroads*, Harvard Business School Press (1992).

2. 論 文

Anat R. Admati and Paul Pfleiderer, *Robust Financial Contraction and the Role of Venture Capitalist*, 49 J. Fin. (1995).

Amy C. Bushaw, *Small Business Loan Pools: Testing the Waters*, 2 J. of Small & Emerging Bus. L. (1998).

Azizah Y. al—Hibri, *The American Corporation in the Twenty — First Century: Future Forms of*

Structure and Governance, 31 U. Rich. L. Rev. (1997).

Bernard S. Black, *Information Asymmetry, the Internet, and Securities Offering*, 2 J. Small & Emerging Bus. L. (1998).

Bernard S. Black, and Ronald J. Gilson, *Venture Capital and the Structure of Capital Markets: Banks versus Stock Markets*, 47 J. Fin. Econ. (1998).

Brian S. Cohen, *Corporate Governance for the Entrepreneur*, 71 St. John's L. Rev. (1997).

Christopher B. Barry and L. Adel Turki, *Initial Public Offerings by Development Stage Companies*, 2 J. Small & Emerging Bus. L. (1998).

Curtis J. Milhaupt, *The Small Firm Financing Problem: Private Information and Public Policy*, 2 J. Small & Emerging Bus. L. (1998).

Curtis J. Milhaupt, *The Market for Innovation in the United States and Japan: Venture Capital and the Comparative Corporate Governance Debate*, 91 Nw. U. L. Rev. (1997).

D. Gordon Smith, *Venture Capital Contracting in the Information Age*, 2 J. Small & Emerging Bus. L. (1998).

D. Gordon Smith, *How Early Stage Entrepreneurs Evaluate Venture Capitalists*, Northwestern School of Law of Lewis & Clark College, http://papers.ssrn.com (1999).

Dale A. Oesterie and Wayne M. Gazur, *What's in a Name?: An Argument for a Small Business "Limited Liability Entity" Statute (with Three Subsets of Default Rules)*, 32 Wake Forest L. Rev. (1997).

Donald C. Langevoort, *Angels on the Internet: the Elusive Promise of "Technological Disintermidation" for Unregistered Offerings of Securities*, 2 J. Small & Emerging Bus. L. (1998).

Douglas G. Smith, *The Venture Capital Company: A Contractarian Rebuttal to the Political Theory of American Corporate Finance?*, 65 Tenn. L. Rev. (1997).

Edward J. Gac and Wayne M.Gazur, *Tapping "Rainy Day" Funds for the Reluctant Entrepreneur: Downsizing, Paternalism, and the Internal Revenue Code*, 86 Ky. L. J. (1997).

George W. Dent, Jr., *Venture Capital and the Future of Corporate Finance*, 70 Wash.U.L.Q. (1992).

Herbert S. Wander, Jonathan I. Cope, and Jonathan Dariyanani, *Developments in Disclosure: Special Problems in Public Offerings-Forward-Looking Information, Including the Private Securities Litigation Reform Act of 1995*, 33 San Diego L. Rev. (1996).

James A. Fanto and Roberta S. Karmel, *A Report on the Attitudes of Foreign Companies*

Regarding a U.S. Listing, 3 Stan. J. L. Bus. & Fin. (1997).

Jennifer O'Hare, *Institutional Investors, Registration Rights, and the Specter of Liability under Section 11 of the Securities Act of 1933*, Wis. L. Rev. 217-262 (1996).

Jill E. Fisch, *Can Internet Offerings Bridge the Small Business Capital Barrier?*, 2 J. Small & Emerging Bus. L. (1998).

Joseph Bankman, *The Structure of Silicon Valley Start-ups*, 41 UCLA L. Rev. (1994).

Josh Lerner, *The Syndication of Venture Capital*, 23 Financial Management (1994).

Morten Hviid, *Long-Term Contracts and Relational Contracts*, in Encyclopedia of Law and Economics vol.3, (Boudewijin Bouckaert and Gerrit De Geest, eds. 2000), pp. 46-72.

Paul A. Gompers, *Optimal Investment, Monitoring, and the Staging of Venture Capital*, 50 J. Fin. (1995).

Paul Gompers and Josh Lerner, *The Use of Covenants: An Empirical Analysis of Venture Capital Limited Partnerships*, 39 Law and Economics (1996).

Ronald J. Gilson, *Understanding the Choice between Public and Private Equity Financing of Early Stage Companies: A Comment on Barry and Turki*, 2 J. Small & Emerging Bus. L. (1998).

Ronald J. Gilson, *The Future of Corporate Governance in the United States*, 31 U. Rich. L. Rev. (1997).

Ronald J. Mann, *Explaining the Pattern of Secured Credit*, 110 Harv. L. Rev. (1997).

Ronald J. Mann, *The Role of Secured Credit in Small-Business Lending*, 86 Geo. L. J. (1997).

Samuel Kortum and Josh Lerner, *Does Venture Capital Spur Innovation?*, Boston University and National Bureau of Economic Research, http://papers.ssrn.com (1998).

Stanislas Yassukovich, *The Global Capital Market: What Next EASDAQ: Europe's Stock Market for Growth Companies*, 21 Fordham Int'l L. J. (1997).

Stephan J. Choi, *Gatekeepers and the Internet: Rethinking the Regulation of Small Business Capital Formation*, 2 J. Small & Emerging Bus. L. (1998).

Stephen M. Muniz, *The Private Securities Litigation Reform Act of 1995: Protecting Corporation from Investors, Protecting Investors from Corporations, and Promoting Market Efficiency*, 31 New Eng. L. Rev. (1997).

Theodore Baums and Ronald Gilson, *The Legal Infrastructure of the German Venture Capital Market: Barriers to Replicating the U.S. Template*, Working Paper (1999).

Thomas A. Smith, *Institutions and Entrepreneurs in American Corporate Finance*, 85 Calif. L.

Rev. (1997).

Thomas Hellmann, *The Allocation of Control Rights in Venture Capital Contracts*, 29 RAND Journal of Economics 57-76 (1998).

Thomas Hellmann, and Manju Puri, *The Interaction between Product Market and Financing Strategy: The Role of Venture Capital*, Graduate School of Business, Stanford University, http://papers.ssrn.com(1999).

Victor Tai Wung Chiu, *Easing Default Provisions of State Limited Liability Company Statutes in the Context of a Transfer of Interest in a Small Business*, 24 Hofstra L. Rev. (1996).

Wendy Carlin and Colin Mayer, *Finance, Investment and Growth*, http://papers.ssrn.com (1998).

William A. Sahlman, The *Structure and Governance of Venture-Capital Organizations*, 27 J. of Fin. Econ. (1990).

III. 기타문헌

Teordor Baums and Matthias Möller, *Venture Capital: U.S.-amerikanisches Modell und deutsches Aktienrecht, in* Corporation, Capital Markets and Business in the Law (Theodor Baums, Klaus J. Hopt and Norbert Horn, eds. 2000).

大杉謙一・樋原伸彦, ベンチャー企業における 種類株式の 活用と法制, 商事法務 No.1559 (2000.5).

附　錄

중소기업청 고시 제2006 – 19호

　중소기업창업지원법시행령 제13조제2항의 규정에 의하여　중소기업창업투자조합 표준규약　을 다음과 같이 개정　고시합니다.

2006. 8. 4
중소기업청장

□ 중소기업창업투자조합 규약에 반드시 포함되어야 할 사항

1. 조합의 목적, 명칭, 주소, 존속기간 및 조합원의 권리, 의무, 책임 등에 관한 사항
2. 조합규약의 핵심적인 용어를 명확히 정의하여 규약해석에 관한 분쟁 발생소지를 최소화
3. 조합원의 사전약정 없이 출자증서 양도, 매매, 담보 제공금지
4. 조합규약의 변경, 조합의 해산, 조합원의 지위변동 등에 대한 절차
5. 유한책임조합원의 탈퇴, 제명, 지위 양도 시 절차, 권리와 의무의 변동사항 등
6. 결성총회 및 조합원 총회의 의결사항, 절차 등
7. 조합운영비용의 인정범위 및 관리보수와 성과보수에 관한 사항
8. 조합재산의 담보제공 금지, 미투자자산 운용범위, 투자유가증권 평가 방법 등 조합재산의 관리와 운용에 관한 사항
9. 조합재산의 배분원칙, 손실금 충당 및 보전 등 조합재산 배분에 관한 사항
10. 조합의 해산 사유, 청산절차 등 조합의 해산 및 청산에 관한 사항
11. 대표 펀드매니저 인적사항

중소기업 창업투자조합 표준규약

제1절 총 칙

제1조 (목적) 본 규약은 창업투자조합의 효율적인 운영 관리 및 재산의 배분 등을 위하여 중소기업창업지원법(이하 "법"이라 한다) 및 동법시행령(이하 "영"이라 한다) 시행규칙(이하 "규칙"이라 한다)과 창업투자회사등의등록및관리규정(이하 "규정"이라 한다)에서 위임한 사항과 그 시행에 있어 업무집행조합원과 유한책임조합원간에 합의된 사항을 정함을 목적으로 한다.

제2조 (명칭 및 소재지) ① 본 조합의 명칭은 ○○ (이하 "조합"이라 한다)이라 하고, 영문으로는 ○○ 이라 한다.
② 본 조합의 사무소는 업무집행조합원인 ○○의 본점에 둔다.

제3조 (조합의 성립 시기) 본 조합은 중소기업청에 등록한 날로부터 성립한다.

제4조 (용어의 정의) 본 규약에서 사용하는 용어의 정의는 다음 각 호의 1과 같다.
1. "출자"라 함은 조합에 출자금을 납입하고 출자지분을 취득하는 것을 말한다.
2. "출자지분"이라 함은 조합원이 조합재산에 대하여 갖는 공동소유의 비율을 말한다.
3. "출자증서"라 함은 조합원의 출자금을 증명하고 그 권리행사를 위한 재산권을 표시하는 증서로서, 본 규약이 정하는 바에 따라 업무집행조합원이 발행 교부하는 증서를 말한다.
4. "조합원"이라 함은 조합에 출자하고 그 출자지분에 따라 출자증서를 교부받은 자로서, 조합채무에 대하여 무한책임을 지는 업무집행조합원(○○)과 출자가액을 한도로 유한책임을 지는 유한책임조합원으로 구성한다.
5. "조합재산"이라 함은 조합원이 조합에 출자한 출자금 및 이를 운용하여 취득한 권리, 현금 및 기타 재산으로서 조합에 귀속되는 일체의 재산을 말한다.
6. "투자업체"라 함은 법에 따라 조합에서 투자한 창업자 또는 벤처기업을 말한다.
7. "투자유가증권"이라 함은 투자업체가 발행한 주권과 사채권, 기타 유가증권으로서 조합이 투자한 대가로 취득한 것을 말한다.
8. "투자수익"이라 함은 해산 당시에 평가된 조합자산의 평가금액에서 출자금액과 제26조에 의한 조합운영경비를 차감한 금액으로서 조합원들에게 분배하였거나 분배할 금액의 합계를 말한다.

9. "내부수익률(IRR)"이라 함은 조합원의 출자 등으로 조합이 운용하는 금액의 현재가치가 조합원에게 분배되는 등으로 조합원이 회수하는 금액의 현재가치와 동일하게 되는 할인율을 말한다.

10. "기준수익률"이라 함은 제28조에 의한 성과보수를 지급할 수 있는 기준이 되는 수익률을 말한다.

11. "회계감사인"이라 함은 조합재산의 운용상황에 대한 감사 및 결산보고 등을 실시하기 위하여 업무집행조합원이 선임한 회계법인을 말한다.

12. "수탁기관"이라 함은 조합재산을 보호 예수 또는 기타의 방법에 의하여 보관 관리하는 기관을 말한다.

13. "대표 펀드매니저"라 함은 조합의 업무를 수행할 책임을 지고 있는 업무집행조합원의 임원 또는 직원으로서 영 제8조제6항에 의한 전문인력을 말한다.

14. "일반결의"라 함은 총 출자좌수의 2분의 1 이상에 해당하는 조합원이 출석하고, 출석한 조합원의 출자금 총액의 2분의 1 이상에 해당하는 출자좌수를 가진 조합원의 찬성을 얻는 것을 말한다.

15. "특별결의"라 함은 총 출자좌수의 3분의 2 이상의 찬성을 얻는 것을 말한다.

제5조 (관계법령의 준수) 조합의 결성과 운영에 관하여는 법 영 규칙 및 규정(이하 "근거법령"이라 한다)과 기타 관계법령을 준수하여야 한다.

제6조 (규약의 변경) 본 규약은 총 출자좌수의 2분의 1 이상에 해당하는 조합원 또는 업무집행조합원의 발의에 따라 조합원 총회의 특별결의(또는 조합원 전원의 동의)를 얻어 변경할 수 있다.

(주) 조합원 중 소수가 특별결의할 수 있는 지분을 가지고 있는 경우에는 규약변경은 조합원 전원의 동의를 얻어 가능

제7조 (소송의 관할) 본 규약에 관한 분쟁 및 조합에 관한 소송이 발생하는 경우에는 업무집행조합원의 본점 소재지를 관할하는 지방법원을 전속관할로 한다.

제2절 출 자

제8조 (출자) ① 출자 1좌의 금액은 금   원(₩   )정으로 한다.

② 조합성립 시의 출자금 총액은 금   원(₩   )정으로 한다.

조합의 출자금 총액은 조합원 전원의 동의를 얻어 증가시킬 수 있다.

(주) 분할납입방식에 의하는 경우 납입이 예정된 출자금 총액을 "출자약정액"이라 하며, 제2항을 다음과 같이 변경하고 제3항을 제4항으로 변경

② 조합성립 시의 출자약정액은 금   원(₩   )정으로 한다.

③ 조합 결성 시 최초의 출자금은 금   원(₩   )정으로 하며, 중소기업청에 등록한 날로부터 ○년의 범위 내에서 ○회 동안 각 회마다 금   원(₩   )정을 추가적으로 납부한다. 출자금의 추가 납부에 따른 조합원별 출자금액은 제9조에 의한 출자비율에 따라 비례하여 배분한 금액으로 한다.

제9조 (출자금 구성) 출자자별 출자금 구성은 다음과 같다.

구 분	조합원명	출자금액			출자비율
업무집행조합원		금	원(₩)정		%
유한책임조합원		금	원(₩)정		%
		금	원(₩)정		%
	소 계				
계		금	원(₩)정		100%

(주1) 특별조합원이 있을 경우, 조합원명 하단에 (특별조합원)임을 기재

(예시)중소기업투자모태조합   (특별조합원)

(주2) 분할납입방식에 의할 경우 제9조의 출자금액을 출자약정금액, 1차 출자금액, 2차 출자금액 등으로 구분 표시

제10조 (출자방법) ① 조합에 출자하고자 하는 자는 출자신청서를 업무집행조합원인 ○○(이하 "회사"라 한다)에 제출하고, 출자금을 회사가 정하는 기일과 장소에 납입하여야 한다.

② 출자는 내국통화 또는 이에 준하는 지급수단으로 하되, 현금에 한한다. 다만, 규정 제11조제1항의 규정에 의하여 업무집행조합원은 조합원 전원의 동의를 얻어 현물로 출자할 수 있다.

③ 조합원별로 납입일이 다른 경우 당해연도의 수익분배는 각 조합원의 실제 납입일로부터 일할계산에 의한다.

④ 조합원은 다른 조합원의 출자금 납입지연을 이유로 자기의 출자금 납입을 지연하거나 거절할 수 없다.

(주1) 분할납입방식에 의하는 경우 제10조를 다음과 같이 변경

① 조합에 출자하고자 하는 자는 출자신청서를 업무집행조합원인 ○○(이하 "회사"라 한다)에 제출하고, 회사가 정하는 기일과 장소에 제8조제3항에 의한 최초의 출자금을 납입하여야 한다.

② 제8조제3항에 의한 추가 출자금은 직전 출자분의 70% 이상이 투자된 후에 업무집행조합원의 요청에 의해 모든 조합원이 납입하여야 하며, 이 경우 업무집행조합원은 납입일 15일 이전까지 각 조합원에게 기일과 장소를 정하여 통지하여야 한다.

③ 업무집행조합원은 조합원이 추가 출자금의 전부 또는 일부의 납입을 지연 또는 불이행하는 경우에는 다음 각호의 방법에 의하여 지연에 따른 배상 또는 불이행에 따른 지분양도 등의 조치를 취하여야 한다.

1. 제2항에 의하여 업무집행조합원이 통지한 기일의 익일부터 연리 15%의 지연이자를 가산하여 납입토록 한다. 이 경우 당해 조합원이 납입한 이자는 조합의 출자금에 포함되지 아니한다.

2. 제2항에 의하여 업무집행조합원이 통지한 기일의 익일부터 30일이 경과한 경우에는 추가 출자금의 납입을 불이행한 조합원을 제외한 조합원 총회의 특별결의에 따라 다음 각 목의1에 해당하는 방법으로 조합원의 지위를 양도하거나 출자지분을 조정한다.

가. 추가 출자금의 납입을 불이행한 조합원이 기납입한 출자금의 50%에 해당하는 금액으로 매입할 수 있는 권리를 다른 조합원에게 부여한다. 이 경우 각 조합원은 자신의 출자지분에 비례하여 우선매수권을 가진다.

나. 추가 출자금의 납입을 불이행한 금액의 50%에 해당하는 금액을 당해 조합원의 기출자금에서 감액하고, 추가 출자금의 납입을 불이행한 금액의 150%에 해당하는 금액을 다른 조합원의 출자지분에 비례하여 분배함으로써 각 조합원의 출자지분을 조정한다. 이 경우 조합재산의 분배 및 조합원 총회의 결의에 필요한 출자좌수의 산정은 조정된 출자지분에 따른다.

* 나목에 따른 계산 사례

조합원명	최초 출자	2차 출자	3차 출자	출자지분
甲	20	20	20	75(60+15)
乙	20	20	20	75(60+15)
丙	20	20	불이행	30(40−10)
계	60	60	40	180

※ 丙의 불이행 금액(20)의 50%인 10을 丙의 기출자금에서 감액하고, 그 150%인 30을 甲과 乙
  에게 각각 출자지분에 비례하여 배분

* 추가 출자 불이행에 따른 조치 내용(제3항)은 달리 정할 수 있음

(주2) 특별조합원이 있을 경우 다음을 마지막 항으로 추가

⑤ 특별조합원의 출자는 업무집행조합원 및 유한책임조합원의 출자가 완료된 후 출자한다. 단,
  부득이한 경우는 예외로 한다.

* 분할납입방식에 의하는 경우에는 제7항으로 추가

제11조 (출자증서의 교부) ① 업무집행조합원은 제10조에 의하여 출자를 이행한 조합원에 대하여
  제15조에 의한 결성총회일로부터 1개월 이내에 다음 각 호의 사항을 기재하고 업무집행조합원
  이 기명날인한 출자증서를 발행 교부하여야 한다.
  1. 조합의 명칭 및 출자증서 번호
  2. 조합원의 성명 주민등록번호 (또는 사업자등록번호) 및 주소
  3. 조합의 출자금 총액 및 총 출자좌수
  4. 조합원의 출자금액 및 출자좌수

(주) 분할납입방식에 의하는 경우 제1항을 다음과 같이 변경

① 업무집행조합원은 제10조에 의하여 출자를 이행한 조합원에 대하여 출자금을 납입한 날로부
터 1개월 이내에 다음 각 호의 사항을 기재하고 업무집행조합원이 기명날인한 출자증서를 발행
  교부하여야 한다. 단, 제8조제3항에 의한 최초의 출자금에 대해서는 제15조에 의한 결성총회
후 1개월 이내에 발행 교부하여야 한다.
1. 조합의 명칭 및 출자증서 번호
2. 조합원의 성명 주민등록번호(또는 사업자등록번호) 및 주소
3. 조합의 출자약정액 및 약정 총 출자좌수
4. 조합원의 출자금액 및 출자좌수

② 출자증서는 기명식으로 하고, 이 규약에서 정한 바에 의하지 아니하고는 이를 양도 또는 매매하거나 담보로 제공하지 못한다.

③ 출자증서를 분실하거나 훼손한 경우에는 제권판결을 받지 아니하면 재발행하지 아니한다.

제3절 조합원과 조합원총회

제12조 (조합원의 자격) ① 조합에 1좌 이상을 출자함으로써 조합원의 자격을 취득한다. 단, 외국인은 외국인투자촉진법이 정하는 바에 따라 조합에 출자할 수 있다.

② 본 규약이 어떤 조합원과의 관계에서 무효로 되거나 또는 취소되는 경우에도 본 규약은 그 외 다른 조합원과의 관계에서는 유효하고 이들 조합원은 출자의무를 포함한 본 규약상의 모든 권리와 의무를 진다.

③ 제19조 및 제20조의 규정에 의한 조합원 지위의 양도 및 승계의 경우를 제외하고는 조합결성 시 최초에 소정의 가입절차를 밟은 자 이외에는 새로이 조합원이 될 수 없다. 다만, 조합결성 이후 조합원 전원의 동의를 얻어 새로운 출자자를 조합원으로 가입하도록 할 수 있다. 이 경우 추가로 모집할 수 있는 출자금은 금   원(₩   )정 이내의 금액에 한한다.

제13조 (조합원의 구성) 조합을 구성하는 조합원은 다음 각 호와 같다.

1. 업무집행조합원: (조합원명 기재)
2. 유한책임조합원: (조합원명 기재)

> **(주) 특별조합원이 있을 경우 다음과 같이 제3호를 추가**
> 3. 특별조합원: (조합원명 기재)

제14조 (조합의 존속기간) ① 조합의 존속기간은 중소기업청에 등록한 날로부터 ○년으로 한다. 다만, 조합원 총회의 특별결의(또는 조합원 전원의 동의)에 의하여 ○년 연장할 수 있다.

> **(주) 미처분 투자유가증권이 있는 경우 등으로 조합 연장 가능**

② 제1항의 규정에도 불구하고 조합의 존속기간 만료 후에도 조합은 청산의 목적범위 내에서 존속하는 것으로 한다.

제15조 (결성총회) ① 조합의 결성총회는 조합원별 출자가 완료된 후 개최한다.

(주) 분할납입방식에 의하는 경우 제1항을 다음과 같이 변경

① 조합의 결성총회는 조합원별로 최초 출자한 금액의 합계가 10억 원 이상인 경우에 한하여 최초의 출자가 완료된 후 개최한다.

---

② 결성총회에서는 다음 각 호의 사항을 결의한다.

1. 본 규약의 승인

2. 사업계획의 승인

③ 결성총회에서의 결의는 특별결의(또는 조합원 전원의 동의)로 하며, 출자자는 대리인으로 하여금 그 의결권을 행사하게 할 수 있다.

제16조 (조합원의 권리와 의무) ① 조합원은 그 출자좌수와 본 규약에 따라 다음 각 호의 권리를 가진다.

1. 조합원총회에 참석하여 의결권을 행사하는 권리

2. 조합재산을 본 규약이 정한 바에 따라 배분받을 권리

3. 기타 관련법령 및 본 규약에 의한 권리

② 조합원은 다음 각 호의 의무를 진다.

1. 조합원의 자격으로 지득한 내용을 조합의 존속기간 중 또는 조합존속기간 종료 후 2년 이내에 조합원 이외의 제3자에게 누설하지 않을 의무

2. 기타 조합재산의 관리 운용에 저해되거나 악영향을 미치는 행위를 하지 않을 의무

제17조 (유한책임조합원의 탈퇴) ① 유한책임조합원은 다음 각 호의 1에 해당하는 사유에 한하여 조합을 탈퇴할 수 있다.

1. 법인인 조합원이 합병 이외의 사유로 해산한 때

2. 개인인 조합원의 사망 또는 금치산 선고

3. 파산 선고

4. 기타 부득이한 사유로서 당해 조합원을 제외한 다른 조합원 전원의 동의를 얻은 경우

② 제1항에 의하여 조합을 탈퇴하고자 하는 경우에는 30일 이전에 업무집행조합원에게 탈퇴사유를 서면으로 통지하고 다른 조합원 전원의 동의를 얻어야 한다.

③ 업무집행조합원이 탈퇴한 조합원을 제외한 다른 조합원 전원의 동의를 얻은 경우에는 조합 해 시까지 탈퇴 당시의 출자원금에 해당하는 지분의 반환을 유보할 수 있다.

④ 조합원의 탈퇴 및 그 출자금의 환급과 관련하여 발생하는 일체의 비용은 당해 조합원이 부담 한다.

제18조 (유한책임조합원의 제명) ① 업무집행조합원은 유한책임조합원이 다음 각 호의 1에 해당하 는 행위를 한 때에는 당해 조합원을 제외한 다른 조합원 전원의 동의를 얻어 당해 조합원을 제 명할 수 있다.

1. 정당한 사유없이 업무를 방해하거나 조합운영에 중대한 악영향을 끼치는 행위
2. 기타 조합의 정상적인 운영에 지장을 초래하는 중대한 의무의 불이행 행위

② 업무집행조합원은 제명된 조합원을 제외한 다른 조합원 전원의 동의를 얻은 경우에는 제명 된 조합원에 대한 출자금 환급은 본 조합 해산 시까지 이를 유보할 수 있다.

③ 조합원의 제명 및 그 출자금의 환급과 관련하여 발생하는 일체의 비용은 당해 조합원이 부담 한다.

제19조 (유한책임조합원 지위의 양도) ① 제17조에 의하여 조합을 탈퇴하는 유한책임조합원이 그 지위를 타인에게 양도하고자 하는 경우에는 출자지분의 양도양수계획서를 첨부하여 업무집행조 합원에게 서면으로 신청하고 다른 조합원 전원의 동의를 얻어야 한다. 이 경우 조합원의 지위를 양수하는 자는 조합원의 지위를 양도하는 자의 권리와 조합원으로서의 의무 및 책임을 포괄 승 계한다.

② 유한책임조합원이 출자지분의 일부를 타인에게 양도하고자 하는 경우에는 출자지분의 양도 양수계획서를 첨부하여 업무집행조합원에게 서면으로 신청하고 다른 조합원 전원의 동의를 얻 어야 한다.

③ 제1항 및 제2항에 따라 조합원 지위의 전부 또는 일부를 양도하고자 하는 경우 양도하고자 하는 출자지분에 대하여는 다른 조합원들이 출자지분에 비례하여 우선매수권을 가진다.

제20조 (유한책임조합원 지위의 승계와 대리) ① 자연인인 유한책임조합원이 사망, 한정치산 또는 금치산, 파산선고를 받은 경우에는 상속인 또는 법정대리인이 당해 유한책임조합원의 지위를 승계 또는 대리할 수 있다.

② 법인인 유한책임조합원이 합병 또는 조직변경 등으로 새로운 법인이 발족된 때에는 그 법인 이 당해 유한책임조합원의 지위를 포괄 승계하는 것으로 한다.

제21조 (조합원총회) ① 조합원총회는 조합원으로 구성되며, 정기총회와 임시총회로 구분한다.

② 조합원총회는 조합운영에 관한 다음 각 호의 사항을 의결한다.

1. 조합의 결산
2. 규약의 변경
3. 유한책임조합원의 제명 탈퇴 및 지위의 양도
4. 조합의 해산 및 청산
5. 조합의 존속기간의 연장
6. 출자금 총액의 증액
7. 조합의 회계감사인 선임
8. 기타 본 규약에서 정하지 아니한 중요한 사항

제22조 (조합원총회의 소집 및 운영) ① 정기총회는 사업 연도 종료 후 90일 이내에, 임시총회는 출자금 총액의 3분의 1 이상에 해당하는 출자좌수를 가진 조합원 또는 업무집행조합원의 소집 청구가 있을 때에 각각 개최하며, 업무집행조합원이 이를 소집한다.

② 조합원총회의 소집통지는 전 조합원에게 서면으로 하되, 총회 개최일로부터 14일 이전까지 통지하여야 한다. 다만, 조합원 전원의 동의를 얻은 경우에는 그 통지기간을 달리 정할 수 있다.

③ 조합원총회의 의장은 업무집행조합원을 대표하는 자로 한다.

④ 조합원총회의 결의는 본 규약에서 별도로 결의방법을 정하고 있는 경우를 제외하고는 일반 결의에 의한다.

⑤ 조합원총회에서의 조합원의 의결권은 출자 1좌당 1개로 하되, 의결권의 불통일 행사는 허용하지 아니한다.

⑥ 조합원은 대리인으로 하여금 그 의결권을 행사하게 할 수 있으며, 이 경우 대리인은 조합원총회 개최 전에 그 대리권을 증명하는 서류를 업무집행조합원에게 제출하여야 한다.

⑦ 조합원총회의 의사에 관하여는 업무집행조합원이 의사록을 작성하여야 하며, 의사록에는 의사의 진행내용과 그 결과를 기록하고 업무집행조합원이 기명날인한 후 조합의 청산 완료 시까지 주된 사무소에 비치하여야 한다.

제23조 (조합원의 감사) 유한책임조합원은 제40조에서 정한 자료를 수령한 후 25일 이내에 업무집행조합원에게 서면으로 본 조합의 재산현황 및 업무집행조합원의 업무집행현황에 대하여 질문할 수 있으며, 이에 대하여 업무집행조합원은 질문을 받는 날로부터 14일 이내에 서면으로 당해 질문에 답변하여야 한다.

제4절 조합의 운영

제24조 (업무집행조합원의 권한과 의무) ① 업무집행조합원은 이 규약에서 달리 정하는 경우를 제외하고는 조합원을 대리하여 조합의 명의로 다음 각 호의 업무를 수행하고, 조합에 관한 재판상 또는 재판 이외의 모든 행위에 대하여 이 조합을 대표한다.

1. 조합재산의 관리 운영

2. 투자대상 기업의 선정 및 투자

3. 투자업체의 육성 지원과 투자유가증권에 관한 권리의 행사

4. 출자증서의 발행 및 교부

5. 조합재산의 배분

6. 회계장부 및 기타 회계에 관한 기록의 작성 유지 및 보관 등 조합의 회계처리

7. 조합운영과 관련하여 발생한 비용과 보수의 지급 등 조합채무의 변제

8. 제1호 내지 제6호에 부수되는 업무로서 조합의 목적을 달성하기 위하여 필요한 사항 및 기타 본 규약에서 정하는 업무

② 조합이 재판상의 행위를 하는 경우에는 업무집행조합원을 민사소송법 제53조의 선정당사자로 한다.

③ 업무집행조합원은 근거법령의 제반사항을 준수하여야 하며, 조합의 업무집행에 있어서 조합원의 이익을 위해 선량한 관리자로서의 주의의무를 다하여야 한다.

제25조 (조합원의 책임) ① 유한책임조합원은 출자한 범위 내에서만 책임을 지며, 출자한 금액을 초과하여 본 조합의 채무에 대한 책임을 지지 아니한다.

② 업무집행조합원은 조합의 채무에 대하여 무한책임을 진다. 다만, 근거법령 및 관계법령 또는 본 규약에서 달리 정한 경우를 제외하고는 고의 또는 과실이 없는 한 조합업무의 집행 결과로 발생한 손해에 관하여 조합 및 다른 조합원에 대하여 책임을 지지 아니한다.

제26조 (조합운영경비) ① 조합의 업무집행과 관련하여 발생하는 다음 각 호의 비용은 조합의 부담으로 한다.

1. 조합재산에 속하는 유가증권의 취득 및 처분에 소요되는 비용

2. 조합의 업무집행과 관련된 회계감사 및 법률자문 수수료

3. 전사적자원관리(ERP)의 도입 및 운영비용

4. 조합재산의 수탁기관에 대한 수탁수수료

5. 조합의 업무집행과 관련한 소송비용

6. 조합의 청산에 소요되는 경비(청산인을 선임한 경우에 한함)

7. 제27조의 규정에 의하여 업무집행조합원에게 지급되는 관리보수

8. 기타 조합결성 또는 운영에 관련된 직접경비로서 조합원 총회의 승인을 받은 경비

② 제1항을 제외한 업무집행에 관한 비용은 업무집행조합원의 비용으로 한다.

③ 업무집행조합원이 조합의 업무집행과 관련하여 조합이 부담할 비용을 지출한 경우에는 조합에 대하여 그 상환을 청구할 수 있다.

제27조 (관리보수) ① 조합은 존속기간 중 업무집행조합원에게 다음 각호의 기준에 따른 금액을 관리보수로 지급한다.

1. 중소기업청에 등록한 날로부터 3년이 되는 날까지의 기간동안은 출자금 총액의 연 2.5%에 해당하는 금액

2. 중소기업청에 등록한 날로부터 3년이 경과한 날로부터 해산하는 날까지의 기간동안은 투자 잔액(매분기말 평균잔액 또는 일일평균잔액)의 연 2.5%에 해당하는 금액

② 관리보수는 제1항제1호의 경우에는 매분기말 지급함을 원칙으로 하며, 제1항제2호의 경우에는 당해 사업 연도 결산에 대한 조합원 총회의 승인후 지급함을 원칙으로 하되 그 2분의1의 범위 내에서 선지급할 수 있다.

(주1) 분할납부방식에 의하는 경우 제1항제1호는 다음과 같이 변경

1. 중소기업청에 등록한 날로부터 3년이 되는 날까지의 기간동안은 출자약정액의 연 2.5%에 해당하는 금액

(주2) 제1항 각호의 내용 및 제2항을 다음과 같이 변경 가능

1. 출자금 총액 중 투자잔액(매분기말 평균잔액)의 연 3%에 해당하는 금액

2. 출자금 총액 중 제1호의 투자잔액(평잔)을 제외한 미투자원금에 대하여 연 0.5%에 해당하는 금액

② 관리보수는 당해 사업 연도 결산에 대한 조합원 총회의 승인 후 지급함을 원칙으로 하나, 제1항제1호의 경우에는 그 2분의1의 범위 내에서 선지급할 수 있다.

(주3) 다음과 같이 제3항을 추가 가능

③ 법 제12조제3항의 투자의무비율을 준수한 경우 「한국증권선물거래소법」 제2조제1항의 규정에 의한 유가증권시장 및 동법 제2조제2항의 규정에 의한 코스닥시장에 상장되지 아니한 법인으로서 창업자 및 벤처기업 이외의 중소기업에 대하여 제30조제1항 각호의 방법으로 투자한 금액은 제1항제2호의 투자잔액에 이를 포함한다.

(주4) 관리보수 지급기준 및 지급방법, 지급시기는 조합원간의 합의에 따라 달리 정할 수 있음

제28조 (성과보수) ① 조합은 존속기간 중 내부수익률이 기준수익률을 초과하는 경우에는 조합원 총회의 승인을 거쳐 투자수익의 100분의 00을 업무집행조합원에게 성과보수로 지급한다. 다만, 투자수익의 100분의 00을 차감한 후의 내부수익률이 기준수익률을 초과하지 못하는 경우에는 조합원들에게 기준수익률에 해당하는 금액을 분배한 후 투자수익의 잔여분만을 성과보수로 지급한다.

② 당해 조합의 기준수익률은 ○%로 하며, 성과보수는 조합의 최종 결산 시에 지급한다.

③ 중소기업창업지원법 시행령 제15조 제2항의 규정에 의하여 업무집행조합원은 제1항에 따라 조합으로부터 지급받은 성과보수의 범위 내에서 당해 조합의 운영에 참여하여 투자수익의 발생에 기여한 대표 펀드매니저 등 임직원에게 성과급으로 지급한다.

(주) 성과보수 지급기준 및 지급방법은 조합원간의 합의에 따라 달리 정할 수 있음

제5절 조합재산의 관리와 운용

제29조 (조합재산의 관리와 운용의 원칙) ① 업무집행조합원은 조합재산을 조합재산 외의 다른 재산과는 구분하여 조합명의로 관리 운용하고, 독립회계로서 장부 등의 기록유지 및 시재점검 등의 관리를 철저히 하여야 한다.

② 업무집행조합원은 ○○을 수탁기관으로 지정하여 원칙적으로 동 기관이 조합재산을 보관 관리하도록 한다.

③ 업무집행조합원은 조합재산을 운용함에 있어서 그 투자수익을 극대화할 수 있도록 노력하여야 한다.

④ 법 제12조제4항의 규정에 의하여 조합은 조합자산을 담보로 제공하거나 동 자산을 담보로 자금을 차입할 수 없으며, 타인을 위한 보증행위를 할 수 없다.

⑤ 조합자산은 〈별표 1〉의 대표 펀드매니저의 책임 하에 운용하되, 업무집행조합원이 대표펀드매니저를 변경하고자 하는 경우에는 조합원 총회의 특별결의(또는 조합원 전원의 동의)를 거쳐야 한다.

제30조 (투자의 방법) ① 투자는 한국증권선물거래소법 제2조제1항 및 제2항의 규정에 의한 유가증권시장 또는 코스닥시장에 상장되지 아니한 법인인 창업자 또는 벤처기업이 대해 다음 각호의 1에 해당하는 방법에 의하며, 출자금 총액을 기준으로 3년이 경과한 다음날까지 50%이상을 투자하여야 한다.

1. 신규로 발행되는 주식의 인수. 다만, 상장 또는 등록을 위해 신규로 발행되는 주식의 인수는

제외한다.

2. 신규로 발행되는 무담보전환사채 또는 무담보신주인수권부사채의 인수

3. 지분의 취득. 다만, 타인의 출자지분을 취득하는 경우를 제외한다.

4. 규정 제3조의1의 규정에 의하여 창업자 및 벤처기업과의 계약에 따라 특정사업의 수행을 위해 자금을 지원하고 수익을 분배하는 방식의 투자

② 동일기업에 대한 투자한도는 출자금 총액의 100분의 20 이내로 한다. 다만, 조합원 총회의 특별결의(또는 조합원 전원의 동의)를 얻은 경우에는 출자금 총액의 100분의 00까지 할 수 있다.

③ 당해 조합의 업무집행조합원이 운영중인 다른 조합이나 업무집행조합원 자신의 재산으로 투자한 기업에는 투자하여서는 아니 된다. 다만, 기존에 투자되지 않은 기업에 대하여 같은 시기에 같은 조건으로 동시에 투자하거나, 조합원 총회의 특별결의를 얻은 경우에는 그러하지 아니하다.

④ 업무집행조합원은 근거법령의 취지에 따라 이 조합의 존속기간 내에 회수가 가능한 업체 중 높은 투자수익을 얻을 수 있다고 판단되는 업체를 심사 후 선정한다.

제31조 (미투자자산의 운용) 업무집행조합원은 본 조합의 존속기간 중 발생하는 미투자자산은 조합원의 수익이 최대한 보장되도록 효율적으로 운용하되 안정적 투자수요에 지장이 없도록 하여야 한다. 다만, 영 제12조의3의 규정에 의하여 유가증권시장 또는 코스닥시장에 상장된 주식에 출자금 총액의 100분의 5를 초과하여 사용할 수 없다.

제32조 (투자정보의 제공) 업무집행조합원은 투자기업 현황, 사업현황 및 기타 필요한 사항을 유한책임조합원에게 제공하여야 한다.

제6절 조합재산의 배분

제33조 (배분대상 재산) 조합원에게 배분하는 재산의 원천은 조합재산에서 다음 각 호의 비용과 보수 등을 공제한 잔여재산으로 하며, 각 조합원의 출자좌수에 비례하여 배분한다.

1. 제26조에서 정한 조합운영경비

2. 제28조에서 정한 업무집행조합원에 대한 성과보수

제34조 (배분원칙) ① 조합재산의 투자 등으로부터 발생하는 수익은 조합원 총회의 특별결의(또는 조합원 전원의 동의)에 따라 매 사업년도 결산 후 현금으로 분배함을 원칙으로 한다.

② 규정 제11조제3항의 규정에 따라 제30조제1항의 규정에 의한 방법으로 투자된 후 회수된 출자원금은 조합원 동의를 얻어 배분할 수 있다. 다만, 배분 후 출자원금은 10억원 이상이어야 한다.

(주1) 출자원금을 해산 전에 배분하는 경우에는, 위 각호의 사실을 증명하는 서류를 첨부하여 중소기업청에 변경등록을 신청하여야 함

(주2) 업무집행조합원에게 배분된 출자원금 중 당해 조합규약상 업무집행조합원이 우선손실충당을 하는 경우 우선손실충당에 해당하는 금액은 조합청산 시까지 별도로 관리를 하여야 하며 사용하여서는 아니 된다.

---

③ 조합 해산 시 현금화되지 못한 유가증권이 있을 경우에는 조합원 전원의 동의(또는 조합원 총회의 특별결의)에 따라 현물로 배분할 수 있다.

④ 제1항 및 제2항의 규정에 의한 분배(배분)금액 및 시기는 조합원총회의 일반결의 (또는 특별결의)로 달리 정할 수 있다.

제35조 (손실금 충당) ① 조합의 청산 시까지 제26조에 의하여 업무집행조합원에게 지급하였거나 지급하여야 할 금액을 공제한 후, 다음 각호의 금액의 합계액이 조합의 출자금 총액에 미달하는 경우에는 조합원별 출자비율에 따라 손실금을 충당한다.

1. 청산 이전에 조합원에게 지급하였거나 지급하기로 확정된 분배금
2. 제17조에(근거 수정) 의한 탈퇴 조합원에 대한 환급금
3. 제18조에 의한 제명된 조합원에 대한 환급금.
4. 청산 시에 조합원에게 배분할 재산

(주) 업무집행조합원이 손실금을 우선손실충당 하는 경우, 업무집행조합원의 출자금액 범위 내에서 충당하고, 추가적인 손실금액에 대해서는 업무집행조합원의 우선손실충당액을 제외한 각 조합원별(업무집행조합원 포함) 출자금액으로 손실금 부담비율을 재산정

---

② 제1항에서 규정한 손실금의 충당시기는 본 조합이 해산하는 때에 한한다.

제36조 (손실금 보전) ① 업무집행조합원이 조합규약과 근거법령을 위반하여 고의 또는 과실로 다른 조합원에게 손실을 발생시킨 경우에는 당해 손실금을 손실 발생일로부터 1년 이내에 업무집행조합원이 보전하여야 한다.

② 제1항의 손실금이라 함은 업무집행조합원의 부당행위로 인하여 조합재산의 실질가액이 감소한 경우 그 감소한 금액을 말하며, 손실금 원금과 법정이자가 포함된다.

제7절 회 계

제37조 (사업연도) 조합의 사업연도는 매년 1월 1일부터 12월 31까지로 한다. 다만, 최초의 사업연도는 중소기업청에 등록한 날로부터 당해년도 12월 31일까지로 하며, 마지막 사업 연도는 1월 1일부터 조합의 존속기간이 만료되는 날까지로 한다.

제38조 (회계원칙) 조합의 회계처리는 본 규약에서 달리 정함이 있는 경우를 제외하고는 기업회계기준 및 일반 회계 관습에 따른다.

제39조 (투자유가증권의 평가) ① 조합 존속기간 중 투자유가증권의 장부가액은 취득가격에 부대비용을 합한 금액으로 한다.
② 투자유가증권의 평가는 공개시장에서 가격이 형성된 증권의 경우에는 조합의 해산결의 직전일 종가에 의하고, 공개되지 아니한 유가증권일 경우에는 조합원 총회의 특별결의(또는 조합원 전원의 동의)에 의하여 결정한 평가방법에 따라 전문평가기관이 평가한 가격을 유가증권의 최종적인 평가액으로 확정한다.

> (주) 공개되지 아니한 유가증권의 평가방법으로는 유가증권의발행및공시등에관한규정시행세칙 제5조 내지 제7조에 따라 평가하는 방법, 상속세및증여세법 제63조에 의하여 평가하는 방법 등이 있음

제40조 (회계보고 등) ① 업무집행조합원은 매 사업 연도 종료 후 90일 이내에 당해 사업 연도에 관한 대차대조표, 손익계산서 및 부속명세서를 작성하고, 회계감사인의 감사보고서와 함께 정기 조합원총회에 보고하여야 한다.
② 업무집행조합원은 조합원총회 개최 후 30일 이내에 제1항의 회계서류를 각 조합원에게 송부하여야 한다.

제41조 (회계장부 등의 열람) 유한책임조합원은 업무집행조합원에게 회계장부 , 조합재산 현황 등에 관한 자료에 대하여 열람 복사를 요구할 수 있으며, 업무집행조합원은 특별한 사유가 없는 한 이에 응하여야 한다.

제8절 해산 및 청산

제42조 (해산) ① 조합은 본 규약에 따라 연장되지 않는 한 조합 존속기간 만료 시에 해산한다. 다만, 다음 각 호의 1에 해당되는 경우에는 존속기간 만료 전에 해산할 수 있다.

1. 창업투자조합의 결성목적이 달성되었다고 조합원 전원이 동의하는 경우

2. 유한책임조합원 전원이 탈퇴한 때

3. 업무집행조합원이 탈퇴한 때

4. 업무집행조합원인 창업투자회사의 등록의 말소

5. 업무집행조합원인 창업투자회사의 등록의 취소, 합병, 파산 기타 다른 사유로 업무수행을 계속하기가 곤란한 경우

6. 조합자산이 잠식되거나 기타의 사유가 발생하여 중소기업청장이 조합원의 보호 등을 위하여 필요하다고 인정하는 경우로서 조합원 총수 및 조합 총 출자좌수의 각 과반수의 동의를 얻은 경우

② 창업투자조합에 제1항제3호 내지 제5호에 해당하는 사유가 발생한 때에는 유한책임조합원은 전원의 동의로 당해 사유가 발생한 날부터 3월 이내에 업무집행조합원을 가입하게 하여 창업투자조합을 계속할 수 있다. 이 경우 조합의 존속기간은 잔여기간으로 한다.

제43조 (청산인) 조합이 해산하는 때에는 업무집행조합원이 청산인이 된다. 다만, 업무집행조합원의 정상적인 청산업무의 수행이 불가능할 경우에는 조합원총회의 특별결의에 따라 청산인을 별도로 선임할 수 있으며, 보수를 지급할 수 있다.

제44조 (청산인의 직무와 권한) ① 청산인의 직무는 다음과 같다.

1. 조합사무의 종결 및 투자유가증권의 처분

2. 채권의 추심 및 채무의 변제

3. 잔여재산의 분배

4. 제1호 내지 제3호에 부대되는 일체의 업무

② 청산인은 제1항의 직무를 이행하기 위하여 필요한 재판상 및 재판 이외의 모든 행위를 할 수 있다.

제45조 (청산인의 의무와 책임) 청산인이 청산인의 직무를 이행함에 있어서는 관련 법규를 준수하고, 조합의 이익을 위해 선량한 관리자로서의 주의의무를 다하여야 한다.

제46조 (청산의 절차) ① 청산인은 취임 후 지체 없이 재산목록 및 대차대조표를 작성하고 재산의 처분계획을 수립하여 이를 각 조합원에게 송부한다.

② 청산인은 조합의 채무를 변제한 후가 아니면 조합재산을 배분하지 못한다. 다만, 조합의 채무에 대하여 분쟁이 있는 경우에는 그 변제에 필요한 재산을 유보하고 잔여재산을 배분할 수 있다.

제9절 보 칙

제47조 (규약의 일부 실효) ① 본 규약의 일부 규정이 근거법령의 개폐 등 기타 사유로 효력을 잃게 된 경우에도 그로 인하여 본 규약의 다른 규정은 영향을 받지 아니한다.

② 제1항의 규정에 의하여 규약의 일부 규정이 효력을 잃게 되어 본 규약의 실행에 지장이 있는 경우에는 근거법령 또는 조합원 총회의 결의에 따라 본 규약을 변경하는 것으로 한다.

제48조 (규약의 해석 및 보충) 본 규약의 해석상 이의가 있는 사항 또는 본 규약에서 정하지 아니한 사항은 근거법령 및 관계법령과 일반적으로 확립된 관행에 따라 해석하고 보충한다.

제49조(조합원 합의) 본 규약은 조합에 관하여 조합원들 간의 최종적인 합의이며, 이 규약의 효력 발생일 이전에 조합에 관하여 조합원들 간에 행해진 모든 서면 또는 구두의 합의, 양해 및 보장 등은 이 규약의 발효에 의하여 효력을 상실하며 본 규약으로 대체된다.

제50조 (규약의 유효기간) 본 규약은 조합이 중소기업청에 등록한 날로부터 조합재산이 완전히 청산될 때까지 유효하다.

제51조 (통지) ① 본 규약에 따른 모든 통지는 서면으로 하며, 우편, 직접교부, 팩시밀리 기타 일반적으로 인정된 방법에 의한다.

② 제1항에 의한 통지의 효력발생은 원칙적으로는 우편의 경우 발송일로부터 5일 후, 직접 교부 시는 교부일에, 팩시밀리의 경우는 전송시점으로부터 24시간 후에 수령된 것으로 본다. 다만, 조합원 전원의 동의로 통지의 효력발생시점을 달리 정할 수 있다.

③ 업무집행조합원에 대한 통지는 별도의 변경 통지가 없는 한, 아래의 업무집행조합원의 사무소로 하여야 한다.

```
주    소:
우편번호:
전    화:
F  A  X:
전자우편:
```

제52조(외국인 조합원에 대한 특칙) ① 외국인조합원은 필요하다면 외국인투자촉진법 등 관계법령에 의한 인가, 허가, 신고 등의 요건을 갖추어야 한다.

② 외국인인 조합원은 조합 및 조합원에게 적용되는 대한민국의 관계법령을 준수하여야 한다.

③ 이 규약 또는 이 규약에 의하여 작성되는 서류가 한국어와 한국어 이외의 언어로 작성된 경우에 양자간 모순 또는 상위가 있을 때에는 ○○어로 작성된 규약 또는 서류가 우선한다.

제53조(기타 특약사항)

부 칙

제1조 (시행일) 이 규약은 고시한 날로부터 시행한다.

제2조 (다른 고시의 폐지) 한국벤처투자조합에출자할수있는법인의자본금에관한기준(고시 제2002-24호)은 이를 폐지한다.

〈별표 1: 당해 펀드를 운영하는 펀드매니저〉

대표 펀드매니저 인적사항

성명(국문):
성명(영문):
주민등록번호:
주　소:
연락처:
주요이력 및 경력 :

일반 펀드매니저 인적사항

성명(국문):
성명(영문):
주민등록번호:
주　소:
연락처:
주요이력 및 경력:

* 조합규약에 기재되어 실제적으로 펀드를 운영하는 대표 펀드매니저 또는 일반 펀드매니저에
  한하여 향후 벤처캐피탈이력관리에 반영시킬 계획임

〈별표 2〉

조 합 원 서 명 란

업무집행조합원
성명:
대표이사
주소:
출자좌수:

유한책임조합원   유한책임조합원
성명: 성명:
주소: 주소:
출자좌수: 출자좌수:
유한책임조합원   유한책임조합원
성명: 성명:
주소: 주소:
출자좌수: 출자좌수:
유한책임조합원   유한책임조합원
성명: 성명:
주소: 주소:
출자좌수: 출자좌수:
유한책임조합원   유한책임조합원
성명: 성명:
주소: 주소:
출자좌수: 출자좌수:

〈별표 3〉 - 조합원별 일괄 서명이 어려운 경우

조 합 원 동 의 서

　본인은 ○○조합의 규약과 사업계획의 내용을 충분히 숙지하고 이에 동의하는 바, 본 규약을 수락하고 동의서에 기명날인합니다.

년　　월　　일

성명(상호):　　　　　　　　　　(인감날인 또는 서명)

주민등록번호(사업자등록번호):

주　소:

연락처:

출자좌수:　　　좌

○　○조합

업무집행조합원 ○　○주식회사

대표이사 ○　○ 귀하

개인투자조합표준규약

중소기업청 고시 제2001 – 11호(2001. 5. 24)

제1장 총 칙

제1조 **(목적)** 본 조합은 유망한 벤처기업에 투자하여 경쟁력있는 기업으로 육성함으로써 국가경제발전에 기여하고, 조합의 효율적인 운영 관리를 통하여 수익을 극대화하여 조합원들에게 이익을 분배함을 목적으로 한다.

제2조 **(명칭 및 소재지)** ① 본 조합의 명칭은 『○○개인(엔젤)투자조합』(이하 "조합" 이라 한다)이라 한다.

② 본 조합의 사무소는 『○○시 ○○구 ○○동 ○○번지 』에 둔다.

제3조 **(조합의 성립 시기)** 본 조합은 중소기업청장으로부터 조합등록 등본을 받은 날로부터 성립한다.

제4조 **(용어의 정의)** 본 규약에서 사용하는 용어의 정의는 다음 각호의 1과 같다.

1. **"출자"**라 함은 조합에 출자금을 납입하고 출자지분을 취득하는 것을 말한다.

2. **"출자지분"**이라 함은 조합원이 조합재산에 대하여 갖는 공동소유의 비율을 말한다.

3. **"출자증서"**라 함은 조합원의 출자금을 증명하고 그 권리행사를 위한 재산권을 표시하는 증서로서, 본 규약이 정하는 바에 따라 업무집행조합원이 발행 교부하는 증서를 말한다.

4. **"조합원"**이라 함은 조합에 출자하고 그 출자지분에 따라 출자증서를 교부 받은 자로서 업무집행조합원과 일반조합원으로 구성한다.

5. **"조합재산"**이라 함은 조합원이 조합에 출자한 출자금 및 이를 운용하여 취득한 권리, 현금 및 기타 재산으로서 조합에 귀속되는 일체의 재산을 말한다.

6. **"투자업체"**라 함은 조합에서 투자한 벤처기업을 말한다.

7. **"투자유가증권"**이라 함은 투자업체가 발행한 주권과 사채권, 기타 유가증권으로서 조합이 투자한 대가로 취득한 것을 말한다.

8. **"투자수익"**이라 함은 규정에 의하여 투자업체에 투자하여 발생한 수익을 말한다.

9. **"운용수익"**이라 함은 투자되지 아니한 조합재산을 운용하여 발생한 모든 수익을 말한다.

10. **"총수익"**이라 함은 투자수익과 운용수익의 합계를 말한다.

11. **"총수익률"**이라 함은 조합의 존속기간 중 모든 조합원에게 분배하였거나 분배할 금액의 합계액에서 업무집행조합원에게 지급된 관리보수 합계액을 차감한 금액을 출자금 총액으로 나눈 백분율을 연간 복리로 환산한 율(IRR)을 말한다.

12. **"회계감사인"**이라 함은 조합재산의 운용상황에 대한 감사 및 결산보고 등을 실시하기 위하여 업무집행조합원이 선임한 공인회계사 등을 말한다.

13. **"일반결의"**라 함은 총 출자좌수의 2분의 1 이상에 해당하는 조합원이 출석하고, 출석한 조합원의 총 출자좌수의 2분의 1 이상에 해당하는 출자좌수를 가진 조합원의 찬성을 얻는 것을 말한다.

14. **"특별결의"**라 함은 총 출자좌수의 3분의 2 이상과 조합원 총수의 3분의 2 이상의 찬성을 얻는 것을 말한다.

제5조 **(관계법령의 준수)** ①조합의 결성과 운영에 관하여는 벤처기업육성에관한특별조치법 시행령 개인투자조합등록및투자확인서발급규정(이하 "근거법령"이라 한다)과 기타 관계법령을 준수하여야 한다.

② 근거법령의 개정으로 변경된 내용이 본 규약이 정한 바와 상충될 경우에는 근거법령이 우선 적용된다.

제6조 **(규약의 변경)** 본 규약은 총 출자좌수의 2분의 1 이상에 해당하는 조합원 또는 업무집행조합원의 발의에 따라 제20조의 규정에 의한 조합원총회의 특별결의를 얻어 변경할 수 있다.

제7조 **(소송의 관할)** 본 규약에 관한 분쟁 및 조합에 관한 소송이 발생하는 경우에는 제2조에서 정한 소재지를 관할하는 지방법원을 전속관할로 한다

제2장 출 자

제8조 **(출자)** ①출자 1좌의 금액은 금 (₩)정으로 한다.

② 조합 성립시의 출자금 총액은 금 (₩)정으로 한다.

③ 조합의 출자금 총액은 근거법령에서 정하는 바에 따라 조합원총회의 특별결의를 얻어 증액시킬 수 있다.

제9조 **(출자금 구성)** 출자자별 출자금 구성은 다음 각호와 같다.

1. 업무집행조합원: 금 (₩)정

2. 일반조합원: 금 (₩)정

제10조 **(출자방법)** ①조합에 출자하고자 하는 자는 출자신청서를 업무집행조합원에게 제출하고, 출자금은 조합명의로 개설된 금융기관의 입금통장에 납입하여야 한다.

② 출자는 현금으로 한다.

제11조 **(출자증서의 교부)** ①업무집행조합원은 제10조에 의하여 출자를 이행한 조합원에 대하여 제15조에 의한 결성총회일로부터 1개월 이내에 다음 각호의 사항을 기재하고 업무집행조합원이 기명 날인한 출자증서를 발행 교부하여야 한다.

1. 조합의 명칭 및 출자증서 번호

2. 조합원의 성명 주민등록번호 및 주소

3. 조합의 출자금 총액 및 총 출자좌수

4. 조합원의 출자금액 및 출자좌수

② 출자증서는 기명식으로 하고 이를 양도 또는 매매하거나 담보로 제공하지 못한다.

③ 출자증서를 분실하거나 훼손한 경우에는 제권판결을 받지 아니하면 재발행하지 아니한다.

제3장 조합원과 조합원총회

제12조 (**조합원의 자격**) ①조합에 1좌 이상을 출자함으로써 조합원의 자격을 취득한다.

② 본 규약이 어떤 조합원과의 관계에서 무효로 되거나 또는 취소되는 경우에도 타 조합원과의 관계에는 영향을 끼치지 아니한다.

③ 조합결성시 최초에 소정의 가입절차를 밟은 자 이외에는 새로이 조합원이 될 수 없다. 다만, 제17조의 규정에 의한 조합원지위의 승계에 의한 경우는 예외로 한다.

제13조 (**조합원의 구성**) 조합을 구성하는 조합원은 다음 각호와 같다.

1. 업무집행조합원: 출자지분이 출자금 총액의 100분의 5 이상이고 조합원 중에서 선임된 자

2. 일반조합원: 업무집행조합원을 제외한 개인

제14조 (**조합의 존속기간**) ①조합의 존속기간은 중소기업청장으로부터 조합설립 등본을 교부받은 날로부터 ○○년 ○월 ○일까지로(5년 이상) 한다.

② 조합의 존속기간이 만료되는 경우에도 미처분 투자유가증권이 남아있거나 기간을 연장하는 것이 조합원 전체의 이익에 부합되는 경우에는 조합원총회의 특별결의를 통하여 ○년 이내의 기간을 정하여 연장할 수 있다.

③ 제1항 및 제2항의 규정에도 불구하고 조합의 존속기간 만료 후에도 조합은 청산의 목적범위 내에서 존속하는 것으로 한다.

④ 납입이 완료된 출자금은 조합의 존속기간 중 조합원에게 반환하지 아니한다.

제15조 (**결성총회**) ①결성총회에서는 다음 각호의 사항을 결의한다.

1. 본 규약의 승인

2. 사업계획의 승인

② 결성총회에서의 결의는 특별결의로 하며, 출자자는 대리인으로 하여금 그 의결권을 행사하게 할 수 있으며, 이 경우 대리인은 대리권이 있음을 문서로서 증명해야 한다.

제16조 (**조합원의 권리와 의무**) ①조합원은 그 출자좌수와 본 규약에 따라 다음 각호의 권리를 가진다.

1. 조합원총회에 참석하여 의결권을 행사하는 권리

2. 조합재산을 본 규약이 정한 바에 따라 배분받을 권리

3. 기타 관련법령 및 본 규약에 의한 권리

② 조합원은 다음 각호의 의무를 진다.

1. 조합원의 자격으로 지득한 내용을 조합의 운용기간 중 또는 조합의 운용종료 후 2년 이내에 조합원 이외의 제3자에게 누설하지 않을 의무

2. 기타 조합재산의 관리 운용에 저해되거나 악영향을 끼치는 행위를 하지 않을 의무

③ 조합원은 출자좌수에 비례하여 조합원으로서의 권리와 의무를 가진다.

제17조 (**조합원지위의 변동**) 조합원이 사망한 경우에는 그 상속인이 조합원의 지위를 승계한다.

제18조 (**조합원의 제명**) ①업무집행조합원은 조합원이 다음 각호의 1에 해당하는 행위를 한 때에는 당해 조합원을 제외한 다른 조합원 전원의 동의를 얻어 당해 조합원을 제명할 수 있다.

1. 정당한 사유없이 업무를 방해하거나 조합운영에 중대한 악영향을 끼치는 행위

2. 기타 조합의 정상적인 운영에 지장을 초래하는 중대한 의무 불이행 행위

② 제명된 조합원에 대한 출자금 환급은 본 조합 해산시까지 이를 유보한다.

제19조 (**조합원의 변동사항에 관한 통지의무**) 조합원은 주소, 연락처 등 개인신상에 관한 사항이 변동되었을 경우, 즉시 업무집행조합원에게 서면 또는 전화, 전자우편 등의 방법으로 통지하여야 한다. 통지의무를 지체함으로 인해 발생된 손해에 대해서는 조합원 본인이 책임진다.

제20조 (**조합원총회**) ①조합원총회는 정기총회와 임시총회로 구분한다.

② 조합원총회는 조합운영에 관한 다음 각호의 사항을 의결한다.

1. 조합의 결산

2. 규약의 변경

3. 조합원의 제명

4. 조합의 해산 및 청산

5. 조합의 존속기간의 연장

6. 출자금 총액의 증액

7. 조합의 회계감사인 선임

8. 기타 본 규약에서 정하지 아니한 중요한 사항

제21조 (**조합원총회의 소집 및 운영**) ①정기총회는 사업년도 종료 후 90일 이내에 업무집행조합원이 소집한다.

② 임시총회는 총 출자좌수의 3분의 1에 해당하는 조합원의 요구가 있거나 업무집행조합원이 필요하다고 인정할 경우 업무집행조합원이 소집한다.

③조합원총회의 소집통지는 전 조합원에게 서면으로 하되, 총회일 전 14일까지 도달하여야 한

다. 다만, 필요한 경우 전화 팩스 전자우편 등의 방법으로 통지할 수 있다.

③ 조합원총회의 의장은 업무집행조합원으로 한다.

④ 조합원총회의 결의는 본 규약에서 별도로 결의방법을 정하고 있는 경우를 제외하고는 일반 결의에 의한다.

⑤ 조합원총회에서의 조합원의 의결권은 출자 1좌당 1개로 하되, 의결권의 불통일 행사는 허용하지 아니한다.

⑥ 조합원은 대리인으로 하여금 그 의결권을 행사하게 할 수 있으며, 이 경우 대리인은 대리권이 있음을 문서로써 증명해야 한다.

⑦ 조합원총회의 의사에 관하여는 업무집행조합원의 책임하에 의사록을 작성하여야 하며, 의사록에는 의사의 진행내용과 그 결과를 기록하고 업무집행조합원과 총회출석 조합원의 과반수 이상이 날인한 후 조합의 청산완료시까지 주된 사무소에 비치하여야 한다.

제22조 (**조합원의 감사**) 일반조합원은 제40조에서 정한 자료를 수령한 후 25일 이내에 업무집행조합원에게 서면으로 본 조합의 재산현황 및 업무집행현황에 대하여 질문할 수 있으며, 이에 대하여 업무집행조합원은 질문을 받는 날로부터 14일 이내에 서면으로 당해 질문에 답변하여야 한다.

제4장 조합의 운영

제23조 (**업무집행조합원의 권한과 의무**) ①업무집행조합원은 조합원을 대리하여 조합의 명의로 다음 각호의 업무를 수행하고, 조합에 관한 재판상 또는 재판 이외의 모든 행위에 대하여 조합을 대표한다.

1. 조합재산의 관리 운영
2. 투자대상 기업의 선정 및 투자
3. 투자업체의 육성 지원과 투자유가증권에 관한 권리의 행사
4. 출자증서의 발행 및 교부
5. 조합재산의 배분
6. 회계장부 및 기타 회계에 관한 기록의 작성 유지 및 보관 등 조합의 회계처리
7. 조합운영과 관련하여 발생한 비용과 보수의 지급 등 조합채무의 변제
8. 제1호 내지 제7호에 부수되는 업무로서 조합의 목적을 달성하기 위하여 필요한 사항 및 기타 본 규약에서 정하는 업무

② 업무집행조합원은 관계법령을 준수하여야 하며, 조합의 업무집행에 있어서 조합원의 이익을 위해 선량한 관리자로서의 주의의무를 다하여야 한다.

③ 업무집행조합원은 조합에 관한 법률행위를 함에 있어서 조합인감을 사용하여야한다.

제24조 (**조합원의 책임**) ①업무집행조합원을 제외한 조합원은 조합의 업무에 관하여 출자한 금액의 범위 내에서 책임을 진다.

② 업무집행조합원은 고의 또는 중과실이 없는 한 조합업무의 집행으로 발생한 손해에 대하여 책임을 지지 아니한다.

제25조 (**조합운영비용**) ①조합의 업무집행과 관련하여 발생하는 다음 각호의 비용은 조합의 부담으로 한다.

1. 조합재산에 속하는 유가증권의 취득 및 처분에 관한 비용

2. 조합의 업무집행과 관련한 소송비용

3. 조합의 청산에 관한 비용

4. 회계감사 및 법률고문 수수료

5. 기타 조합결성 및 운영과 관련한 비용으로 조합원총회의 일반결의를 얻은 경우

② 제1항을 제외한 업무집행에 관한 비용은 업무집행조합원의 비용으로 한다.

③ 업무집행조합원이 조합의 업무집행과 관련하여 조합이 부담할 비용을 지출한 경우에는 조합에 대하여 그 상환을 청구할 수 있다.

제26조 (**관리보수**) ①조합은 존속기간 중 업무집행조합원에게 ○○【지급기준】을 관리보수로 지급한다.

② 관리보수는 ○○【지급시기】에 지급함을 원칙으로 한다.

(주1) 관리보수 지급기준과 지급시기는 업무집행조합원이 조합원과의 합의에 따라 정하며, 일정부분을 선지급하도록 규정할 수 있음

(주2) 관리보수 지급기준(예시)

- 예1: 존속기간 중 총결성금액 중 투자잔액(평균잔액)의 3%와 미투자자산(평균잔액)의 0.5%를 매년 지급

* 평균잔액 산정시점은 매분기말, 매반기말, 매년말 등 다양하게 설정가능

- 예2: 존속기간 중 조합 총결성금액의 2.5%를 매년 지급 등

* 지급비율은 조합원 합의로 조정 가능

제27조 (**성과보수**) ①조합은 존속기간 중 총수익률이 ○%【기준수익률】이상인 경우에는 조합원총회의 승인을 거쳐 총수익에서 이 규약에서 정한 조합운영경비를 공제한 후 초과수익의 ○%를 업무집행조합원에게 성과보수로 지급한다.

② 성과보수는 조합의 최종 결산시에 지급한다.

> (주1) 성과보수의 지급기준 및 지급방법은 조합총회에서 다르게 정할 수 있음
>
> (주2) 초과수익 = 총수익 － 기준수익
>
> (주3) 기준수익: 출자금 총액에 대하여 조합의 존속기간 중 기준수익률로 복리적용한 수익의 합계

제5장 조합재산의 관리와 운용

제28조 (**조합재산의 귀속**) 조합재산은 조합원의 합유로 하고 조합재산에 대한 각 조합원의 출자지분은 그 출자좌수에 의한다.

제29조 (**조합재산의 관리와 운용의 원칙**) ①업무집행조합원은 조합재산을 다른 재산과 구분하여 조합명의로 관리 운용하고, 독립회계로서 장부의 기록유지 및 시재점검 등 관리에 충실하여야 한다.

② 업무집행조합원은 조합재산을 운용함에 있어서 그 투자수익을 극대화할 수 있도록 노력하여야 한다.

③ 조합은 조합자산을 담보 보증 차입 등의 용도로 사용할 수 없다.

제30조 (**투자의 방법**) ①투자는 투자업체가 새로이 발행하는 주식 전환사채 또는 신주인수권부사채의 인수 등의 방법에 의한다.

② 업무집행조합원은 조합의 존속기간 내에 높은 투자수익을 얻을 수 있다고 판단되는 투자업체를 심사 후 선정한다.

③ 투자업체를 선정하기 위하여 일반조합원 ○인 이상으로 구성되는 자체 운영위원회의 심사를 거쳐야 한다.

> (주) 업무집행조합원은 조합원과의 합의 등에 따라 제1항 내지 제3항의 규정 이외에도 조합재산의 운용에 관한 기준을 추가하여 규정할 수 있음

제31조 (**미투자자산의 운용**) 업무집행조합원은 본 조합의 존속기간 중 조합자산을 운용함에 있어서 안정적 투자수요에 지장이 없도록 벤처기업에 투자되지 아니한 조합자산에 대하여는 은행법에 의한 금융기관에 예치하거나 국 공채를 매입하는 등의 방법으로 이를 운용하여야 한다.

제32조 (**투자보고회**) 업무집행조합원은 연 ○회 이상 전체 조합원을 대상으로 투자보고회를 개최하여 투자기업 현황, 사업현황 및 기타 필요하다고 생각하는 사항을 투자보고서로 작성하여 설명하여야 한다.

제6장 조합재산의 배분

제33조 (**배분대상 재산**) 조합원에게 배분하는 재산의 원천은 조합재산에서 다음 각호의 비용과 보수 등을 공제한 잔여재산으로 한다.

1. 제28조에서 정한 조합운용비용

2. 제29조에서 정한 업무집행조합원에 대한 관리보수

3. 제30조에서 정한 업무집행조합원에 대한 성과보수

제34조 (**배분원칙**) ①조합자산의 배분은 조합해산시 각 조합원의 출자좌수에 비례하여 현금으로 함을 원칙으로 한다.

② 조합 해산시까지 현금화되지 못한 유가증권이 있을 경우에는 현물로 배분할 수 있다.

제35조 (**손실금 충당**) ①조합의 청산시까지 제25조 및 제26조에 의하여 업무집행조합원에게 지급하였거나 지급하기로 확정된 보수를 제외하고, 청산 이전에 조합원에게 지급하였거나 지급하기로 확정된 배분금 및 제명 조합원에 대한 환급금과 청산시에 조합원에게 배분할 재산의 합계액이 조합의 출자금 총액에 미달하는 경우에는 업무집행조합원의 출자금에서 우선 충당한다.

② 전항의 규정에 의하여 손실금을 충당한 후에도 잔여 손실금이 있을 때에는 일반조합원별로 출자비율에 따라 충당한다.

③ 제1항 및 제2항에서 규정한 손실금의 충당시기는 본 조합이 해산하는 때에 한한다.

제36조 (**손실금 보전**) ①업무집행조합원이 조합규약과 관계법령을 위반하여 고의 또는 중과실로 다른 조합원에게 손실을 발생시킨 경우에는 당해 손실금을 손실 발생일로부터 6월 이내에 업무집행조합원이 보전하여야 한다.

② 제1항의 손실금이라 함은 업무집행조합원의 부당행위로 인하여 조합재산의 실질가액이 감소한 경우 그 감소한 금액을 말한다.

제7장 회 계

제37조 (**사업년도**) 조합의 사업년도는 매년 1월 1일부터 12월 31까지로 한다. 다만, 최초의 사업년도는 중소기업청장으로부터 조합설립 등본을 교부 받은 날로부터 당해년도 12월 31일까지로 하며, 마지막 사업년도는 1월 1일부터 조합의 존속기간이 만료되는 날까지로 한다.

제38조 (**회계원칙**) 조합의 회계처리는 본 규약에서 달리 정함이 있는 경우를 제외하고는 기업회계기준 및 일반 회계관습에 따른다.

제39조 (**투자유가증권의 평가**) ①조합의 투자유가증권의 장부가액은 취득가격에 부대비용을 합한 금액으로 한다.

② 조합의 미처분 투자유가증권의 평가는 증권거래법에 의한 유가증권 분석에 관한 기준에 따라

전문평가기관 또는 회계감사인이 "유가증권 분석에 관한 기준"에 따라 평가하는 가격으로 한다.

제40조 (**회계보고 등**) ①업무집행조합원은 매 사업년도 종료 후 60일 이내에 당해 사업년도에 관한 대차대조표, 손익계산서 및 부속명세서를 작성하고, 회계감사결과에 대해 신뢰성과 공신력을 갖춘 것으로 인정되는 회계감사인의 감사보고서와 함께 정기총회에 보고하여야 한다.

② 업무집행조합원은 총회에 참석하지 못한 조합원을 위하여 조합원총회 개최 후 30일 이내에 제1항의 회계서류를 미참석조합원에게 송부하여야 한다.

제41조 (**회계장부 등의 열람**) 조합원은 업무집행조합원의 통상 업무시간 내에 한하여 회계장부 및 기록의 열람을 요구하거나 업무집행상황에 관하여 자료를 요구할 수 있으며, 업무집행조합원은 특별한 사유가 없는 한 이에 응하여야 한다.

제8장 해산 및 청산

제42조 (**해산**) 조합은 본 규약에 따라 연장되지 않는 한 조합 존속기간 만료시에 해산한다. 다만, 다음 각호의 1에 해당되는 경우에는 존속기간 만료 전에 해산할 수 있다.

1. 근거법령에 의한 조합의 결성목적이 달성되었다고 조합원 전원의 동의가 있는 경우

2. 일반조합원 전원이 탈퇴한 때

3. 업무집행조합원이 탈퇴한 때 (단, 업무집행조합원이 탈퇴한 경우라 하더라도 동 사유가 발생한 날로부터 30일 이내에 일반조합원 전원의 동의에 의해 새로운 업무집행조합원을 선정한 경우에는 그러하지 아니한다.)

4. 조합원간의 불화 발생시 조합원 총수 및 조합 총 출자좌수의 각 3분의 2의 동의를 얻은 경우

제43조 (**청산인**) 조합이 해산하는 때에는 업무집행조합원이 청산인이 된다. 다만, 업무집행조합원의 사임, 해임, 또는 탈퇴 등으로 인하여 정상적인 청산업무의 수행이 불가능할 경우에는 조합원총회의 특별결의에 따라 청산인을 별도로 선임할 수 있다.

제44조 (**청산인의 직무와 권한**) ①청산인의 직무는 다음과 같다.

1. 조합사무의 종결 및 투자유가증권의 처분

2. 채권의 추심 및 채무의 변제

3. 잔여재산의 분배

4. 제1호 내지 제3호에 부대되는 일체의 업무

② 청산인은 제1항의 직무를 이행하기 위하여 필요한 재판상 및 재판 이외의 모든 행위를 할 수 있다.

③ 청산인은 청산의 직무를 이행함에 있어 관련 법규를 준수하고 선량한 관리자의 주의의무를 다하여야 한다.

제45조 (**청산인의 의무와 책임**) 청산인이 제44조의 청산사무를 처리함에 있어서는 제23조제2

항을 준용한다.

제46조 (**청산인의 보수**) 업무집행조합원이 아닌 자가 청산인이 된 경우에는 보수를 지급한다. 이 경우 지급할 보수는 조합원 총회의 일반결의로 결정한다.

제47조 (**청산의 절차**) ①청산인은 취임 후 지체없이 재산목록 및 대차대조표를 작성하고 재산의 처분계획을 수립하여 이를 각 조합원에게 송부한다.

② 청산인은 조합의 채무를 변제한 후가 아니면 조합재산을 배분하지 못한다. 다만, 조합의 채무에 대하여 분쟁이 있는 경우에는 그 변제에 필요한 재산을 유보하고 잔여재산을 배분할 수 있다.

제9장 보 칙

제48조 (**규약의 일부 실효**) ①본 규약의 일부 규정이 관계법령의 개폐 등의 사유로 효력을 잃게 된 경우에도 타 규정의 효력에는 영향을 미치지 아니한다.

② 제1항의 규정에 의하여 규약의 일부 규정이 효력을 잃게 된 경우, 조합원총회의 결의로 규약이 변경된 것으로 본다.

제49조 (**규약의 해석 및 보충**) 본 규약의 해석상 이의가 있는 사항 또는 본 규약에서 정하지 아니한 사항은 관계법령과 일반적으로 확립된 관행에 따라 해석하고 보충한다.

제50조(**조합원 합의**) 본 규약은 조합에 관하여 조합원들간의 최종적인 합의이며, 이 규약의 효력발생일 이전에 조합에 관하여 조합원들간에 행해진 모든 서면 또는 구두의 합의, 양해 및 보장 등은 이 규약의 발효에 의하여 효력을 상실하며 본 규약으로 대체된다.

제51조 (**규약의 유효기간**) 본 규약은 조합이 중소기업청장으로부터 조합설립 등본을 교부 받은 날로부터 조합재산이 완전히 청산될 때까지 유효하다.

제52조 (**통지**) ①본 규약에 따른 모든 통지는 서면으로 하며, 우편, 직접 교부, 팩스 등의 방법에 의한다.

② 제1항에 의한 통지는 우편의 경우 발송일로부터 5일 후, 직접 교부시는 교부일에, 전자우편 및 팩스 등의 경우는 발송시점으로부터 24시간 후에 수령된 것으로 본다.

③ 업무집행조합원에 대한 통지는 별도의 변경 통지가 없는 한, 아래의 조합의 주된 사무소로 하여야 한다.

주   소:

우편번호:

전   화:

F A X:

전자우편:

부 칙

제1조 (시행일) 이 규약은 ○년 ○월 ○일부터 시행한다.

〈별지 1〉

조 합 원 서 명 란

업무집행조합원

성 명:

주 소:

출자좌수:

일반조합원

성 명:

주 소:

출자좌수:

일반조합원

성 명:

주 소:

출자좌수:

일반조합원

성 명:

주 소:

출자좌수:

일반조합원

성 명:

주 소:

출자좌수:

〈별지 2〉 - 조합원별 일괄 서명이 어려운 경우

조 합 원 동 의 서

  본인은 ○○조합의 규약과 사업계획의 내용을 충분히 숙지하고 이에 동의하는 바, 본 규약을 수락하고 동의서에 날인합니다.

년   월   일

성 명: □ (등록인감날인)
주민등록번호 :
주 소:
연락처:
출자좌수:　좌

○ ○ 개인(엔젤)투자조합
업무집행조합원
○ ○ 귀하

미국 벤처캐피탈 투자대상 회사의 IPO 및 M&A 현황

U.S. Venture-Backed IPOs, 1999-4Q'2006

Number of IPOs

Industry Group	Industry Segment	1999 Total	2000 Total	2001 Total	2002 Total	2003 Total	2004 Total	2005 Total	2006 Total
Business/Consumer/Retail	Consumer & Business Products		2				1	1	
	Consumer & Business Services	34	27		4	2	7	5	4
	Media, Content & Information	11	2				1		
	Retailers	21	5	1	2	2	2	2	
Business/Consumer/Retail Total		67	36	1	6	4	11	8	4
Healthcare	Biopharmaceuticals	6	44	3	2	7	26	13	20
	Healthcare Services	1		3	2	1			
	Medical Devices & Equipment	2	10	4	3		12	7	6
	Medical Software & Information Services	6	4	1	1		1	1	2
Healthcare Total		15	58	11	8	8	39	21	28
Information Technology	Communications & Networking	50	35	2		3	2	3	5
	Electronics & Computer Hardware	4	7		1	1		1	1
	Information Services	34	6	1	2		4		5
	Semiconductors	7	10	3		3	7	4	2
	Software	71	47	4	3	3	4	3	7
Information Technology Total		166	105	10	6	10	17	11	20
Other		2	3			1		2	4
Grand Total		250	202	22	20	23	67	42	56

Amount Raised ($M)

Industry Group	Industry Segment	1999 Total	2000 Total	2001 Total	2002 Total	2003 Total	2004 Total	2005 Total	2006 Total
Business/Consumer/Retail	Consumer & Business Products	$91.40	$178.45				$40.00	$123.50	
	Consumer & Business Services	$2,629.45	$2,412.30		$418.68	$141.60	$456.14	$339.73	$246.64
	Media, Content & Information	$706.40	$112.91				$41.85		
	Retailers	$1,846.59	$749.25	$16.00	$126.36	$70.80	$72.89	$70.13	
Business/Consumer/Retail Total		$5,273.84	$3,452.91	$16.00	$545.04	$212.40	$610.88	$533.36	$246.64
Healthcare	Biopharmaceuticals	$374.00	$3,625.85	$187.50	$205.00	$437.80	$1,415.58	$664.46	$890.43
	Healthcare Services	$32.00		$177.80	$226.44	$36.00			
	Medical Devices & Equipment	$87.00	$580.85	$392.75	$302.24		$668.15	$275.20	$344.90
	Medical Software & Information Services	$403.76	$295.36	$42.00	$32.81		$39.38	$65.00	$129.00
Healthcare Total		$896.76	$4,502.06	$800.05	$766.49	$473.80	$2,123.10	$1,004.66	$1,364.33
Information Technology	Communications & Networking	$5,754.85	$5,245.45	$295.00		$246.00	$163.50	$171.81	$902.77
	Electronics & Computer Hardware	$317.75	$685.00		$55.00	$65.28		$78.26	$108.55
	Information Services	$2,710.17	$716.00	$150.00	$143.40		$1,366.33		$313.98
	Semiconductors	$347.52	$928.85	$162.50		$228.00	$515.09	$236.70	$78.86
	Software	$4,034.24	$3,446.28	$361.05	$130.00	$186.94	$204.25	$195.83	$543.60
Information Technology Total		$13,164.53	$11,021.58	$968.55	$328.40	$726.22	$2,249.17	$682.60	$1,947.76
Other	Other Companies	$193.53	$203.00			$41.98		$35.00	$156.99
Grand Total		$19,528.66	$19,179.55	$1,784.60	$1,639.93	$1,454.40	$4,983.15	$2,255.62	$3,715.72

U.S. Venture-Backed M&A Activity, 1999-4Q'2006

	1999	2000	2001	2002	2003	2004	2005	2006
	Total	Total	Total	Total	Total	Total	Total	Total
# of Deals	307	460	405	383	346	422	407	404
Amount Paid ($M)	$43,329.86	$98,469.96	$22,012.60	$10,943.09	$13,270.29	$23,966.40	$30,108.45	$31,178.90
Median Amount Raised to Liquidity ($M)*	$11.30	$10.38	$14.90	$16.50	$19.00	$20.20	$20.60	$22.60

*The median amount of venture capital investment companies received prior to acquisition.

출전: http://venturecapital.dowjones.com/press/statistics.html

♣ 저 자

윤성승

· 약력

서울대학교 법과대학 졸업
법학박사 (서울대학교 대학원)
University of Washington, M.B.A.
미국변호사(캘리포니아주, 뉴욕주)
사법시험 위원
現 아주대학교 법과대학 교수

· 주요논저

국제거래법(한국학술정보(주))
"창업투자회사가 보유한 풋옵션의 양도 및 포기에 관한 해석", 상사판례연구, 제19집 제2권(2006).
"Private Eguity Fund의 본질과 법적 문제점", 금융법연구, 제2권 제1호(2005).
"사모투자펀드와 관련한 상법상 합자회사와 미국의 Limited Partnership의 비교연구", 한림법학Forum, 제16권(2005).

본 도서는 한국학술정보(주)와 저작자 간에 출판권 계약이 체결된 도서로서, 당사와의 계약에 의해 이 도서를 구매한 도서관은 대학(동일 캠퍼스) 내에서 정당한 이용권자(재적학생 및 교직원)에게 전송할 수 있는 권리를 보유하게 됩니다. 그러나 다른 지역으로의 전송과 정당한 이용권자 이외의 이용은 금지되어 있습니다.

벤처캐피탈과 법

· 초판 인쇄	2007 년 8 월 30 일
· 초판 발행	2007 년 8 월 30 일
· 지 은 이	윤성승
· 펴 낸 이	채종준
· 펴 낸 곳	한국학술정보㈜ 경기도 파주시 교하읍 문발리 파주출판문화정보산업단지 526-2 전화 031)908-3181(대표)·팩스 031)908-3189 홈페이지 http://www.kstudy.com e-mail(출판사업부) publish@kstudy.com
· 등 록	제일산-115 호(2000. 6. 19)
· 가 격	15,000 원

ISBN   978-89-534-6433-9 93360 (paper book)